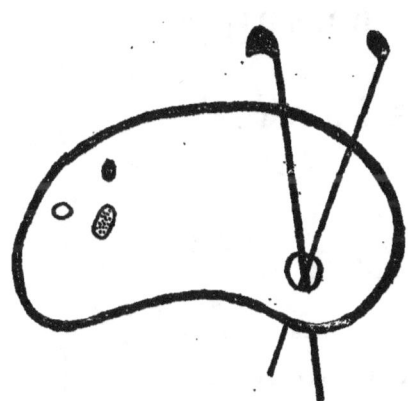

ORIGINAL EN COULEUR
NF Z 43-120-8

Couverture inférieure manquante

LE COMTE
JOSEPH DE MAISTRE

SA VIE, SES ÉCRITS, SES DOCTRINES

AVEC DES DOCUMENTS INÉDITS

PAR

AMÉDÉE DE MARGERIE

DOYEN DE LA FACULTÉ CATHOLIQUE DES LETTRES DE LILLE
ANCIEN PROFESSEUR DE PHILOSOPHIE A LA FACULTÉ DES LETTRES DE NANCY

PARIS
LIBRAIRIE DE LA SOCIÉTÉ BIBLIOGRAPHIQUE

MAURICE TARDIEU, DIRECTEUR

195, BOULEVARD SAINT-GERMAIN, 195

—

1882

LE COMTE

JOSEPH DE MAISTRE

LE COMTE
JOSEPH DE MAISTRE

SA VIE, SES ÉCRITS, SES DOCTRINES

AVEC DES DOCUMENTS INÉDITS

PAR

AMÉDÉE DE MARGERIE

DOYEN DE LA FACULTÉ CATHOLIQUE DES LETTRES DE LILLE
ANCIEN PROFESSEUR DE PHILOSOPHIE A LA FACULTÉ DES LETTRES DE NANCY

PARIS

LIBRAIRIE DE LA SOCIÉTÉ BIBLIOGRAPHIQUE

MAURICE TARDIEU, DIRECTEUR

195, BOULEVARD SAINT-GERMAIN, 195

—

1882

PRÉFACE

La pensée de ce livre est à la fois littéraire, philosophique, morale et politique.

Comme littérateur, j'ai voulu étudier de près un des maîtres de la prose française, le plus puissant, à mon sens, qui ait paru depuis un siècle.

Comme philosophe, j'ai exposé, en les appréciant librement, les idées de cet homme du monde et de cet homme d'État qu'un goût obstiné ramena toujours vers les hautes questions de la métaphysique religieuse, de ce vigoureux critique qui passe auprès de tant de gens pour un ennemi de la philosophie, et n'a été que l'ennemi des sophistes.

Comme moraliste, je me suis donné et j'ai voulu donner à mes lecteurs le noble plaisir d'analyser une grande âme et un grand caractère, de vivre dans l'intimité d'un grand homme de bien ; et il m'a semblé que notre temps, plus que d'autres, avait besoin d'être mis à l'école de pareils exemples.

Comme citoyen, portant avec une tristesse indignée le poids des douleurs, des inquiétudes et des hontes présentes, et conservant cependant intacte ma foi à la résurrection de mon pays, par conséquent au triomphe des principes qui peuvent seuls le faire revivre, j'ai cru le moment propice pour exposer dans leur ensemble les jugements politiques du robuste et clairvoyant penseur qui, dès le début de la Révolution, a démêlé son vice originel et annoncé son impuissance à fonder aucun établissement durable, l'impuissance aussi des expédients à arrêter ou à régulariser son cours, par conséquent la nécessité d'opposer à ses négations totales ou partielles l'affirmation intégrale et résolue des grandes vérités sociales, et de revenir enfin à l'ordre, au droit et à la justice en revenant à la constitution naturelle de la France.

C'est sur ce côté de l'œuvre de Joseph de Maistre et sur ses applications à l'état actuel de notre pays que j'insisterai dans cette préface.

I

Deux erreurs fondamentales ont vicié dans sa source, ou très près de sa source, le mouvement social et politique qui devait aboutir à 1789 et, par 1789, à 1793.

La première a été le crime capital de la Révolution ; la seconde a été sa folie insigne.

Le crime a été, et est encore, et est plus que jamais, de vouloir bâtir une société sans Dieu, supprimant ainsi l'*autorité* sans laquelle il n'y a plus d'*autorités*. Et la société sans Dieu est devenue bien vite une société contre Dieu, parce que Dieu ne se laisse pas oublier et que, si on ne le traite pas en souverain, on se condamne à le traiter en ennemi.

La folie a été cette prétention d'édifier absolument à neuf la constitution et les institutions, sans s'inquiéter de rattacher le présent au passé, bien plus, en prenant des précautions infinies pour isoler celui-là de celui-ci et pour que le nouvel édifice, dépourvu de toute base religieuse, le fût aussi de toute base historique. Et, comme s'il n'était point encore assez en l'air, on en fit une construction purement abstraite, destinée non point aux Français du XVIIIe et du XIXe siècle, mais à l'homme en général, — et à quel homme ? à un homme artificiel et imaginaire, à celui que le sensualisme, alors régnant et renaissant aujourd'hui, venait de fabriquer à sa mode par les mains de Condillac et de l'Encyclopédie.

Joseph de Maistre nous a véritablement donné cette philosophie de la Révolution ; je veux dire qu'il en a mis à nu le principe, dégagé la loi, annoncé les suites, — œuvre qui, après quatre-vingt-dix années d'expérience, ne demande peut-être aujourd'hui que des yeux et de la bonne foi, mais œuvre pour laquelle il fallait du génie quand le redoutable phénomène en était encore aux énormes et courtes violences de ses débuts. Par là il a laissé une trace profonde dans la haute science de l'histoire. Par là surtout il a rendu d'avance à notre temps un service de premier ordre, si notre temps veut l'écouter.

Et d'abord, ce qu'on devait, cinquante ans après lui, appeler spirituellement et justement la banqueroute de la Révolution, il l'a prédit, dès l'année 1796, avec une parfaite assurance; et l'accomplissement périodique de ses prévisions nous autorise à les étendre à tout l'avenir. Avertis par lui quand la grande duperie ne jouait encore que ses premières scènes, avertis par les événements qui n'ont cessé de faire écho à ses paroles, nous nous savons désormais en présence d'une loi de la Révolution. Nous savons qu'à chaque crise nouvelle, ce sera une nouvelle banqueroute, emportant quelque chose de ce que nous avait laissé la précédente. A nous de décider si nous voulons pousser l'expérience jusqu'à la dernière après laquelle il ne restera rien, ou si nous rétablirons nos affaires en renonçant à une spéculation dont les résultats futurs nous sont connus avec autant de certitude que ses résultats passés.

Non seulement il a connu la loi; il a su et il a dit la raison de la loi. Après l'avoir écouté, il n'est plus permis de soutenir que la banqueroute a tenu à des causes accidentelles, susceptibles d'être écartées ou neutralisées par des combinaisons plus prévoyantes. La cause dont elle est l'effet appartient à l'essence même de la Révolution. Compter que cette cause, tout en demeurant debout dans les institutions et dans les idées, cessera de produire son effet, c'est le plus chimérique des rêves. Se flatter de l'enchaîner, ou de l'affaiblir, ou d'en modifier la direction, c'est méconnaître entièrement sa force prodigieuse et son caractère inflexible.

En effet tous les gouvernements issus de la Révolution sont tenus de se proclamer légitimes sous peine de se condamner eux-mêmes. Mais quel est le principe de la légitimité révolutionnaire? Rien autre chose que la souveraineté inaliénable du peuple, c'est-à-dire le droit pour une nation de chasser ceux qui la gouvernent toutes les fois qu'il lui en prend fantaisie. Et qu'est-ce ici qu'une nation? En fait, c'est, le plus souvent, toute bande qui réussit à jeter le gouvernement par terre; en théorie, c'est la majorité des citoyens exprimant ses préférences par un vote. Donc l'autorité qu'on appelle constituée n'a aucun droit, puisqu'à chaque heure elle peut être légitimement destituée; donc le droit n'existe pas, puisque, à prendre les choses au mieux, il consiste tout entier dans la force numérique, c'est-à-dire dans une force matérielle. Comme cette force fait tout droit, elle fait aussi toute justice, toute morale et tout devoir, c'est-à-dire qu'il n'y a ni devoir, ni morale, ni justice. Et comme toutes ces choses, s'il y avait un Dieu, existeraient et courberaient sous elles la souveraineté du nombre, la Révolution ne peut tolérer qu'il y ait un Dieu ; elle est essentiellement athée, parce que Dieu est essentiellement anti-révolutionnaire. A la volonté de Dieu qui est par elle-même sainteté, règle et sagesse, qui consacre et limite dans la famille l'autorité domestique, dans l'État l'autorité politique, elle substitue la volonté de l'homme qui, affranchie de tout frein et de tout contrôle, est caprice et violence. Cette révolte, cette négation est son principe; cette instabilité, cette anarchie tyrannique, cette perpétuelle remise en question de tout l'organisme social est son caractère nécessaire.

Parmi les gouvernements d'origine révolutionnaire plusieurs ont essayé d'échapper à cette logique implacable, de rendre à Dieu une petite place dans la vie sociale, de prendre vis-à-vis de la religion une attitude bienveillante et de faire dater de leur avènement une légitimité nouvelle. Issus de la souveraineté de l'insurrection, ils sentaient l'impossibilité de vivre avec le principe qui les avait fait naître, et ils auraient bien voulu s'en défaire. Mais leur effort a été vain, comme on devait le prévoir. Car leur résistance ne pouvait être qu'une demi-résistance; à la pousser jusqu'au bout il leur eût fallu abdiquer au profit du droit, c'est-à-dire du pouvoir vraiment légitime qu'ils avaient renversé ou dont ils détenaient la place. Ils se sont donc défendus mollement, alors même qu'ils ont semblé vigoureux, contre la Révolution leur mère; et celle-ci les a finalement dévorés, donnant ainsi raison, plusieurs fois en un demi-siècle, à l'homme de génie qui avait su voir de loin les effets dans les causes et les conséquences dans les principes.

II

Les situations, depuis le temps où il écrivait, se sont d'ailleurs singulièrement éclaircies. Les princes et les peuples ont pu voir plus clairement que jamais ce qu'on gagne à écarter de la vie l'influence de l'Église et à supprimer cette haute magistrature morale, cette grande justice de paix qui défendait les uns contre l'insurrection et les autres contre la tyrannie; et il a bien fallu reconnaître que le livre *du Pape* avait eu raison dans l'ordre politique comme dans l'ordre théologique. Les gouvernements qui s'étaient placés à mi-côte et voulaient être à la fois conservateurs et révolutionnaires ont glissé sur une pente qu'il faut ou descendre ou remonter tout entière. Sous nos yeux, la Révolution affiche avec une impudente franchise, non plus seulement par des projets, mais par un ensemble de lois, sa haine contre l'Église, contre le christianisme contre toute foi religieuse, contre toute idée morale. La lumière est faite partout, et la *lutte pour la vie* est engagée sur toute la ligne dans des conditions qui rendent la neutralité impossible.

Même aux époques où le parti légitimiste passait, aux yeux des gens à courte vue, pour un parti qui s'en va, il n'y avait pas un homme de gouvernement qui ne fût implicitement légitimiste ; car il n'y en avait pas un qui ne comprît la nécessité de combattre l'esprit révolutionnaire et de fortifier le principe d'autorité en lui donnant une base religieuse. Quelle a été, par exemple, la constante préoccupation des vrais hommes d'État qui ont servi la monarchie de juillet, de Casimir Périer, du duc V. de Broglie, de Molé, de Guizot, sinon d'arrêter la Révolution et de réagir contre les conséquences du principe qui, après avoir été l'origine du nouveau pouvoir, en était aussitôt devenu le péril ? Quelle a été, depuis le coup d'État de décembre jusqu'à la guerre d'Italie, la grande force du second Empire, sinon d'un côté sa vigueur contre la Révolution armée, de l'autre sa résolution apparente de respecter la liberté de l'Église et de seconder son action? et quel a été l'effort de ses plus clairvoyants amis, sinon de le maintenir dans cette voie bientôt abandonnée, ou de l'arrêter du moins sur la pente opposée ? Au fond, de même que le protestantisme ne subsiste encore que grâce à ce qui lui reste de vérités catholiques, de même les gouvernements de provenance révolutionnaire n'ont duré quelque temps que grâce à de larges emprunts aux principes de la légitimité; ils n'ont fait quelque chose qu'entre les mains d'hommes qui, ne pouvant mettre ces principes à la racine du pouvoir, essayaient du moins de les appliquer en pratique.

Ces gouvernements ne sont plus et ne peuvent renaître; le Roi de France n'a pas, grâce à Dieu, et n'aura pas de compétiteur dans la maison de France; et l'Empire n'est plus désormais qu'une variété de la Révolution antichrétienne. Les conservateurs que des causes diverses avaient rattachés à ces divers régimes n'ont donc plus rien qui les enchaîne, rien qui les empêche de voir le droit où il est, de suivre sur son vrai et solide terrain la direction que leur sagesse politique leur inspirait déjà dans des conditions qu'ils sentaient défectueuses, de venir occuper leur poste de combat dans les rangs ouverts de ce grand parti royaliste qui est désormais la seule armée debout en face de la Révolution démasquée.

III

Et la France, nous le reconnaissons à des signes grandissants, commence à comprendre qu'il s'agit pour elle de périr ou de revenir à l'antique alliance de la nation et de la royauté. Lasse des expédients sans lendemain, elle s'aperçoit, vaguement encore, qu'il lui manque un principe; et elle a peur de l'abîme visible et prochain où la poussent ses pilotes officiels, poussés eux-mêmes par la fatalité de leur situation et par les impérieuses exigences des gens à leur suite. Elle commence, dans son péril et dans sa nuit, à entrevoir le salut et la lumière. Son cri de détresse a déjà l'accent d'un cri d'espérance.

Dans cette crise des âmes et de la société, nous avons, nous hommes de principe et défenseurs de la monarchie nationale, le droit d'envisager l'avenir avec cette confiance qui n'abandonna jamais Joseph de Maistre, même aux plus mauvais jours. Nous avons surtout le devoir de préparer cet avenir tel que nos prières le demandent à Celui qui seul peut nous le donner.

La tentation du découragement, toujours lâche et funeste, serait aujourd'hui simplement absurde; et pour y succomber, il faut, en vérité, fermer les yeux à la lumière. A ceux-là d'être découragés qui n'ont point d'issue à offrir au pays et ne voient point de terre promise au delà de la mer Rouge. A ceux-là de croire que la fin de la France est venue, et que sa glorieuse histoire aura pour dénouement définitif, en ce siècle même, ou une anarchie incurable, ou une Terreur qui ne laissera rien subsister après elle, puis un démembrement qui effacera son nom de la carte de l'Europe. Mais nous, à qui chaque page des annales contemporaines apporte une confirmation de notre foi politique, nous qui voyons tous les jours nos rangs se grossir de tant de bons citoyens dont nous saluons la venue comme un acte de loyauté et de courage, nous dont le prince est désormais sans compétiteur avouable et dont le principe demeure seul vivant en face de la Révolution antichrétienne et antisociale, nous ne serions ni français ni raisonnables si nous laissions la tentation du découragement effleurer nos âmes et si nous ne protestions pas au nom du bon sens et du patriotisme quand le mot d'impossibilité bourdonne à nos oreilles. Que d'autres disent : la royauté est impossible, donc la France périra. A nous de dire, en hommes de sens et de cœur, en citoyens qui trouvent encore dans leur patrie de quoi ne pas désespérer d'elle : la France ne périra pas ; mais pour ne pas périr il lui faut la royauté ; la royauté est donc possible puisqu'elle est nécessaire. Ce fut, pendant vingt ans, le raisonnement de Joseph de Maistre ; il était bon alors, et l'événement le justifia, quoique toutes les apparences fussent contre lui. Il est meilleur aujourd'hui, parce que le parti de la royauté est, sans comparaison aucune, plus vivant et plus fort en 1882 qu'en 1796 ou en 1812, meilleur surtout parce que la nécessité de son triomphe pour le salut du pays éclate avec une tout autre évidence.

La royauté est nécessaire parce que, seule en France, elle est l'autorité. Là où le droit n'est pas, la force peut se trouver, l'autorité jamais. Mais la force ne suffit pas à fonder des choses stables, parce qu'elle est instable elle-même, et qu'elle se rencontre aujourd'hui dans un camp, demain dans le camp opposé. Nous assistons, depuis près d'un siècle, à ses déplacements périodiques. Et c'est pourquoi, tout le monde le sent, l'*autorité* n'est aujourd'hui nulle part, et nulle part aussi *le respect* que l'autorité peut seule commander et obtenir ; c'est pourquoi les pouvoirs publics reposent sur un sable mouvant, disons mieux, sur la plus mobile des mers ; c'est pourquoi à chaque instant l'édifice craque et périodiquement s'effondre. La France a la vie singulièrement dure d'avoir pu jusqu'ici résister à un tel régime. Mais il n'y a pas de tempérament si fort qui puisse y résister toujours, et les mieux constitués finissent par en mourir. Il est grand temps pour elle de revenir au régime normal et de renoncer à un jeu qui devient mortel. L'autorité! l'autorité! c'est le vœu et le cri universels ; il nous la faut pour que le présent nous donne la garantie de l'avenir; il nous la faut pour la paix sociale; il nous la faut pour le bon renom et la bonne tenue de la France devant l'Europe ; il nous la faut pour tout ce que la royauté nous rapportera avec elle, pour la liberté autant que pour tout le reste.

Car il n'y a que le roi qui puisse fixer en France la liberté honnête et régulière, celle qui décourage les méchants en rassurant les bons, celle qui protège contre tout arbitraire la personne et la fortune des citoyens, les droits de la famille et la dignité du caractère. Pourquoi? parce qu'en dehors du droit national dont il est le représentant héréditaire, il n'y a, encore une fois, que la force matérielle, c'est-à-dire l'oppression. Pourquoi? parce que s'il n'y a pas, au centre des institutions politiques, un principe placé en dehors et au-dessus du débat, l'état de siège perpétuel est la seule sauvegarde contre d'incessantes révolutions. Pourquoi? parce que là où l'autorité fait défaut, il faut museler la liberté sous peine de déchaîner l'anarchie. Pourquoi enfin? parce que, seule, la royauté peut et veut donner à la religion l'indépendance dont elle a besoin pour former par l'éducation des âmes disciplinées, vaillantes et fières qui soient dignes de la liberté.

Enfin, — et ceci est décisif pour ceux-mêmes qui se refusent à nous suivre sur le terrain des principes et font consister la sagesse politique à ne regarder que les faits, — enfin la royauté est nécessaire parce que, le terrain étant déblayé de toutes les demi-solutions intermédiaires, c'est à choisir entre elle et la République. Puisque, désormais, elles sont toutes deux seules en présence, il est visible que quiconque ne prend pas résolument parti pour la Royauté se résigne à la République. Or la République, c'est la mort. Encore que la preuve en soit depuis longtemps faite, la République vient, cette année, d'en donner une démonstration qui rend toutes les autres superflues. Assurée enfin de la docilité de tout son organisme législatif et exécutif, libre enfin de toucher le but vers lequel elle n'a cessé de naviguer, elle a officiellement introduit l'athéisme dans l'éducation populaire, et c'est bien une France athée qu'elle prépare. Après cela tout débat est inutile ; sous peine d'une inconséquence doublement impie envers Dieu et envers la patrie, quiconque ne veut pas que la France périsse par la République athée est tenu de souhaiter qu'elle revive par la Royauté chrétienne.

IV

J'ajoute que tous ceux de nous qui voient ces vérités avec évidence ont le devoir étroit de les faire voir au pays tout entier, à tous les groupes sociaux, à la ferme, à l'usine, à l'échoppe, le devoir de travailler patiemment et fortement à rétablir la lumière de la vérité partout où de détestables préjugés l'ont éteinte.

La Révolution ne vit que de deux mensonges, le mensonge de ses promesses et le mensonge de ses calomnies.

Le premier est désormais percé à jour. La caisse de la Révolution, toute composée de valeurs fictives, a été trouvée vide au jour de l'échéance. Elle avait dit au peuple : Donne-moi ton âme, et je te donnerai la satisfaction de tous tes désirs ; donne-moi le pouvoir, et tu recevras en échange la liberté, la prospérité matérielle, la paix perpétuelle au dedans et au dehors. Elle n'a su qu'accumuler les ruines, perpétuer les crises, effrayer les intérêts, insulter Dieu, appesantir un joug abominable sur la conscience des pères de famille, condamner la France à l'isolement dans le monde. Mais le peuple de France, confiant parce qu'il est généreux, crédule parce que le niveau de la vérité chrétienne a baissé dans son âme, ne supporte pas impunément qu'on le trompe ; s'il se désabuse lentement, il a bientôt fait, quand enfin il y voit clair, de congédier les trompeurs. Et déjà la désillusion commence ; la banqueroute frauduleuse de la Révolution est patente ; et la France, non pas demain, mais aujourd'hui, reviendrait où tout son passé, tous ses besoins, tout son génie la rappellent, si le mensonge des calomnies accumulées contre la royauté ne subsistait encore.

C'est donc à repousser ces calomnies toujours réfutées et toujours renaissantes que nous devons nous atteler, — j'emploierais un autre mot si j'en savais un qui exprimât aussi bien la continuité et la fatigue de cette besogne.

Les unes, travestissant la royauté dans le passé, prennent corps dans d'abominables petits livres qui s'en vont, sous des étiquettes quasi-officielles, pervertir l'âme populaire à l'école. C'est à nous de tout faire pour que l'école où l'*instruction civique* sera donnée selon leur esprit, qui est l'esprit même de la loi nouvelle, demeure ou devienne un désert et pour que partout le contrepoison devance ou suive de près le poison.

Les autres, travestissant la royauté dans l'avenir, représentent comme un fantôme à effrayer les gens cette royauté nationale dont elles veulent à tout prix empêcher le retour, et annoncent comme autant de vérités certaines mille conséquences affreuses que ce retour ne manquerait pas de produire. Notre rôle à nous, missionnaires de la royauté nationale, témoins et répondants du prince en qui elle se personnifie avec tant de pureté et de grandeur, est de rétablir obstinément la vérité obstinément défigurée, et de porter en toute occasion aux calomniateurs du Roi un double défi auquel le bon sens public finira bien par être attentif : le défi de jeter même une ombre sur son incomparable loyauté, sur cette sincérité absolue grâce à laquelle tout est dit quand il a donné sa parole, — le défi de trouver dans toute sa conduite et dans tous ses écrits une démarche ou une page, un geste ou une ligne qui fournisse à leurs assertions l'ombre d'un prétexte, qui n'en soit pas au contraire le plus éclatant démenti.

Ce sera sans doute un rude travail à cause de l'épaisseur des préjugés et des ignorances à percer. Ce sera une tâche souvent répugnante, comme tout ce qui met les esprits honnêtes en présence des excès de la mauvaise foi et de la sottise. Ce sera surtout l'œuvre d'une longue persévérance qui aura besoin de se retremper sans cesse à ses meilleures sources, à l'espérance chrétienne et patriotique, à la foi dans le triomphe final de la vérité et de la justice. Mais il la faut entreprendre et poursuivre jusqu'au bout si nous voulons faire tout notre devoir. Et, puisque la leçon de l'exemple n'est jamais meilleure à recueillir que quand il s'agit de cette patiente et difficile vertu, je me persuade qu'on la rencontrera avec quelque fruit dans plusieurs parties de ce livre. Il aura pleinement atteint son but si, en donnant de nouveaux lecteurs à Joseph de Maistre, il suscite beaucoup d'émulateurs de sa vaillante obstination à défendre la bonne cause et à bien espérer de la France.

Lille, le 13 avril 1882.

LE COMTE JOSEPH DE MAISTRE

AVEC DES DOCUMENTS INÉDITS

INTRODUCTION

Je me propose d'étudier dans ce travail le comte Joseph de Maistre, sa vie, son caractère, son génie, ses écrits, ses jugements sur les événements prodigieux dont il fut le témoin attentif et, en particulier, sur la Révolution française; ses doctrines religieuses et philosophiques, sociales et politiques; ses prévisions sur l'avenir des sociétés européennes et surtout de la société française; son influence posthume et toujours grandissante dans le monde catholique.

Plusieurs raisons m'ont invité à m'arrêter devant cette grande figure.

Il y a d'abord une raison de piété filiale. Le comte de Maistre est notre meilleur ancêtre, à nous tous qui, dans les rangs laïques, consacrons notre parole ou notre plume à défendre les intérêts de la vérité religieuse et les principes de la société chrétienne. Avec beaucoup plus d'éclat et de puissance communicative que Bonald, avec beaucoup plus de sûreté et de pureté que Chateaubriand, il représente, au début de notre siècle, une manifestation nouvelle de l'esprit qui produisit au moyen âge la chevalerie et les croisades, et qui, aujourd'hui, convie les enfants de l'Église, sous le contrôle et avec la bénédiction du Saint-Siège et de l'épiscopat, à combattre pour leur mère sur le terrain de la science, de la philosophie, de l'histoire, des questions sociales et politiques. A vrai dire, nos Universités catholiques n'ont pas de but qui leur soit plus cher que de former et de grossir cette armée de la croisade moderne. L'honneur que j'ai d'appartenir à l'une d'elles me donne peut-être un titre particulier à m'occuper du grand soldat qui combattit presque seul en son temps pour la cause qu'elles défendent, qui serait aujourd'hui, s'il revenait au monde, leur premier capitaine, ajoutons qui fut leur premier champion et remporta pour elles (sous d'autres cieux, je l'avoue) la première victoire de ce siècle. Grâce à des documents inédits, je suis en mesure de raconter, dès le premier chapitre de ce livre, cette campagne prophétique. Nos lecteurs verront par eux-mêmes que la victorieuse argumentation adressée en 1811 au ministre d'un czar aurait pu, soixante-quatre ans plus tard, servir d'exposé de motifs à une loi française.

Il y a ensuite une raison d'opportunité. Il est plus à propos que jamais d'appeler l'attention sur les travaux de Joseph de Maistre, parce que les questions religieuses, sociales et politiques où tout notre avenir est engagé, et où la raison catholique possède seule la vérité tout entière, ont été, durant une longue vie, l'objet des méditations assidues de cet honnête et puissant penseur; parce qu'il y a répandu des flots de lumière, et que, là même où il est permis de n'être pas tout à fait de son avis, il y a toujours grand profit à l'entendre; enfin parce qu'il a eu la gloire de porter du premier coup un jugement sans appel sur ce grand ennemi de l'Église, de la France, de toute société régulière, qui s'appelle la Révolution. Avec une clairvoyance prophétique, il a annoncé qu'elle durerait et qu'elle prolongerait ses ravages tant que son principe subsisterait, fût-ce mitigé et voilé, dans les institutions et dans les idées. Avec une obstination héroïque, il a replacé les principes devant les yeux des politiques qui ne croient qu'aux expédients; il a dit aux sociétés qui ne veulent plus de Dieu qu'en le chassant elles se détruisent elles-mêmes, et qu'elles ne revivront qu'à condition de le rappeler. Près d'un siècle d'agitations stériles et désastreuses lui a donné trop cruellement raison pour qu'on lui refuse le droit de faire entendre à notre temps ces grandes affirmations en dehors desquelles, visiblement, il n'y a pas de salut pour nous.

Et puis, il est à propos de rappeler que le comte de Maistre, au milieu de catastrophes qui ne laissaient, ce semble, de place qu'au découragement, n'a pas cessé cependant d'être l'homme de l'espérance, l'homme aussi de la patience, et que de ses grandes prévisions consolantes plusieurs se sont définitivement réalisées, aucune n'a été définitivement démentie. Ceux que les triomphes apparents du mal déconcertent et désarment apprendront de lui à ne point être des *hommes de peu de foi;* ceux qui croient tout perdu si tout n'est pas sauvé tout de suite apprendront à posséder leurs âmes dans la paix *et à attendre l'heure de Dieu en même temps qu'ils travaillent comme des hommes de cœur* (1), double leçon dont, à l'heure qu'il est, nous avons absolument besoin pour ne rien perdre de notre calme et de notre vigueur dans une lutte où la première condition du succès est souvent d'espérer contre tout espoir humain, *in spem contra spem.*

Enfin, puisque je suis philosophe par état et que mon enseignement appartient à une Faculté des lettres, on me permettra d'ajouter deux bonnes raisons accessoires. L'une est que le comte de Maistre appartient à la famille des belles âmes, des âmes vaillantes, loyales et tendres, qui fournissent à la psychologie historique la matière d'un chapitre infiniment attrayant et salutaire, infiniment propre à la dédommager... de bien d'autres chapitres. La seconde est que ce grand homme de bien est aussi un très grand écrivain, qui prodigue à son lecteur

---

1) *Expecta Dominum et viriliter age* (Ps. XXXVI, 14.).

la noble jouissance d'entendre les pensées les plus hautes et les plus fines exprimées en un langage digne d'elles, tantôt éloquent jusqu'au sublime, tantôt étincelant d'esprit, tantôt exquis de grâce et de fraîcheur, toujours ferme et franc, de bonne race et de bon aloi. C'est bien aussi quelque chose.

CHAPITRE PREMIER

LA VIE

Ce premier chapitre sera principalement biographique, bien qu'il n'ait nullement la prétention d'être une *vie* détaillée et complète et de remplacer l'excellente notice que le comte Rodolphe a publiée, il y a trente ans, en tête des *Lettres et opuscules* de son illustre père. Les incidents de la vie errante de Joseph de Maistre, occasionnés tous par les grandes tragédies de son temps, nous offrent un cadre duquel nous ne devons point le détacher si nous voulons bien connaître l'homme et le penseur. Ils n'ont pas créé son génie; mais, en lui ouvrant un horizon, en faisant briller devant lui l'effroyable lumière de la Révolution, ils lui ont donné l'éveil et la secousse décisive; il lui fallait un temps comme le sien pour prendre tout son essor.

Son histoire se partage en deux périodes, qui semblent séparées par un abîme. La première et la plus longue s'écoule dans le calme de la vie domestique, dans la monotonie un peu lourde d'une existence provinciale et dans la demi-obscurité des fonctions judiciaires. La seconde nous le montre d'abord brusquement déraciné de sa terre natale et promené, pendant cinq ans, de migrations en retours et de retours en migrations, suivant les hasards de la guerre et de la politique, — puis fixé par dévouement à son roi dans un exil lointain qui se prolonge pendant toute la durée du premier Empire, — enfin, rappelé à Turin par des circonstances inattendues, et consacrant ses dernières années aux affaires de la monarchie piémontaise, déjà menacée par ce travail des sociétés secrètes qui devait conduire l'Italie où nous la voyons aujourd'hui.

I. — LA FAMILLE

Le comte Joseph-Marie de Maistre naquit à Chambéry, en 1754, d'une famille d'origine languedocienne dont une branche s'était établie en Savoie au commencement du XVIIe siècle. Il était l'aîné de dix enfants, dont un seul, outre lui, devait laisser un nom illustre, le comte Xavier, auteur du *Voyage autour de ma chambre*, opuscule qui serait dans notre littérature une perle du plus haut prix s'il eût prié son grand aîné, qui en fut l'éditeur, d'y effacer les traces assez nombreuses de la frivolité licencieuse du xviiiᵉ siècle (1). — mais l'auteur surtout de ce chef-d'œuvre d'analyse morale et de touchante émotion religieuse qui s'appelle *le Lépreux de la cité d'Aoste*.

Le père de cette nombreuse tribu était président du Sénat de Savoie, et laissa dans sa compagnie les plus beaux souvenirs (2).

De la mère (3) je ne veux dire ici que ce mot de son glorieux fils : « C'était un ange à qui Dieu avait prêté un corps (4). »

Les vraies traditions de la famille chrétienne régnaient dans cet intérieur. Sous la souveraineté de Dieu, l'autorité du père et de la mère s'y exerçait avec une plénitude sûre d'elle-même ; et de la part de tous les enfants, mais d'aucun plus que de l'aîné, une obéissance pleine d'amour répondait à ce doux et ferme empire. Nous savons, — et cet exemple suffira sans doute, — que, pendant qu'il faisait son droit à Turin, il ne voulut jamais lire aucun livre sans avoir écrit à Chambéry pour en demander la permission à ses parents.

---

1) En nommant cet ouvrage, j'entends nommer aussi sa suite, l'*Expédition nocturne*, d'une finesse et d'une grâce égales, et plus exempte du travers que je signale.

2) Voir, à l'appui, les détails donnés par le comte Rodolphe de Maistre dans la notice biographique dont il est parlé plus haut.

3) Le nom de la comtesse de Maistre était Christine de Motz.

4) Je pense qu'on me saura gré de reproduire ici l'inscription que ce fils, âgé alors de vingt ans, composa pour la tombe de cette mère. Je ne crois pas qu'elle ait été jamais publiée. Je la tiens, ainsi que les autres documents inédits qui donneront à

De ses quatres frères, un obéit à l'attrait qui l'ap-

cette étude son principal mérite, de l'extrême obligeance de M. le comte Charles de Maistre.

D. O. M.

PERENNI MEMORIÆ MATRIS AMANTISSIMÆ
LIBERIS TENEROQUE CONJUGI EREPTÆ
SACRUM.
OBIIT DIE XII AUG. A. MDCCLXXIV ÆT. XLVI.
PRIVATÆ MULIERIS EXSEQUIAS
PUBLICUS MŒROR ILLUSTRAVIT
PROBORUM OMNIUM STILLAVERUNT LACRYMÆ
TUGURIA PAUPERUM GEMITIBUS PERSONUERE.
MISERRIMUS FILIUS

J. MAISTRE

DOLORE FESSUS, VITÆ PERTÆSUS,
CAPILLOS OLIM MODESTI CAPITIS
VELUM NON ORNAMENTUM
HIC CONDIDIT
ACERBISSIMI LUCTUS NON LEVE SOLATIUM.
VALE MATER OPTIMA VALE
FILIUM EXPECTES
DIU NE EXPECTABIS.

« A la mémoire de la plus aimante des mères, — enlevée à ses enfants et à un tendre époux, — le 12 août 1774, à l'âge de quarante-six ans. — Les obsèques d'une femme de condition privée — ont été illustrées par la douleur publique. — Les larmes de tous les gens de bien ont coulé. — Les cabanes des pauvres ont retenti de gémissements. — Son infortuné fils, — accablé de douleur et malheureux de vivre,— a déposé ici — les cheveux de sa mère qui furent autrefois — le voile et non la parure de son visage modeste, — essayant ainsi de consoler son deuil inconsolable. — Adieu, mère bien-aimée, adieu! — Attends ton fils ;— tu ne l'attendras pas longtemps. »

pelait au sacerdoce (1), les trois autres embrassèrent le métier des armes. Pour lui, il suivit la carrière paternelle; il franchit un à un les degrés de la hiérarchie judiciaire, et venait d'entrer au Sénat de Savoie quand éclata la Révolution.

Trois ans auparavant, en 1786, il avait épousé mademoiselle de Morand, dont il eut un fils, Rodolphe, et deux filles, Adèle et Constance. Rien n'a été publié, — ni conservé, paraît-il, — des lettres échangées entre le comte Joseph et sa femme. Nous pouvons cependant esquisser les traits de cette épouse et de cette mère. Je me la figure simple et sage, discrète et prudente, modeste et ferme, absolument dévouée à sa tâche obscure et sacrée, capable, nous le verrons, de résolutions énergiques, capable aussi de porter noblement le veuvage anticipé auquel une séparation de quinze ans devait bientôt la condamner. On en va juger; en faisant le dépouillement de l'incomparable correspondance de Joseph de Maistre, j'y ai rencontré une page où il la peint au naturel et lui-même avec elle. Je l'extrais d'une lettre adressée de Saint-Pétersbourg à une vieille amie genevoise, madame Huber Alléon, qui était allée visiter madame de Maistre à Turin.

« Je ne suis pas étonné que vous n'ayez pu tirer ni pied ni aile de *madame Prudence* (combien j'ai ri de ce mot!) à Turin, même à côté d'elle; il n'y a

---

1) Il mourut évêque nommé d'Aoste, en 1818. Ce fut pour le comte Joseph une des dernières et des plus vives douleurs de sa vie très éprouvée.

pas moyen, je ne dis pas de la faire parler de moi, mais pas seulement de la faire convenir qu'elle a reçu une lettre de moi. Le contraste entre nous deux est ce qu'on peut imaginer de plus original. Moi, je suis, comme vous avez pu vous en apercevoir aisément, *le sénateur pococurante*, et surtout je me gêne fort peu pour dire ma pensée. *Elle*, au contraire, n'affirmera jamais, avant midi, que le soleil est levé, de peur de se compromettre. Elle sait ce qu'il faut faire ou ne pas faire le 10 octobre 1808, à dix heures du matin, pour éviter un inconvénient qui arriverait autrement dans la nuit du 15 au 16 mars 1810. *Mais, mon cher ami, tu ne fais attention à rien, tu crois que personne ne pense à mal. Moi, je sais, on m'a dit, j'ai deviné, je prévois, je t'avertis*, etc. — *Mais, ma chère enfant, laisse-moi donc tranquille. Tu perds ta peine, je prévois que je ne prévoirai jamais, c'est ton affaire.* Elle est mon supplément, et il arrive de là que, lorsque je suis garçon comme à présent, je souffre ridiculement de me voir obligé de penser à mes affaires ; j'aimerais mieux couper du bois. Au surplus, madame, j'entends avec un extrême plaisir les louanges qu'on lui donne, et qui me sont revenues de plusieurs côtés, sur la manière dont elle s'acquitte des devoirs de la maternité. Mes enfants doivent baiser ses pas ; car, pour moi, je n'ai pas le talent de l'éducation. Elle en a un que je regarde comme le huitième don du Saint-Esprit ; c'est celui d'une certaine persécution amoureuse, au moyen de laquelle *il lui est donné* de tourmenter ses enfants du matin au soir pour *faire*, *s'abstenir* et *apprendre*, sans cesser d'en être tendrement aimée. Comment fait-elle ? je l'ai toujours vu sans le comprendre ; car pour moi je n'y entends rien (1). »

II. — L'HOMME

Puisque le comte de Maistre, en dessinant *con amore* le portrait de sa femme, a commencé à nous donner un très léger crayon du sien, prions-le d'achever. Non qu'il se soit jamais mis devant sa glace pour se peindre en pied à l'usage de ses amis et du public, comme faisaient volontiers les beaux esprits du XVIIe siècle, y compris Fléchier. Mais il se peint par traits détachés, au hasard de son humeur et quand il écrit à ses plus intimes.

Nous ne saurons par lui que peu de chose sur son *enveloppe*. Il paraît qu'il grisonna de bonne heure et qu'on l'en plaisantait un peu. Sous le pôle, la décoloration se hâta ; à cinquante-quatre ans, son abondante et robuste chevelure était entièrement blanche. Il dit cela avec une bonne grâce charmante, en envoyant à sa fille Adèle son portrait peint par le comte Xavier. « Tu auras peine à me reconnaître, tant j'ai vieilli. Je ne suis plus *gris comme un âne*, comme disait notre ami Costa,

---

1). Lettre trente-cinquième, 26 septembre 1806.

mais blanc comme un cygne. Cela est plus élégant et plus triste (1). »

Voilà tout ce qu'il daigne nous dire sur *sa chienne de figure*, comme il l'appelle. Nous en souhaiterions un peu plus. M. de Lamartine, qui a consacré au comte de Maistre deux entretiens de son *Cours familier de littérature*, s'offre à nous satisfaire. « Il a vécu dans sa familiarité » ; il donnera *un portrait d'après nature*, au lieu que les autres ne sont que *portraits d'imagination*.

Il nous dit que M. de Maistre était « un homme d'une grande taille, d'une belle et mâle figure. » Mais fiez-vous aux poètes ! L'illustre amie du comte de Maistre, l'aimable et sainte madame Swetchine, lut ces lignes et celles aussi où M. de Lamartine prétendait peindre, après le visage, l'esprit et le génie du grand homme. Et de sa plume fine, plus sévère que de coutume, elle rendit cet arrêt : « M. de Lamartine dit avoir vu beaucoup M. de Maistre ; le nombre des séances rendrait plus surprenant encore qu'il ait pu manquer le portrait à ce degré. Pas un trait exact et fidèle, ni même reconnaissable. Le comte de Maistre était de taille moyenne, ses traits n'avaient aucune régularité ; rien d'incisif dans son œil, dont la vue très courte donnait quelque chose de perdu à son regard. Ce visage irrégulier et sans éclat resplendissait néanmoins de majesté. L'ensemble, le port de cette tête étaient saisissants et

---

1) Lettre cinquante-cinquième, 10 janvier 1808.

tout empreints du caractère de la sagesse antique (1). » Voilà le vrai portrait d'après nature ; il est tout à fait d'accord avec l'impression, nécessairement incomplète, que produit un beau dessin au crayon envoyé par le comte de Maistre lui-même à Mme Swetchine, avec ces jolis vers :

> Docile à l'appel plein de grâce
> De l'amitié qui vous attend,
> Volez, image, et prenez place
> Où l'original se plaît tant.

A côté du physique, le moral. C'est bien lui-même que nous reconnaissons, dès le début de ces lignes à la baronne de Pont : « J'ai vu, dans ma vie, plus d'affaires perdues par la finesse que par l'imprudence. Je contemple sur le théâtre du monde, ou sur le théâtre de la société, ces grands héros de la dissimulation : en vérité, je ne voudrais pas de leur succès, pas plus que de leur moralité. Je fais consister *la* prudence, ou *ma* prudence, bien moins dans l'art de cacher ses pensées que dans celui de nettoyer son cœur, de manière à n'y laisser aucun sentiment qui puisse perdre à se montrer. Si vous veniez à toucher ma poche par hasard, je n'en serais nullement inquiet, car vous ne sentiriez que mon mouchoir, ma lorgnette et mon portefeuille : si je portais un poignard ou un pistolet de poche, il

---

1) *Vie de Mme Swetchine*, par M. le comte DE FALLOUX, p. 439.

en serait autrement. Je tiens donc mes poches nettes ; mais je les tourne volontiers (1). »

Ce cœur d'une loyauté si haute et si fière était en même temps, comme on le verra, d'une tendresse à la fois délicate et vigoureuse. Il était aussi, pour tous, d'une bonté rare, de celle qui pardonne pour tout de bon et se venge par les bienfaits. S'il avait les saintes colères que le spectacle du mal et de la bassesse inspire aux âmes fortement éprises du vrai et du bien, il était absolument étranger à toute rancune. « Peu d'hommes, » écrivait sa fille Constance quelques semaines après sa mort, « ont pu prononcer avec plus de sûreté que lui : Pardonnez-nous nos offenses comme nous pardonnons à ceux qui nous ont offensés. Jamais je n'ai pu découvrir dans ce cœur si bon et si chrétien la moindre trace de fiel ; au pied de la lettre il oubliait les injures ; ou, s'il venait à se les rappeler, c'était pour y répondre à la manière de l'Évangile. *Tu as beau dire*, m'écrivait-il un jour, *il n'y a pas moyen d'excuser X... de ses torts envers moi ; aussi j'ai voulu me venger, et je serai probablement assez heureux pour lui faire obtenir la place qu'il désire.* Peu de jours avant sa mort, comme on donnait l'ordre de ne pas recevoir, il prit la parole avec vivacité : *Si telle personne vient*, dit-il, *faites-la entrer ; elle m'a fait de la peine, et il faut avoir plus d'attentions pour elle.* »

1) Lettre vingt-quatrième, 17 mai 1805.

Enfin, à côté du cœur, l'esprit, « possédé par la fièvre de savoir » et poursuivant des travaux de bénédictin en dépit des exigences de la diplomatie et du monde. « Je lis, j'écris, *je fais mes études;* car enfin il faut bien savoir quelque chose (1). » — « Le grand monde me fait perdre beaucoup de temps. D'ailleurs, vous sentez bien, madame la baronne, qu'il n'y a pas moyen de fermer tout à fait les livres. Je me sens même brûlé plus que jamais par la fièvre de savoir. C'est un redoublement que je ne puis vous décrire. Les livres les plus curieux me poursuivent et viennent d'eux-mêmes se placer sous ma main. Dès que l'ineffable diplomatie me laisse respirer un moment, je me précipite, malgré tous les avertissements de la politesse, sur cette pâture chérie, sur cette espèce d'ambroisie dont l'esprit n'est jamais rassasié (2). » Notons en passant, qu'aux yeux de quantité de gens qui ne lisent que leur journal, Joseph de Maistre est un partisan aveugle de l'ignorance. Et notons aussi cet autre coup de pinceau du *portrait d'après nature* de M. de Lamartine : « Il ne savait rien que par les livres, et en avait lu très peu. »

A ce coup, Mme Swetchine n'y tient plus et s'épanche en une page où coule, avec une abondance émue, le torrent des souvenirs. « Où donc M. de Lamartine a-t-il pu prendre cela? J'ai connu

---

1. Lettre vingt-deuxième : à madame la comtesse de Goltz, 2 mai 1805.

2). Lettre vingtième : à madame la baronne de Pont, 10 mars 1805.

M. de Maistre avant lui, je l'ai vu pendant de longues années donner habituellement à l'étude douze et quinze heures, dont la lecture prenait sa bonne part. Il lisait immensément ; les livres encombraient sa table et s'y succédaient. » Enfin, nous savons, par la notice du comte Rodolphe, qu'il lisait comme il faudrait toujours lire, « systématiquement, la plume à la main. Il écrivait, dans un volume relié, posé à côté de lui, les passages qui lui paraissaient remarquables et les courtes réflexions que ces passages faisaient naître ; lorsque ce volume était à sa fin, il le terminait par une table des matières par ordre alphabétique, et il en commençait un autre. » — J'ai eu sous les yeux et j'ai feuilleté avec un pieux respect ces volumes qui sont de gros registres in-folio, registres polyglottes où il déposait le suc de ses immenses lectures grecques, latines, françaises, italiennes, anglaises, allemandes. La théologie, la philosophie, l'histoire, la politique, la littérature, la linguistique, les sciences y sont représentées.

Ce grand esprit, qui vivait beaucoup avec lui-même par la méditation, beaucoup avec les princes de l'intelligence par la lecture, avait aussi au plus haut degré le goût et le besoin de la conversation, mais d'une conversation qui fût vraiment un échange d'idées et non de commérages, qui portât sur les grands intérêts des âmes et des sociétés humaines, et non sur les petits scandales de coteries ou de salons.

A cet égard, Chambéry (le Chambéry d'alors) ne le servait point à souhait ; il n'y trouvait point assez d'air pour ses poumons, assez d'espace pour ses grandes ailes ; quoiqu'il fût, à tout prendre, un homme heureux, et qu'il en convînt, il éprouvait cette souffrance du génie refoulé qui est *une pose*, et rien de plus, pour l'intolérable race des médiocrités incomprises, mais qui, pour les hommes de sa taille, est un tourment réel. Quinze ans plus tard, dans une lettre à son frère Nicolas, il décrivait de souvenir cet état intérieur mêlé de paisibles contentements domestiques et d'inquiètes aspirations intellectuelles. « Quelquefois, dans mes moments de solitude, je jette ma tête sur le dossier de mon fauteuil ; et là, seul au milieu de mes quatre murs, loin de tout ce qui m'est cher, en face d'un avenir sombre et impénétrable, je me rappelle ces temps où, dans une petite ville de ta connaissance, la tête appuyée sur un autre dossier, et ne voyant autour de notre cercle étroit que de petits hommes et de petites choses, je me disais : Suis-je donc condamné à vivre et mourir à ici, comme une huître attachée à son rocher ? Alors je souffrais beaucoup ; j'avais la tête chargée, fatiguée, *aplatie* par l'énorme poids *du rien*. Mais aussi quelles compensations ! je n'avais qu'à sortir de ma chambre pour vous trouver, mes bons amis. Ici tout est grand, mais je suis seul (1). »

---

1) Lettre dix-septième, 14 février 1805.

III. — LA VIE ERRANTE

La Révolution vint briser d'un même coup sa chaîne et sa vie. Elle lui ouvrit l'horizon, mais ce fut en faisant à son cœur d'irréparables blessures. Il allait voir de grandes choses et, à défaut de grands hommes, des hommes effrayants.

Suivant d'un œil attentif, avec toute l'Europe, le spectacle qu'offrit notre pays dès la première annonce des États généraux, il ne se trompa pas un instant sur l'esprit de la Révolution. Non que tout lui parût être pour le mieux dans le monde qu'elle allait bouleverser, ni que les pentes de son esprit fussent pour le pouvoir arbitraire. « Ses opinions », dit le comte Rodolphe, « étaient pour ces libertés justes et honnêtes qui empêchent les peuples d'en souhaiter de coupables. » Et il ne manqua pas de bonnes âmes pour le représenter à la cour « comme un homme enclin à des nouveautés dangereuses. » On le soupçonna même (et pourquoi pas ?) de *jacobinisme*, ce qui est bien une des plus plaisantes alliances de mots qu'on puisse imaginer. Mais son esprit clairvoyant avait discerné du premier coup, dans le mouvement qui emportait la France, deux caractères incompatibles avec tout progrès régulier et toute liberté raisonnable : la révolte universelle contre toute autorité, à commencer par celle de Dieu ; la prétention chimérique de refaire de toutes pièces, sur un type abstrait, au moyen d'une constitution écrite, l'homme et la société.

Les événements ne tardèrent pas à lui donner raison. Sa correspondance avec son noble et chevaleresque ami, le marquis Costa de Beauregard, porte la trace de ses indignations généreuses à la nouvelle des attentats révolutionnaires qui datent, on l'oublie trop, non de 1793 ou de 1792, mais de 1789, et donnent ainsi le ton à toute cette lugubre histoire (1). Mais, en homme qui déjà voyait de haut et de loin, il disait : « Les massacres, les pillages, l'incendie, ne sont rien ; il ne faut que peu d'années pour guérir tout cela. Mais l'esprit public vicié, la France pourrie, voilà l'ouvrage de ces messieurs. Et ce qu'il y a de déplorable, c'est que le mal est contagieux, et notre pauvre Chambéry déjà bien taré (2). »

Il l'était, en effet. La Savoie, travaillée par la propagande révolutionnaire, et gagnée avant d'être envahie, se livra presque sans résistance aux armées républicaines. Dès que son annexion à la France fut prononcée, n'hésitant point entre les intérêts de sa fortune et la fidélité à son roi, il se retira en Piémont avec sa famille. Ce fut dans sa vie

---

1) C'est dans le beau livre de M. le marquis Costa de Beauregard, *Un Homme d'autrefois*, que l'on peut suivre cet échange d'idées entre les deux amis. Le marquis Costa, comme beaucoup d'âmes généreuses de ce temps, se laissa un moment séduire par la physionomie sentimentale de la Révolution. Les illusions du spectateur tombèrent bientôt avec le masque des acteurs.

2) *Un Homme d'autrefois*, p. 97.

un moment solennel ; il le racontait lui-même, quinze ans après, dans une lettre au comte Deodati : « Lorsque je passai les Alpes en 1792, pour suivre la fortune du roi, je dis à la compagne fidèle de toutes mes vicissitudes, bonnes ou mauvaises, à côté d'un rocher que je vois encore d'ici : « *Ma chère amie, le pas que nous faisons aujourd'hui est irrévocable ; il décide de notre sort pour la vie* (1). »

Bientôt, un décret de l'*Assemblée allobroge* enjoignit à tous les émigrés, hommes, femmes ou enfants, de rentrer en Savoie avant le 25 janvier 1793, sous peine de la confiscation de leurs biens. Quoique le roi eût permis cette démarche à tous les nobles non militaires, le comte de Maistre était résolu à ne s'y point abaisser. Mais la jeune comtesse voulait sauver le patrimoine de ses enfants. Profitant d'une absence de son mari, elle partit d'Aoste le 5 janvier, traversa à dos de mulet le Grand Saint-Bernard avec ses deux enfants qu'un troisième allait bientôt suivre, et arriva à Chambéry. De retour à Aoste, son mari courut aussitôt sur sa trace avec une angoisse mortelle, et la rejoignit dans la ville révolutionnée. Ce fut dans ces circonstances douloureuses, et au milieu des brutalités républicaines d'une visite domiciliaire, que naquit Constance, sa seconde fille (2).

1) Lettre quarante-huitième, 26 juillet 1807.
2) Cette enfant, qui devait tenir une si grande place dans le cœur et dans la correspondance de Joseph de Maistre, l'aima de loin avec une incroyable tendresse, puis (ce sont ses termes

Le comte, sans avoir un instant fléchi devant les exigences révolutionnaires, partit bientôt après pour Lausanne, chargé d'une mission confidentielle de son gouvernement. Madame de Maistre, dès qu'elle put supporter les fatigues du voyage, vint le rejoindre avec Rodolphe et Adèle. L'enfant au berceau fut laissée près de sa grand'mère; plus de vingt ans devaient s'écouler avant qu'elle connût le visage de son père.

mêmes) *se donna à lui dès l'instant qu'elle le vit.* Elle devint son secrétaire et presque sa collaboratrice. Et quand mourut ce père « qui était sa gloire, sa joie et comme sa divinité terrestre, » tout sembla s'éteindre en elle. Quelques semaines plus tard, elle écrivait, en réponse à une lettre de condoléance : « Il me faut de la peine pour prendre une plume qui ne doit plus être consacrée à *son* usage. Depuis plus de huit mois que sa santé déclinait visiblement, je ne pouvais me résoudre à le quitter un seul moment de la journée ; je lisais, j'écrivais, je pensais pour lui ; j'étais devenue son bras, et même sa mémoire à l'égard des choses usuelles et communes qui ne pouvaient trouver place dans cette grande tête. Rien ne me paraissait impossible quand il s'agissait de le soulager en quelque chose, et l'envie de lui être utile doublait toutes mes facultés. Maintenant je ne sais plus que faire de tout ce que j'employais à son usage. L'âme de mon existence m'est ôtée. »

Constance de Maistre devint, en 1833, duchesse de Laval-Montmorency, et a vécu jusqu'à l'âge de 89 ans, conservant jusqu'à son dernier jour (2 avril 1882), dimanche des Rameaux) tout le charme de son esprit, la fraîcheur de ses souvenirs et la généreuse bonté de son cœur. Par tous ces dons, par sa haute vertu, par son chevaleresque dévouement à l'Église, ajoutons par son grand amour pour la France, elle fut bien la digne fille de son père. Ce serait grand dommage qu'une notice étendue, qui ferait un aimable complément aux œuvres paternelles, ne perpétuât pas le souvenir de cette « femme d'autrefois, » comme on l'a si bien appelée dès le lendemain de sa mort.

Ce fut pendant son séjour à Lausanne que celui-ci composa son « discours à la marquise Costa de Beauregard, » sur la mort de son fils Eugène, noble enfant qui mourut comme un saint, des suites d'une blessure qu'il avait reçue en combattant comme un héros pour son prince et pour son pays. L'œuvre est belle, très travaillée, trop travaillée, à mon sens, pour que l'émotion n'y perde pas quelque chose ; j'y trouve surtout un peu trop de cette déclamation et de cette sentimentalité que Rousseau avait mises à la mode, et qui passaient alors pour le beau style. Ces défauts-là sont fort éloignés de la manière du comte de Maistre ; et je dirais que ce discours ne l'annonce pas encore, si je n'y trouvais quelques paragraphes où la signature de sa haute pensée et de son grand style est déjà reconnaissable. Mais, ce qui vaut mieux que le discours, le comte de Maistre fut la providence fraternelle de la pauvre mère qui, fugitive aussi à Lausanne, n'eut, après Dieu, que sa parfaite amitié pour l'aider à porter son inconsolable douleur, pendant qu'un devoir supérieur à toutes les tendresses retenait son mari sur les champs de bataille où l'enfant bien-aimé venait de succomber.

Deux ans après, Joseph de Maistre, encore habitant la Suisse, publiait ses *Considérations sur la France*, explosion soudaine d'un génie qui, du premier coup, se révélait par un chef-d'œuvre. Ce n'était, semblait-il, qu'une brochure de circonstance, destinée à favoriser le vif mouvement de réaction royaliste qui se produisait en France depuis la fin de la Convention. Le coup d'État de fructidor, en arrêtant ce mouvement par des procédés dignes de la Terreur, semblait devoir tuer le livre à sa naissance ; et il en arrêta, en effet, l'action immédiate. Mais cette œuvre puissante dépassait infiniment par sa portée les incidents qui en avaient amené la publication, et l'avenir lui réservait une influence sociale supérieure à l'effet politique que le parti royaliste avait eu le droit d'en attendre à jour fixe.

Sa mission accomplie, Joseph de Maistre ramena sa famille à Turin, en 1797. Mais, à la fin de l'année suivante, il fallut se retirer une seconde fois devant l'invasion française. Les fugitifs trouvèrent place, avec d'autres émigrés, sur une barque de commerce qui descendait le Pô ; et ce fut à travers des difficultés infinies, par un froid horrible, et sous la menace des coups de fusil des sentinelles françaises et autrichiennes postées sur les deux rives, qu'on arriva enfin à Venise.

Les conditions de la vie matérielle, pendant les quatre années de cette émigration furent très dures pour la famille de Maistre. Une des dernières lettres écrites par Constance, duchesse de Laval-Montmorency, nous introduit dans le sanctuaire de cette pauvreté fière. « Mon père, ma mère, mon frère, ma sœur ont vécu quatre ans, en état d'émigration, d'une petite somme de trois mille francs sauvée de la confiscation jacobine. Ma mère faisait la cuisine, ma sœur balayait, mon frère portait un petit panier de charbon pour le pot au feu journalier; toute cette stricte économie afin de ne pas faire d'emprunt. Ma mère en était à son dernier louis lorsque mon père fut appelé en Sardaigne (1). »

Les succès de Souwaroff semblèrent bientôt rouvrir au roi le chemin de Turin. Mais l'Autriche était, à ce moment, plus disposée à garder la conquête des armes russes qu'à la rendre au prince dépossédé; et Joseph de Maistre, qui venait se mettre à la disposition de son souverain dans la capitale, ne l'y trouva pas. Il reçut de lui l'ordre de se rendre dans l'île de Sardaigne avec le poste de régent de la chancellerie, qui le plaçait à la tête de la magistrature insulaire. Il y laissa d'excellents souvenirs de son administration, mais je dois avouer que ce fut sans nulle réciprocité. On a publié deux lettres de lui fort vives et fort pittoresques, où il trace du pays et de ceux qui l'habitent un portrait qu'il dit *flatté*, et qui cependant n'est pas flatteur (2).

IV. — JOSEPH DE MAISTRE EN RUSSIE

Un nouveau déplacement allait le fixer à un poste presque définitif et le priver, pour quinze ans, des joies de la vie de famille. En 1802, le roi de Sar-

---

1) Cette lettre a été publiée dans plusieurs journaux après mort de Mme la duchesse de Laval.

2) Albert BLANC, *Correspondance diplomatique du comte Maistre.*

daigne le nomma son ministre plénipotentiaire à Saint-Pétersbourg. Résolu à ne refuser aucun service à la cause de son prince, il n'hésita point à accepter, malgré la douloureuse séparation à laquelle il fallait se résigner; il ne pouvait exposer sa femme et ses filles aux rigueurs du climat du Nord, et, d'ailleurs, le mince traitement attaché à sa fonction ne lui eût pas permis de les faire vivre dans une des plus dispendieuses résidences de l'Europe. Il y vécut seul, dans une pauvreté cruelle, aggravée encore par son contraste avec le luxe de la haute société russe et des autres ambassades. Mais il s'y fit bien vite, à la cour et auprès du czar Alexandre, une place à part qu'il devait tout entière à la hauteur de son caractère et à l'éclat de son génie; c'est un beau spectacle de voir ce représentant d'un souverain qui était presque un roi *in partibus* tenir partout, malgré sa gêne et sa misère, un rang à rendre jaloux les ambassadeurs des plus grandes puissances, et servir par son caractère la cause de la maison de Savoie, auprès de son puissant protecteur, plus efficacement qu'il ne l'eût pu faire avec beaucoup d'or et beaucoup d'intrigues. Alexandre, qui se connaissait en gens de mérite et aimait les gens de cœur, lui donna deux marques précieuses d'une faveur fondée tout entière sur l'estime : il fixa à Pétersbourg son frère, le comte Xavier, par un poste honorable; et il attacha à son service, comme officier au régiment des chevaliers-gardes, le jeune Rodolphe, qui était venu rejoindre son père pour échapper à la conscription française.

Saint-Pétersbourg lui fut pendant dix ans un admirable observatoire pour voir passer l'empire de Napoléon, tous ses éblouissements, toutes ses ivresses, toutes ses audaces, toutes ses folies, tous ses attentats, finalement tous ses désastres. Ce qu'il pensa de cette incarnation couronnée de la Révolution, nous le verrons plus tard. Ce qu'il souffrit loin des siens, et comment il fit son métier de père auprès de son fils présent et de ses filles absentes, sa correspondance nous le dira en des pages charmantes. Ce qu'y furent ses amitiés, la *Vie de Mme Swetchine* l'a raconté en détail. Ce qu'il pensa de la Russie elle-même qu'il étudia de très près sans savoir le russe, ce qu'il augura de cette société raffinée et barbare, superstitieuse et incrédule, exaltée et sceptique, prodigieusement soumise à ses maîtres (à condition de les assassiner quelquefois) et prodigieusement travaillée par des ferments révolutionnaires, quels moyens il vit et proposa de la défendre contre ses périls intérieurs, c'est ici le lieu de le dire.

Le projet de faire un livre sur la Russie avait plus d'une fois traversé son esprit. « On n'a encore rien écrit sur elle avec amour », disait-il, entendant par *amour* celui qui dit courageusement la vérité à ce qu'il aime, non pour l'humilier, mais pour l'instruire. Il se gardait bien en effet de prendre pour amis de la Russie les flatteurs sans scrupule qui, à la suite de Voltaire, avaient encensé Catherine II.

comme une sorte de déesse philosophique, recommandable surtout par son libre penser, par son libre agir, et par ses attentats sur la Pologne catholique. Pour lui, il aimait véritablement la Russie; il y avait trouvé un accueil honorable et quelques amitiés précieuses; il l'avait vue personnifiée dans un souverain plein de séduction, animé de sentiments presque chevaleresques, et qu'on pouvait prendre pour un grand homme; il avait assisté à son gigantesque et victorieux effort de résistance contre la toute-puissance française; il la voyait tenir la tête de la réaction européenne contre la Révolution. D'un autre côté, il jugeait avec sévérité le système de civilisation à outrance que Pierre le Grand lui avait imposé avec des procédés barbares; il avait peu de confiance dans les fruits de serre chaude produits par cette culture artificielle, les voyant piqués par le ver de la science incrédule; et il discernait dans une société si jeune quelques-uns des vices qui caractérisent les peuples en décadence.

« Ce que vous avez de bon est évident », écrivait-il au prince Koslowski, ambassadeur russe à Turin. « Vous êtes bons, humains, hospitaliers, spirituels, intrépides, entreprenants, heureux imitateurs, nullement pédants, etc. A ce beau corps sont attachées deux fistules qui l'appauvrissent: l'instabilité et l'infidélité. Tout change chez vous, les lois comme les rubans, les opinions comme les gilets, les systèmes de tout genre comme les modes;

on vend sa maison comme son cheval; rien n'est constant que l'inconstance; rien n'est respecté, parce que rien n'est ancien; voilà le premier mal. Le second n'est pas moins grave; je ne sais quel esprit de mauvaise foi et de tromperie circule dans les veines de l'État. Le vol de brigandage est plus rare chez vous qu'ailleurs; mais le vol d'infidélité y est en permanence. Achetez un diamant, il y a une paille; achetez une allumette, le soufre y manque. Cet esprit, parcourant du haut en bas les canaux de l'administration, fait des ravages immenses (1). »

Il n'était pas moins frappé d'un certain état de dissolution intellectuelle qui, combinant, dans l'esprit des hautes classes et dans l'enseignement public, l'incrédulité française du XVIIIe siècle avec les prétentions de la métaphysique allemande et les aspirations d'un mysticisme malsain, lui semblait préparer des générations totalement imbues de l'esprit révolutionnaire. L'*illuminisme* russe, qu'il avait profondément étudié, était, à son avis, un danger très pressant pour l'Empire. Par sa *religiosité*, il attirait les âmes généreuses qui n'avaient pas, pour les maintenir, le *lest* d'une foi positive très ferme; ce fut, on le sait, le cas d'Alexandre lui-même, dont l'esprit exalté et mobile se laissa aisément gagner aux rêveries de Mme de Krudener. Par sa haine de toute autorité doctrinale et de toute hiérarchie ecclésiastique, il aboutissait finalement à l'anarchie et à la négation, à ce que l'on

1) Lettre cent-septième, 12 octobre 1815.

appelle aujourd'hui en Russie le *nihilisme*, à ce que le comte de Maistre, par un barbarisme vraiment prophétique, appelait le *rienisme* (1).

Contre ce péril, l'Eglise officielle ne pouvait rien, son sacerdoce étant universellement méprisé. « Le clergé russe n'a point d'existence, point de force, point de considération ; il ne sait rien, il ne dit rien, il ne peut rien (2). Je ne vois pas de différence entre un pope russe et un tuyau d'orgue ; tous deux chantent, mais c'est tout (3). »

A ces maux, quel remède ? contre ces périls, quelle sauvegarde ? Il le savait bien, et il eut le courage de le dire. Il y a là tout un ensemble d'idées qui fut pensé en Russie et pour la Russie, mais qui dépasse de beaucoup les frontières de ce vaste empire. Il y a là aussi un incident extrêmement curieux, qui est tout à la fois un chapitre de l'histoire du comte de Maistre, un chapitre de l'histoire de la Russie, et un chapitre de l'histoire de la Compagnie de Jésus. Il est impossible de le raconter sans nous enquérir d'abord de ce qu'il pensait des Jésuites.

---

1) « On tolère en Russie le protestantisme, le socinianisme, le rascolnisme, l'illuminisme, le judaïsme, le mahométisme, le lamaïsme, le paganisme, le *rienisme* même, si l'on veut » (Lettre cent trente-unième, à S. Em. le cardinal Severoli, 1816.)

2) Lettre cent quinzième, à Mᵐᵉ la comtesse de P..., à Vienne, 20 janvier 1816.

3). Lettre cent dix-septième au prince Koslowski, 2 février 1816.

VI. — CE QUE JOSEPH DE MAISTRE PENSAIT DES JÉSUITES

Il avait neuf ans, et jouait dans la chambre de sa mère avec la pétulance des garçons de son âge. « Joseph, » lui dit celle-ci, « ne soyez pas si gai : il est arrivé un grand malheur ». Elle venait d'apprendre l'édit qui expulsait les Jésuites du royaume de France (1). Joseph s'en souvint toujours, et il recueillit pieusement, comme une portion de l'héritage de sa sainte mère, les sentiments qu'elle avait voués à la Compagnie de Jésus.

C'était aussi un héritage paternel, comme nous le savons par cette fin de lettre à un Génois de ses amis, fort *jésuitophobe* : « Enfin, mon cher ami, je n'aime rien tant que les esprits de famille : mon grand-père aimait les Jésuites, mon père les aimait, ma sublime mère les aimait, je les aime, mon fils les aime, son fils les aimera (2). » Je me crois autorisé à dire que cette prédiction impérative s'est réalisée, et que la tradition n'est point interrompue.

Mais je ne veux point laisser croire que cet amour n'était chez lui qu'un héritage. S'il avait reçu le germe, il l'a magnifiquement développé. Et si c'est un crime d'aimer les Jésuites, il l'a commis avec la circonstance aggravante de la préméditation la plus

---

1) Notice, p. 2.
2) Lettre cent vingt-sixième, à M. de R..., à Gênes, septembre 1816.

réfléchie et la plus personnelle. Il les a aimés, cela va sans dire, pour leur vertu et pour leur science, pour leurs saints et pour leurs martyrs, pour leur zèle à prêcher l'Évangile sous toutes les latitudes depuis le Japon jusqu'au Paraguay. Mais il les a aimés aussi pour la haine spéciale dont ils furent et sont honorés par tous les ennemis de l'Église; il les a aimés pour leur attachement énergique aux doctrines romaines; il les a aimés parce qu'il les voyait partout à ce poste d'avant-garde qui fut aussi le sien. Pourquoi n'ajouterais-je pas qu'il les a aimés encore parce que les attaques dirigées contre eux lui offraient avec une merveilleuse prodigalité l'occasion charmante de prouver aux agresseurs qu'ils n'étaient que des sots ou des menteurs en ce point, fussent-ils gens d'esprit et honnêtes gens en tout le reste?

Ecoutez, en preuve, le commencement de la lettre au Génois : « Vous me parlez, dans presque toutes vos lettres, des Jésuites, mon cher ami, et toujours assez ridiculement ; je veux, une fois pour toutes, vous dire ma pensée sur ce sujet... Parlez à un ennemi des Jésuites, au premier que vous trouverez sous votre main; demandez-lui s'il a fréquenté ces messieurs, s'il avait parmi eux des amis, des directeurs, des conseillers, etc. ; il vous répondra *Non*, et peut-être : *Dieu m'en préserve!* Et si vous lui citez leurs amis, il ne manquera pas de vous dire qu'ils sont amis, et qu'il ne faut pas les croire parce qu'ils sont suspects; en sorte que *les*

Jésuites ne sont véritablement connus que par ceux qui ne les connaissent pas. C'est un magnifique théorème, qui mérite d'être encadré. Il n'y a rien de si niais, mon très spirituel ami, que ce que vous dites après tant d'autres, que, *puisque les Jésuites étaient détruits, il ne fallait pas les rétablir;* c'est-à-dire, par la même raison, que, *puisque le roi était tombé de son trône, il ne fallait pas l'y replacer.* Par quelle raison, par quelle loi, par quelle convenance, une excellente chose, une fois abattue, ne doit-elle plus être relevée? Vous me direz : *C'est une question de savoir si la chose est excellente.* Fort bien, mon cher ami ; c'est ce que les Jacobins disaient de la royauté ; et dès qu'il sera prouvé que les Jésuites ne valent rien, il sera prouvé aussi qu'il ne fallait pas les rétablir. Nous attendons la démonstration (1). »

On ne saurait avoir raison avec plus d'esprit (2). Mais le comte de Maistre, « qui cachait fort peu ses pensées », n'était pas homme à ne dire son sentiment sur les Jésuites que dans l'intimité d'une lettre

---

1) Lettre cent vingt-sixième : à M. de R..., à Gênes, septembre 1816.

2) Il faut savoir se borner quand on cite le comte de Maistre; la moitié de ses œuvres y passerait, si l'on suivait son envie. Suivons-la cependant pour trois lignes encore. Ecrivant au P. Rozaven, en 1817, au sujet d'un pamphlet contre les Jésuites, dû probablement à une plume janséniste, il lui donna, entre autres indications, celle-ci : « *Je vous recommande les pages 90 et 91, où vous êtes formellement accusés de faire Dieu beaucoup meilleur qu'il n'est.* Prenez garde, mon Révérend Père! il ne faut rien exagérer. »

privée. Il leur rendit plus d'une fois témoignage dans ses livres, notamment dans un chapitre de son *Église gallicane,* mais avec beaucoup plus d'éclat encore dans son *Essai sur le principe générateur des constitutions politiques.*

Après y avoir signalé l'impuissance *éprouvée* de tous les efforts humains pour la civilisation des sauvages, il se souvient d'un passage de Plutarque, un de ses deux auteurs favoris (l'autre est Platon), sur le plus célèbre des vieux mythes égyptiens : « Osiris régnant en Égypte retira incontinent les Egyptiens de la vie indigente, souffreteuse et sauvage, en leur enseignant à semer et planter, en leur établissant des lois, et leur montrant à honorer et vénérer les dieux : et depuis, allant par tout le monde, il l'apprivoisa aussi sans y employer aucunement la force des armes, mais attirant et gaignant la plus part des peuples, par douces persuasions et remonstrances couchées en chansons et en toute sorte de musique, d'où les Grecs eurent opinion que c'estoit un mesme que Bacchus. »

S'appropriant comme une « dépouille des Égyptiens » cette belle tradition d'un sens si profond et si vrai, il l'applique aux Missionnaires, en qui elle a sa réalité splendide, et en particulier aux Jésuites.

« Les Missionnaires ont opéré cette merveille si fort au-dessus des forces et même de la volonté humaine. Eux seuls ont parcouru d'une extrémité à l'autre le vaste continent de l'Amérique pour y créer des hommes. Eux seuls ont fait ce que la politique n'avait pas seulement osé imaginer. Mais rien dans ce genre n'égale les missions du Paraguay; c'est là où l'on a vu d'une manière plus marquée l'autorité et la puissance exclusive de la Religion pour la civilisation des hommes. On a vanté ce prodige, mais pas assez ; l'esprit du xviii° siècle et un autre esprit, son complice, ont eu la force d'étouffer la voix de la justice et même celle de l'admiration. Un jour peut-être (car on peut espérer que ces grands et nobles travaux seront repris), au sein d'une ville opulente assise sur une antique savane, le père de ces missionnnaires aura une statue. On pourra lire sur le piédestal :

A L'OSIRIS CHRÉTIEN

DONT LES ENVOYÉS ONT PARCOURU LA TERRE
POUR ARRACHER LES HOMMES A LA MISÈRE
A L'ABRUTISSEMENT ET A LA FÉROCITÉ
EN LEUR ENSEIGNANT L'AGRICULTURE
EN LEUR DONNANT DES LOIS
EN LEUR APPRENANT A CONNAITRE ET A SERVIR DIEU
APPRIVOISANT AINSI LE MALHEUREUX SAUVAGE

NON PAR LA FORCE DES ARMES

DONT ILS N'EURENT JAMAIS BESOIN
MAIS PAR LA DOUCE PERSUASION LES CHANTS MORAUX

ET LA PUISSANCE DES HYMNES

EN SORTE QU'ON LES CRUT DES ANGES.

« Or, quand on songe que cet ordre législateur,

qui régnait au Paraguay par l'ascendant unique des vertus et des talents, sans jamais s'écarter de la plus humble soumission envers l'autorité légitime même la plus égarée ; que cet ordre, dis-je, venait en même temps affronter dans nos prisons, dans nos hôpitaux, dans nos lazarets, tout ce que la misère, la maladie et le désespoir ont de plus hideux et de plus repoussant ; que ces mêmes hommes, qui couraient, au premier appel, se coucher sur la paille à côté de l'indigence, n'avaient pas l'air étranger dans les cercles les plus polis ; qu'ils allaient sur les échafauds *dire les dernières paroles* aux victimes de la justice humaine, et que de ces théâtres d'horreur ils s'élançaient dans les chaires pour y tonner devant les Rois ; qu'ils tenaient le *pinceau* à la Chine, le télescope dans nos observatoires, la lyre d'Orphée au milieu des sauvages, et qu'ils avaient élevé tout le siècle de Louis XIV ; quand on songe enfin qu'une détestable coalition de ministres pervers, de magistrats en délire et d'ignobles sectaires a pu, de nos jours, détruire cette merveilleuse institution et s'en applaudir, on croit voir ce fou qui mettait glorieusement le pied sur une montre, en lui disant : *Je t'empêcherai bien de faire du bruit.* Mais qu'est-ce donc que je dis ? un fou n'est pas coupable (1). »

1) *Essai sur le principe générateur*, chap. XXXVI et XXXVII.

VI. — LES JÉSUITES EN RUSSIE

Or, la *détestable coalition*, — je prends le mot tout à fait à mon compte, — était arrivée à ses fins, en 1773, à l'époque où Joseph de Maistre entrait seulement dans la vie virile. Depuis le jour où, sous une pression impitoyable et dans l'espérance d'éviter de plus grands maux, Clément XIV avait signé en gémissant le bref d'abolition de la célèbre Compagnie, le jeune magistrat avait pu connaître et aimer d'anciens Jésuites à l'état dispersé ; mais il fallut les hasards de sa vie pour qu'il vît des Jésuites à l'état de rassemblement, vivant selon la règle de leur institut, et faisant les œuvres de leur vocation spéciale. Et ce fut en pays schismatique.

Tout le monde sait que la czarine Catherine II se fit un point d'honneur de protéger, en 1773, les deux cents Jésuites qu'elle avait trouvés dans la Russie blanche lorsque le premier partage de la Pologne annexa cette province à son empire. Ce qu'on ne sait pas assez, c'est que ces religieux, disposés à la plus parfaite obéissance envers le Saint-Siège, adressèrent à l'impératrice les sollicitations les plus pressantes pour qu'elle autorisât dans ses États la promulgation en vertu de laquelle le bref de suppression y deviendrait exécutoire.

Liés par leurs vœux envers leur Compagnie, ils ne

pouvaient être déliés que par l'ordre officiellement notifié du chef de l'Église. Catherine refusa absolument d'accueillir leur demande. Et de graves témoignages, joints à des probabilités historiques qui équivalent par leur réunion à une certitude morale, ne nous permettent pas de douter que le Pape n'ait encouragé confidentiellement les Jésuites de Russie à ne pas se dissoudre. Il ne pouvait leur en donner l'autorisation officielle sous peine d'ameuter de nouveau la coalition qu'il s'était flatté de désarmer; mais il lui plaisait secrètement qu'un reste du grand corps que d'Alembert appelait les *grenadiers du pape* fût conservé quelque part comme une réserve pour l'avenir.

D'ailleurs, vingt-huit ans plus tard, en 1801, la situation des Jésuites de Russie fut officiellement régularisée par le pape Pie VII qui, sur la demande instante de Paul Ier, rétablit la Compagnie dans l'empire russe. Comme on l'a justement remarqué, Paul Ier, empressé à prendre en tout le reste le contre-pied des traditions de Catherine II, resta fidèle à celle-ci et fut pour les Jésuites un constant protecteur. Et lorsqu'une conspiration de palais lui eût fait perdre à la fois le trône et la vie, Alexandre, son successeur, retint ce seul point de la politique paternelle. Il ne changea de sentiments et de conduite à l'égard des Jésuites que quand toute l'Europe catholique se fut rouverte pour eux, grâce au bref de rétablissement signé par Pie VII en 1814. La mission de conservation, fidèlement accomplie pendant un demi-siècle, était désormais terminée (1).

Joseph de Maistre, à son arrivée en Russie, trouvait donc les Jésuites en possession d'une situation parfaitement régulière, parfaitement solide comme on pouvait le croire, enfin rapidement grandissante. Quatre fois plus nombreux qu'en 1773, ils étaient installés dans les deux capitales et dans plusieurs autres villes de l'empire. Ils avaient à Polotsk et à Pétersbourg de florissants collèges. Alexandre allait bientôt diriger une de leurs colonies vers la Sibérie. Le duc de Richelieu et l'abbé Nicole, qui fondaient en ce moment la grandeur et la prospérité d'Odessa, allaient obtenir qu'ils y fussent appelés pour seconder leur œuvre.

Mais ces prospérités, en les tirant du demi-jour discret où ils avaient longtemps vécu, commençaient déjà à leur faire des ennemis. Le clergé schismatique, impuissant, inerte, subalterne, regardait avec jalousie la grande place que ces prêtres catholiques avaient conquise, par leurs talents et leurs vertus, dans l'estime des hautes classes. Les Universités officielles, — l'Université de Vilna surtout, voisine du collège de Polotsk, — voyaient de mauvais œil l'élite de la société russe leur confier ses enfants ; et cette voisine usait avec une rigueur tracassière du droit d'inspection et d'examen que les règlements lui donnaient sur eux.

1) *Les Jésuites de Russie*, par le P. Gagarine, avant-propos, p. 7-11.

Or, rien ne ressemblait moins à nos vieilles Universités occidentales que cette Université de Wilna, rassemblement cosmopolite de professeurs où régnait la libre pensée tantôt sous la forme grossière du matérialisme, tantôt sous la forme pédante de la métaphysique allemande, tantôt sous la forme mystique de l'illuminisme, tantôt sous la forme biblique du protestantisme. Choisir dans un tel milieu, si flottant et si peu sûr, les contrôleurs de l'enseignement illustre des Jésuites, de cet enseignement éprouvé et sage qui avait recueilli toutes les traditions de l'Europe savante, était en soi la chose la plus déraisonnable du monde. C'était faire inspecter des vétérans par des conscrits, des grenadiers par des francs-tireurs, osons dire des pompiers par des incendiaires. Les Jésuites souhaitaient fort d'être affranchis de cette surveillance hostile qui gênait la liberté de leurs méthodes, et d'échapper aussi à l'obligation d'envoyer leurs élèves recevoir le complément de leur éducation intellectuelle à cette Université d'État, dont l'esprit leur inspirait moins qu'une demi-confiance.

VII. — LA QUESTION DE LA LIBERTÉ D'ENSEIGNEMENT ET DU MONOPOLE UNIVERSITAIRE EN RUSSIE. MÉMOIRE INÉDIT ET LETTRE INÉDITE DU COMTE DE MAISTRE.

Le P. Brzozowski, général des Jésuites, adressa au ministre de l'instruction publique plusieurs mémoires en ce sens. Mais l'action décisive fut exercée par Joseph de Maistre. Ce fut bien lui qui emporta la place à vive force de raison et d'éloquence. Il aimait la Russie ; il aimait la Compagnie de Jésus ; il était profondément convaincu qu'elles avaient toutes deux grand intérêt à faire bon ménage ensemble, et que le meilleur moyen pour Alexandre de se faire payer au centuple l'hospitalité généreusement accordée aux Jésuites était d'ouvrir un champ libre et vaste à leurs établissements d'éducation. Connaissant mieux que la plupart des Russes les périls de la Russie, il la voyait battue en brèche et minée par la Révolution ; il constatait l'absolue impuissance de l'Église officielle à défendre contre cette triple agression le dépôt à peu près complet des vérités religieuses qu'elle avait conservé, mais conservé à l'état stérile et mort, en se séparant de l'unité catholique ; il ne trouvait en Russie qu'une seule force morale organisée qui pût prendre en main la défense sociale et religieuse : les Jésuites. *Les Jésuites gardaient l'Église russe*, devait-il dire plus tard ; et nous pouvons ajouter avec lui que cette parole était profondément vraie sous un air de paradoxe.

Quant à la réalité et à la gravité du péril, sa correspondance abonde en renseignements significatifs ; celui-ci, par exemple : « Vous me parlez de la science et des Universités ? Quel chapitre, cher prince ! On vient de soutenir une thèse à Vilna où l'on dit que Dieu est le calorique par excellence (*per perfectionem*), que l'esprit humain est un calorique diminué, le soleil un calorique organisant, la plante un calorique organisé. » (Notons en passant que cette doctrine du dieu-calorique se relie par un bout à celle de Zoroastre, et par un autre aux théories récentes de M. Herbert-Spencer.) « Un prêtre catholique apostat, qui a déjà fait mourir deux femmes de chagrin et qui est à présent l'heureux possesseur de la troisième, est professeur de *philosophie morale* dans une de vos Universités. L'enseignement est planté chez vous à rebours ; il vous mène à la corruption avant de vous mener à la science (1). »

Le caractère presque honorifique des fonctions diplomatiques que le comte de Maistre remplissait à Saint-Pétersbourg lui permettait de s'occuper des choses russes avec plus d'activité et avec un désintéressement moins suspect que ne l'eût pu faire tout autre ambassadeur. En même temps, la hauteur de son esprit, la fermeté connue de ses principes, l'illustration déjà acquise à son nom, le charme original de sa conversation faisaient de lui l'homme le plus écouté et le plus consulté qu'il y eût à Saint-Pétersbourg, et lui donnaient la situation à part d'un conseiller bénévole à qui l'on n'est jamais tenté de dire : *Mêlez-vous de ce qui vous regarde*. Tantôt sur provocation, tantôt spontanément, il pouvait sans indiscrétion adresser à des

---

1) Lettre cent septième : au prince Kosloswki, 12 octobre 1815.

personnages officiels l'expression motivée de sa pensée sur les *questions russes*, sur celles principalement qui touchaient à l'ordre moral.

Ce fut ainsi qu'il écrivit au comte Razoumowski les *Cinq lettres sur l'éducation publique en Russie*, qui ont été publiées dans les *Lettres et opuscules*. Je n'en veux point faire l'analyse et me contenterai de dire que les trois premières contiennent des vues générales sur l'éducation, des renseignements sur le plan d'études de notre ancienne instruction secondaire (plan que Napoléon fit revivre presque en entier dans ses lycées), enfin de vives critiques sur les programmes et l'esprit des Universités officielles russes ; et que les deux dernières sont un plaidoyer, au point de vue des intérêts russes, en faveur de l'éducation donnée par les Jésuites, seule digue, selon l'auteur, au triple torrent qui menace de tout emporter. Ces deux lettres, très courtes, très éloquentes, concluent à exempter les collèges dirigés par les Jésuites de toute dépendance vis-à-vis des Universités de l'État, et à laisser les deux enseignements rivaux se développer parallèlement et faire leurs preuves sous l'œil du prince et des familles. Un vœu en faveur de l'érection du collège de Polotsk en Université libre y est énoncé, moins comme une demande pour le présent que comme une espérance pour l'avenir. « Une mesure infiniment sage, un véritable coup d'État serait de rendre aux Jésuites une académie à Potsk, comme ils l'avaient à Wilna, en lui attribuant tous les privilèges des Universités et notamment de celle de Wilna. Mais en attendant, vous ne pouvez rendre un service plus signalé à votre patrie que d'engager S. M. I. à prononcer enfin l'indépendance absolue des Jésuites vis-à-vis de l'Université officielle. »

L'année suivante, de lui-même cette fois, il revint à la charge, et adressa au même ministre un mémoire sur la liberté de l'enseignement supérieur. Les idées en sont substantiellement les mêmes que celles des lettres; mais leur exposé, tantôt plus condensé, tantôt plus étendu, y est merveilleusement fortifié. Le mémoire est aux lettres ce qu'est à une première et solide plaidoirie une réplique triomphante. C'est ce mémoire (encore inédit aujourd'hui et qui ne semble pas avoir été connu du principal historien des Jésuites, M. Crétineau-Joly) que je suis autorisé à communiquer à mes lecteurs. Je le transcris presque en entier, n'omettant que ce qui se trouvait déjà dans les lettres.

Mémoire sur la liberté de l'enseignement public.

« La Russie se trouve en ce moment, relativement à l'éducation publique, précisément dans la même situation où se trouva la France dans le xvi° siècle, lorsque les Jésuites se présentèrent pour élever la jeunesse, suivant leur institut alors nouveau.

« L'Université, en possession exclusive de cette branche importante de l'administration, ne manqua pas de s'opposer de toutes ses forces à l'admission des nouveaux venus, et c'est ce qui arrivera toujours en pareille occasion. Ainsi est faite la nature humaine : elle aime les priviléges exclusifs et la domination. C'est aux souverains surtout qu'il appartient de contredire cette inclination ou de la faire servir au bien.

« Le gouvernement de France eut la sagesse, alors, d'admettre le nouvel enseignement sans gêner l'autre, et de les faire marcher de front en pleine liberté.

« L'histoire étant la politique expérimentale (la seule bonne), elle montre clairement à la Russie ce qu'elle doit faire en cette occasion pour se procurer deux bons enseignements au lieu d'un mauvais.

« *Tout privilège exclusif dans l'État n'est que la permission de mal faire ;* c'est ce que les gouvernements ne doivent jamais perdre de vue. Mais il y a pour la Russie des circonstances de temps et de lieu dignes de la profonde attention du souverain.

« Ce n'est plus aujourd'hui une chose douteuse *que, depuis trois siècles, il existe en Europe une force cachée qui travaille sans relâche au renversement du Christianisme et des trônes chrétiens.* Celui qui ignore cela ignore tout. Mais ce que tout le monde ne sait pas, c'est que la puissance attaquée dans ce moment de la manière la plus terrible et la plus subtile, c'est la Russie. Cette puissance est à la fois la plus *attaquée* et la plus *attaquable*.

« La grande secte spécule en ce moment sur les vertus même du souverain, sur sa munificence sans bornes et sur l'ardent désir qui le domine de soutenir et d'animer les sciences dans ses États. C'est donc de l'instruction publique qu'on se sert pour verser en Russie le poison qui a dissous les autres souverainetés. C'est ce qui sera démontré plus en détail, pour peu qu'on le désire, dans un mémoire à part. Ici il faut se restreindre.

« Un corps, une association d'hommes marchant invariablement vers un certain but ne peut (s'il n'y a pas moyen de l'anéantir) être combattue et réprimée que par une association contraire. Or, l'ennemi capital, naturel, inné, irréconciliable des *l'illuminé*, c'est le *Jésuite*. Ils se sentent, ils se découvrent, comme le chien et le loup. Partout où on les laissera faire, il faudra que l'un dévore l'autre.

« Les illuminés, qui le savent bien, n'oublient aucun moyen pour écarter leurs ennemis, et ils n'en ont pas trouvé de meilleur que celui de faire croire aux souverains que *les Jésuites troublent l'État;* et ce piège, tout grossier qu'il est, n'a pas laissé que de surprendre de très bons princes.

« Les Jésuites troublent l'État comme le quinquina trouble la fièvre; *ils troublent les troubleurs.*

Les souverains n'ont pas le temps de lire, ni de disputer ; heureusement il y a des idées lumineuses qui leur montrent la vérité d'un coup d'œil. Pour juger les Jésuites sur le champ et avec une certitude mathématique, les souverains n'ont qu'à se demander *par qui ces religieux sont aimés et par qui ils sont haïs.*

« Le clergé de France en corps savait bien ce qu'il disait lorsque, dans ses fameuses remontrances de 1762, il disait au roi : *Sire, défendez les Jésuites comme vous défendriez l'Église catholique*, avec laquelle, tant qu'elle sera soutenue, il est aussi impossible de renverser un État que de remuer les Alpes.

« Le roi n'eut pas la force d'écouter ce conseil. Il céda par crainte et à contre-cœur, comme il est bien prouvé aujourd'hui. C'est tout ce que les conjurés demandaient, puisqu'ils ont déclaré solennellement par la bouche de Rabaud Saint-Étienne, protestant et révolutionnaire fougueux, que, *sans l'abolition préliminaire des Jésuites, la Révolution française était impossible.*

« La secte cherche maintenant à répéter le même chef-d'œuvre en Russie ; mais comme la chose ne serait pas proposable directement, elle propose à Sa Majesté la destruction des Jésuites par une voie indirecte, mais tout aussi infaillible : *celle de les soumettre à la suprématie des Universités.*

« C'est peut-être le contraire qui serait raisonnable, puisque les Jésuites ont pour eux l'expérience, et qu'ils ont élevé la plupart des grands hommes qui ont existé en Europe depuis trois siècles, tandis que les Universités n'ont pas encore fait leurs preuves, et qu'au contraire tous les préjugés sont contre elles. Mais on ne veut rien avancer d'exagéré.

« Lorsqu'un gouvernement a bâti un grand édifice, doté des professeurs et rassemblé des jeunes gens, qu'a-t-il fait ? Rien, et même moins que rien (car il n'a fait que du mal, il a ouvert une maison de libertinage et d'immoralité), à moins qu'il n'ait pris des précautions immenses dont une foule de personnes ne se doutent seulement pas.....

« Ces sortes d'associations ont réussi jadis parmi nous, lorsqu'elles étaient sous la garde exclusive de certaines corporations de célibataires religieux qui savaient y maintenir la discipline des couvents. Il sortait de là d'excellents tempéraments (ce qui n'est pas à négliger, et des hommes *disposés à toutes les sciences* (1).

« On a si bien senti ces vérités qu'en Angleterre on a maintenu la loi du célibat dans les Universités, malgré le changement de croyances; et lorsque d'insensés novateurs proposèrent de l'abolir comme un reste de *catholicité*, le chancelier les fit taire d'un seul mot dans le Parlement.

« Et tout nouvellement, en France, Napoléon,

---

1) C'est tout ce que peut faire la première éducation. Ceux qui promettent de *faire des savants* sont des charlatans qui ne feront que des fats. (*Note de J. de Maistre.*)

que personne ne prendra pour un dévot, a suivi le même système dans ses Universités.

« Veut-on savoir comment on a réussi en Allemagne où l'on s'est écarté des anciennes règles ? Écoutons encore un grand fanatique de révolutions et d'incrédulité. Car celui qui écrit ceci a pour maxime invariable de chercher la vérité chez ses ennemis, ce qui est presque toujours possible (1).....

« Gibbon n'a pas mieux parlé des Universités d'Angleterre, et mille raisons nous démontrent que celles de Russie réussiront encore plus mal.

« Et l'on pourrait imaginer de soumettre les Jésuites à des corps composés de laïques, d'hommes mariés, de protestants même et de philosophes modernes, entièrement opposés de systèmes, de croyances et de conduite ! Jamais on n'a proposé rien d'aussi déraisonnable et d'aussi funeste.

« Puisque d'heureuses circonstances ont placé les Jésuites en Russie, il faut s'en servir pour arrêter l'esprit révolutionnaire qui entre par toutes les portes, mais surtout par celles de l'instruction publique ; mais ce remède puissant, et peut-être unique, sera nul tant que les Jésuites ne seront pas affranchis de toute espèce de dépendance.

« En demandant une liberté parfaite pour leur régime intérieur, ils ne demandent rien d'extraordinaire ; ils ne réclament que le privilège commun à

---

1. Ici viennent des témoignages qu'on trouvera dans les *Lettres sur l'instruction publique en Russie.* (Lettres et opuscules, t. II, p. 306-307.)

toute association humaine, qui est nulle si elle n'est pas soumise à une discipline intérieure. Quel homme voudrait être colonel d'un régiment qu'on ferait contrôler par un évêque ou par un sénateur ? C'est la même chose qu'on propose en d'autres termes.

« Les partisans exclusifs des nouveaux établissements disent que les Jésuites *veulent faire un État dans un État*. Sophisme grossier ! ce sont au contraire les Universités qui veulent faire un État dans l'État en s'emparant du monopole de l'éducation. Et les Jésuites s'opposent de toutes leurs forces à cette formation d'un État dans l'État ; car ils ne prétendent s'arroger aucun droit sur les Universités, mais seulement concourir librement et toutes portes ouvertes à l'un des nobles buts de leur institution, qui est celui de l'éducation publique.

« On insiste, et l'on dit *qu'il y a une loi qui soumet toute instruction publique au contrôle des Universités*. Mais, dans ce genre, aucune loi ne peut gêner le souverain, car nul souverain ne peut se priver du droit d'empêcher le mal et de faire le bien de ses sujets par tous les moyens possibles. Si un nouvel artiste se présente avec une manière sûre de faire des armes, par exemple, ou d'autres choses nécessaires de ce genre, et mieux, et plus vite, et à meilleur marché, tout bon gouvernement *peut* et *doit* même l'accueillir. Si d'autres manufactures existent, on leur dira : *Faites aussi bien, et mieux si vous pouvez, personne ne vous empêche.* Et si elles avaient quelques priviléges acquis, le gouvernement les dédommagerait plutôt que de se priver des services des nouveaux venus. Mais dans cette importante manufacture d'hommes dont il s'agit aujourd'hui, pourquoi n'agirait-on pas de même ? D'un côté on demande le monopole, et, de l'autre, la liberté ; celui qui demande l'exclusion a contre lui les soupçons les plus graves et nulle expérience en sa faveur. De l'autre côté c'est le contraire. Il n'est pas difficile de se décider.

« En recevant les Jésuites, *qui sont un corps enseignant*, on les a reçus *pour enseigner*, et c'est ce qu'ils ont fait. C'est une maxime incontestable de jurisprudence *qu'aucune loi générale ne déroge à une loi spéciale, à moins qu'elle n'en fasse mention spéciale;* c'est une règle qui a force de loi partout, puisqu'elle n'est qu'une loi de bon sens.

« Si l'ukase avait assujetti aux Universités *toutes les écoles et même celles des Jésuites*, alors le souverain devrait y déroger ; car qui a jamais pensé qu'il puisse se priver du pouvoir de faire le bien, et que celui qui a le pouvoir de faire la loi n'ait pas celui d'y déroger ? Mais, dans le cas présent, on peut soutenir que la dérogation n'est pas même nécessaire, vu que nul privilège spécial n'est touché par une disposition générale.

« Ce moment est bien plus essentiel qu'on ne pourrait le croire pour la Russie ; et la résolution que prendra le gouvernement aura de grandes suites en bien ou en mal.

« Une chose doit, ce semble, encourager beaucoup le souverain. C'est que c'est une de ces occasions où il est sûr de ne pas se tromper en établissant la liberté de l'enseignement, parce qu'il a de son côté une espèce de vérificateur infaillible, c'est-à-dire l'*amour paternel.*

« L'amour paternel est la seule puissance qu'il soit impossible de tromper. Le père le plus corrompu et le plus sot cherche pour son fils l'instituteur le plus pur et le plus habile ; tout le monde sait que Diderot fut surpris un jour par un ami faisant lire l'Évangile à sa fille.

« Que l'enseignement soit déclaré absolument libre chez les Jésuites comme dans les Universités, et que Sa Majesté Impériale regarde attentivement, comme elle fait toujours. En peu de temps, elle verra une opinion infaillible s'établir de toutes parts en Russie, et les pères de famille se jeter en très grand nombre d'un côté ou de l'autre.

« Alors le souverain y verra aussi clair que si Dieu lui avait révélé la vérité.

« On supprime une foule de choses de peur d'être fatigant ; mais avec quelle ardeur on désirerait être interrogé en particulier sur tel ou tel point qui pourrait paraître douteux !

« Si le gouvernement, quoique parfaitement averti, venait à se tromper sur ce point en vertu de cette fatalité qui entraîne tout depuis vingt ans, ce serait une raison de s'attacher encore davantage à lui et de redoubler de zèle et d'activité pour faire

parvenir la vérité jusqu'à lui ; car, plus le gouvernement se trompe, et plus il a besoin de fidélité. »

6 (18) septembre 1811.

PHILALEXANDRE.

Ces fortes raisons furent goûtées par le ministre et par l'empereur. En 1812, le collège de Polotsk fut érigé en Université. La part que l'intervention du comte de Maistre avait eue à ce succès resserra les liens qui l'unissaient à la Compagnie. J'en trouve une preuve, particulièrement intéressante pour les humanistes, dans l'échange des deux billets suivants, encore inédits, que je traduis sur le texte latin, vraiment exquis :

« Monsieur le comte,

« On me remet enfin aujourd'hui les huit petits volumes de la théologie de notre P. Sardagna. Permettez-moi de vous en offrir un exemplaire comme gage de la reconnaissance qui vous est due par toute notre Compagnie. Le Seigneur vous a donné cinq talents : la vraie foi, le dévouement à la religion, l'étendue du savoir, l'élévation du rang, le charme exquis du commerce dans les relations avec la haute société. Mettez-donc à profit cet ouvrage ; étudiez, assimilez-vous, gravez dans votre mémoire ses démonstrations et ses solides réponses aux objections ; et produisez-les, quand besoin sera, pour la défense de la sainte religion, de l'Église et de son chef visible ; en sorte qu'un jour vous puissiez dire à votre Dieu et à votre juge : « Seigneur, vous m'aviez confié cinq talents ; voici que je leur en ai ajouté cinq autres ; » et qu'il vous réponde : « Courage, bon serviteur, parce que tu as été fidèle en de petites choses, je te constituerai sur de grandes choses ; entre dans la joie de ton maître. » — C'est la prière ardente qu'adresse à Dieu en son nom et en celui de ses frères,

De Votre Excellence,
Le très dévoué serviteur,
F. BRZOZOWSKI, P. G. S. J. »

Saint-Pétersbourg, 7 janvier 1864.

« Mon Très Révérend Père,

« Je vous dois et vous rends mille grâces pour le beau présent dont vous venez d'enrichir ma bibliothèque. Cette théologie dogmatico-polémique de l'éminent P. Sardagna sera conservée à plus d'un titre parmi mes trésors : d'abord parce qu'elle a pour auteur un membre de cette Société dont j'ai toujours été le très fidèle ami ; ensuite parce que ma main la tient directement de la vôtre ; puis parce que, éditée à Polotsk, elle me sera un monument de votre académie dont j'ai vu le berceau au milieu

Des autans en furie et des bruyants orages,

et que nous voyons aujourd'hui, par une plus manifeste protection de Dieu, subsister dans ces temps pleins de menaces. Enfin un nouveau prix s'ajoute pour moi à ce livre, parce que c'est mon excellent et vénéré ami le P. Angiolini qui me l'a apporté au nom de l'Académie comme un premier fruit du champ que vous cultivez à Polotsk. Fasse Dieu que, dans peu d'années, les grands in-folio de Pétau, de Bellarmin et des autres héros de votre école sortent à leur tour des mêmes presses, et que leurs rééditions, se multipliant par vous, se répandent dans le monde sous d'heureux auspices!

« Cependant, mon Révérend Père, je vous supplie de ménager un peu ma modestie, et de m'accorder, au lieu de ces louanges dont je me déclare fort indigne, le concours de vos prières et de celles de toute votre Compagnie dont je serai le défenseur

> Tant qu'un souffle de vie animera mes veines,

afin que le peu qui m'en reste ne soit pas absolument inutile à la religion, à mon Roi, et à mes amis parmi lesquels vous occupez une place éminente.

« De votre Révérence, le très dévoué serviteur,

MAISTRE. »(1)

---

1)   Excellentissime domine Comes,
Allati mihi tandem hodie sunt octo tomuli Theologiæ Patris nostri Sardagna, quos tanquam pignus grati animi Excellentiæ suæ a Societate nostra debiti transmitto. Dedit tibi, vir illustrissime, quinque talenta Dominus: veram Religionem, Religionis amorem, multiplicem rerum cognitionem, ordinis dignitatem et amœnissimum in congressu cum primi ordinis hominibus sermo-

VIII. — LA FIN DE JOSEPH DE MAISTRE

Les événements prodigieux qui s'annonçaient lorsque la Compagnie de Jésus remporta cette belle victoire de la liberté d'enseignement sur le monopole universitaire semblaient devoir la consolider en Russie et fixer, en même temps, d'une manière définitive, Joseph de Maistre sur le sol moscovite. La chute de Napoléon, qu'il avait toujours jugée inévitable, devança ses prévisions. Le roi de Sar-

nem. Utere igitur hoc opere; illius dogmata atque eorum quæ objiciuntur confutationes solidissimas arripe, combibe, retine ac, ubi opus fuerit, in medium profer ad tuendam et defendendam sanctam Religionem, veram Ecclesiam ejusque caput visibile, ita quidem ut et tu aliquando cum fiducia dicere possis Deo ac judici tuo: *Domine, quinque talenta tradidisti : ecce alia quinque superlucratus sum,* — et ille tibi respondeat: *Euge, serve bone, quia in pauca fuisti fidelis, super multa te constituam ; intra in gaudium Domini tui.* Ita precatur ex animo, suorum etiam nomine,

Petropoli, 3 januarii 1814,

Excellentiæ suæ
Devotissimus servus
F. BRZOZOWSKI
P. G. S. J.

Reverendissime admodum Pater,

Multas tibi et habeo et refero gratias pro egregio munere quo bibliothecam meam exornasti. Cl. P. Sardagna Theologiam dogmatico-polemicam inter cimelia multis nominibus servabo: et quod a viro ordinis illius cui semper amicissimus vixi exarata sit; et quod e manu tua in meam delata sit; et quod, Polociæ edita, penes me monumentum futura sit Academiæ vestræ cujus incunabula vidi *inter luctantes ventos tempestatesque*

daigne rentra en possession de ses États continentaux, et confirma son ministre à Saint-Pétersbourg dans le poste qu'il occupait depuis douze ans avec tant d'éclat. L'augmentation, bien que modeste, de son traitement lui permit, en 1815, d'appeler enfin à lui madame de Maistre et ses deux filles. Les grandes joies sont peu bruyantes comme les grandes douleurs, et nous ne trouvons point, dans la correspondance, de lettre qui raconte les scènes de la réunion. Nous devinons seulement, par un mot de la fille aînée, l'*ivresse* que cet appel causa à cette veuve et à ces orphelines d'un mari et d'un père vivant. « *Je deviens folle*, disait-elle, à la pensée de quelque obstacle qui nous empêcherait de partir. » L'obstacle ne survint pas, et le comte de Maistre ne songea plus à terminer ses jours ailleurs que dans cette seconde patrie.

sonoras, quamque, Deo liquidius adjuvante, sævis istis tempestatibus feliciter superstitem conspicimus; nec parvi est quod a R. P. Angiolino, viro mihi amatissimo et spectatissimo, liber iste, velut agri Polociensis novalis fructus, Academiæ nomine, benevole oblatus sit.

Faxit Deus O. M. ut Petavii etiam, et Bellarmini et cœterorum scholæ tuæ heroum ponderosa volumina ex iisdem typis, non multos post annos, faustissimis avibus iterum atque iterum in orbem exeant!

Interim rogo te, R. P., ut cum pudore meo mitius agas, et pro laudibus istis, quarum sane indignissimum me palam profiteor, orationes cum toto tuo sodalitio (cui favebo *dum spiritus hos reget artus*) fundas ad Deum, ut exiguum illud vitæ quod superest et Religioni, et Regi meo, et amicis (inter quos emines) paulo plus quam nihilum sit.

   Reverentiæ suæ reverenter addictissimus

      MAISTRE.

Il devait en être autrement. La fermentation intellectuelle qui animait à cette époque toute la société russe et poussait les esprits exaltés vers l'illuminisme, les esprits étroitement critiques vers le protestantisme ou l'incrédulité, avait produit un tout autre effet dans les âmes tout à fait supérieures et les ramenait à pleines voiles vers la vérité catholique. Des femmes de la plus haute distinction, la comtesse Rostopchine, ses deux sœurs la princesse Galitzin et la comtesse Barbe Protassow (1), Mme Swetchine, étaient du nombre. Le jeune prince Alexandre Galitzin, neveu du ministre des cultes, se déclara catholique. Son oncle, très hostile déjà au catholicisme, en fut profondément irrité et fit partager son mécontentement à l'empereur Alexandre, totalement livré aux illuminés (2). On mit tout ce mouvement sur le compte des Jésuites.

1) La *Vie du comte Rostopchine*, par M. le marquis DE SÉGUR, contient (p. 159—163) l'histoire de ces conversions. On ne peut rien voir de plus touchant ni de plus beau.

2) Le traité de la Sainte-Alliance, dont Alexandre fut le promoteur, et peut-être le rédacteur, reflète visiblement cette influence. Ce concert religieux et mystique entre trois souverains, l'un schismatique, l'autre catholique, le troisième protestant, est fondé sur la conception d'un christianisme *transcendental* qui serait supérieur à tous les symboles positifs et effacerait comme des nuances sans importance toutes les dissidences doctrinales entre Moscou, Berlin et Rome. Il faut lire, à ce sujet la très intéressante lettre cent sixième du comte de Maistre. Elle contient aussi, plus de deux mois à l'avance, le pressentiment de ce qui se préparait. Les ennemis de l'Église catholique attendaient le retour d'Alexandre dans sa capitale pour frapper le grand coup. Il rentra le 30 novembre 1815; le bannissement des Jésuites fut ordonné le 21 décembre.

Condamnés, sans être entendus, pour crime de prosélytisme, — comme un bataillon qui serait condamné *pour cause de bravoure,* disait spirituellement le comte de Maistre, — ils furent arrêtés pendant la nuit et expulsés des deux capitales, un peu plus tard de la Russie tout entière. Leur grand ami fut considéré comme leur grand complice, et accusé d'avoir conduit des *intrigues de prosélytisme* sous le couvert de l'inviolabilité diplomatique.

Il nous apprend lui-même dans une lettre à l'archevêque de Raguse la vérité sur toute cette affaire. « Il y a bien eu quelques imprudences faites dans les conversions qu'on a menées trop publiquement et trop vite. Ces messieurs se sont laissé transporter *par le zèle de la maison, qui les dévorait.* Véritablement, c'était un spectacle admirable que la rapidité et la multiplicité de ces conversions opérées principalement dans le premier ordre de la société, et il était impossible que le gouvernement ne s'alarmât pas. Je crois cependant qu'il n'aurait pas frappé sitôt s'il n'avait été poussé, animé, exaspéré par un parti puissant, irrité jusqu'à la rage ; et cette rage a créé malheureusement une véritable raison d'État contre nos chers Jésuites. Moi-même, Monseigneur, je me suis trouvé enveloppé dans l'orage pour plusieurs raisons. D'abord j'étais lié d'amitié avec quelques-unes des personnes les plus marquantes de la nouvelle Église longtemps avant les derniers événements ; et lorsque le moment du danger est arrivé, j'aurais trouvé indigne de leur fermer ma porte. En second lieu, le prince Alexandre Galitzin, *ministre des cultes* et prodigieusement irrité contre nous, s'était mis, je ne sais pourquoi, à me regarder comme l'arc-boutant du *fanatisme*. Je ne me suis jamais gêné d'ailleurs pour faire entendre que je ne voyais aucun milieu logique entre le catholicisme et le déisme. Enfin, Monseigneur, l'empereur a cru devoir charger un de ses ministres de me parler des soupçons qui étaient arrivés jusqu'à lui. J'ai prié ce ministre d'assurer Sa Majesté Impériale *que jamais je n'avais changé la foi d'aucun de ses sujets; mais que, si quelques-uns d'eux m'avaient fait par hasard quelques confidences, ni l'honneur ni la conscience ne m'auraient permis de leur dire qu'ils avaient tort.* Les circonstances m'ont conduit bientôt après à répéter cette déclaration de vive voix à Sa Majesté Impériale même. La chose s'est fort bien passée; cependant je ne voudrais pas répondre qu'il ne restât, au moins pour quelque temps encore, un peu de rancune dans le cœur impérial (1). »

La situation du comte de Maistre était changée et devenait fort pénible. Ni comme homme ni comme ambassadeur, il ne pouvait lui convenir d'être traité en suspect. Il demanda et obtint son rappel. Alexandre, une fois le départ décidé, se souvint de son ancienne bienveillance et voulut honorer à son tour

---

1) Lettre cent vingt-deuxième, 1816.

l'homme illustre qui avait pendant quinze ans honoré sa capitale. Il lui fit offrir le passage sur un des vaisseaux de guerre qui devaient se rendre dans les ports français pour rapatrier les troupes russes. Ce fut dans ces conditions que la noble famille prit la route de Turin en passant par Paris que le comte de Maistre vit alors pour la première et la seule fois de sa vie.

Il rapportait de son long et studieux exil les grands ouvrages qu'il y avait longuement médités : l'*Essai sur le principe générateur des constitutions politiques*, le livre *Du Pape*, l'*Église gallicane*, les *Soirées de Saint-Pétersbourg*, l'*Examen de la philosophie de Bacon*. Il y mit la dernière main à Turin, et entra, par la publication des trois premiers, en possession d'une gloire destinée à grandir toujours (1).

C'étaient les testaments de son grand esprit. Le rôle du penseur était achevé. Mais le bon ouvrier, le bon citoyen, le sujet fidèle, continua jusqu'au bout son travail, et se remit courageusement aux affaires comme chef de la grande chancellerie avec le titre de ministre d'État.

« Cependant les fatigues de l'âme, les travaux de l'esprit, les peines du cœur avaient usé peu à peu une constitution des plus robustes. Sa santé, qui avait résisté au climat de Pétersbourg comme à celui de Sardaigne, devint chancelante, sa démarche in-

---

1) Les *Soirées* et l'*Examen* ne furent publiées qu'après sa mort.

certaine ; sa tête conservait seule sa force et sa fraîcheur, et il continuait l'expédition des affaires avec la même facilité. Au commencement de 1821, lorsque de sourdes rumeurs annonçaient déjà l'ignoble échauffourée révolutionnaire du Piémont, le comte de Maistre assistait au conseil des ministres où l'on agitait d'importants changements dans la législation. Son avis était que la chose était bonne, peut-être même nécessaire, mais que le moment n'était pas opportun. Il s'échauffa peu à peu et improvisa un véritable discours. Ses derniers mots furent : *Messieurs, la terre tremble, et vous voulez bâtir!* Le 26 février, le comte de Maistre s'endormit dans le Seigneur, et, le 9 mars, la révolution éclatait (1). »

Il mourait pauvre, un peu inquiet de l'avenir de sa famille, beaucoup plus préoccupé de l'avenir de son pays (2), et avec la tristesse de voir « que la Révolution durait toujours ». Mais il savait que Dieu commande l'effort et non pas le succès. Il savait que les grandes maladies des peuples sont longues à gué-

1) Notice, p. 21.
2) Deux mois après, dans une lettre toute trempée de larmes, Constance de Maistre félicitait avec une rare éloquence son glorieux père de n'avoir pas été le témoin terrestre des tristes événements qui avaient suivi de si près sa mort : « Comme son père, il s'est endormi à la veille d'une révolution. Il n'a point vu un roi[*] descendre de son trône, l'héritier de la couronne[**] conspirer contre son seigneur et son bienfaiteur,[***] de jeunes insensés ébranler un édifice antique, s'élever contre les anciens de l'État

[*] Victor Emmanuel I. [**] Charles Albert. [***] Charles Félix.

rir, et il n'avait pas compté que ses yeux mortels verraient la guérison. Il n'avait pas plus travaillé pour sa propre consolation que pour sa propre gloire, mais pour Dieu, pour le devoir et pour le lointain avenir. Il était de ceux que les saints livres nous représentent marchant les larmes dans les yeux, et cependant d'un pas ferme, tandis qu'ils jettent leur semence dans les sillons mornes (1). Si nos fils, ou ceux qui viendront après eux, doivent être de ceux qui s'avancent dans l'allégresse, portant leurs gerbes à pleins bras (2), ils se souviendront de l'homme de génie et de l'homme de bien qui fut le grand semeur au milieu de la tempête et qui, dans la nuit noire, ne cessa jamais de croire au soleil, c'est-à-dire à Dieu, à sa providence, à sa miséricorde après sa justice.

et rêver le règne de Roboam. Il n'a point signé cette triste abdication que le crime et l'audace ont arrachée à la clémence ou plutôt à la faiblesse royale ; il n'a point vu son auguste Souverain fuir de sa capitale ; il n'a point vu l'ignominie de son pays, la prévarication de la noblesse, le pouvoir défaillant faute de ministres, le comble de la perfidie et le comble de la lâcheté, le déchaînement et le triomphe des plus viles passions, la fidélité même sans foi et sans dévouement. Il s'est envolé à temps, et, *fugiente penna*, il s'est dérobé aux crimes et aux misères de la terre pour s'absorber dans la vision béatifique. » (Lettre à M. l'abbé X... 21-25 avril 1821.)

1) Euntes ibant et flebant, mittentes semina sua.(Ps. CXXV, 7.)
2) Venientes autem venient cum exultatione, portantes manipulos suos. (*Ib.* 8.)

CHAPITRE II

LA CORRESPONDANCE

Après avoir étudié le comte de Maistre dans les grands événements de sa vie, je voudrais le surprendre dans l'intimité de sa correspondance. C'est une seconde manière de faire connaître l'homme, et une première, — non pas la moins instructive, — de faire connaître l'écrivain.

I

Sa terre natale était le pays des Allobroges, comme il se plaît à l'appeler, cette Savoie dont les paysages ont tant de grandeur, et les fleurs tant de parfum délicat et d'élégance un peu sauvage. L'esprit, lorsqu'on s'y mêle d'en avoir, y est d'une qualité à part. Tout en étant très français par sa pointe, il est tout à fait *lui-même;* et s'il fait parfois souvenir de l'*humour* britannique, il s'en disingue sans peine par une allure plus aimable et plus fine, qui s'arrête avec un tact plus sûr en deçà de la caricature et en deçà du sarcasme amer. Les Génevois en tiennent quelque chose, avec « un léger apprêt » dont on retrouve une trace jusque dans l'enjouement de Topffer, leur agréable conteur. Où il s'épanouit avec toute sa sève, c'est chez les deux grands écrivains qui font la gloire intellectuelle, morale et chrétienne de la Savoie, et que leur date place à deux extrémités de notre histoire littéraire moderne, saint François de Sales et Joseph de Maistre.

Ce qu'il y a, chez le grand évêque, de grâce exquise, de malice et de finesse attique attendries par la charité chrétienne, de tour imprévu, d'observation profonde, de sérénité souriante et grave, on l'entrevoit tout de suite en lisant la première page venue de l'*Introduction à la vie dévote;* et à mesure qu'on pénètre plus avant dans ce style et dans cette âme, — le premier si parfaitement moulé sur la seconde, — on se sent l'esprit de plus en plus charmé, le cœur de plus en plus conquis.

Joseph de Maistre diffère, par bien des côtés, de son saint compatriote, et n'est point, en somme, un esprit de même famille. Mais c'est un esprit de même terroir; il a bien la saveur savoisienne; et l'on trouve, entre les hauteurs sévères où sa pensée se complaît, des vallées comme celles de son pays, imprévues, riantes, pleines de fraîcheur.

Cet aspect de son génie et de son style n'était

point tout à fait nouveau avant la publication de ses lettres intimes ; mais les lecteurs inattentifs, ceux surtout qui ne connaissaient de ses ouvrages que les fragments soigneusement découpés par une critique malveillante, ne le soupçonnaient aucunement. Pour les uns, le comte de Maistre n'était qu'une sorte de faux *voyant*, tranchant du prophète et lançant des oracles que le temps, à bref délai, se chargeait de démentir ; pour d'autres, qu'un fanatique farouche, un terroriste blanc, rêvant d'asseoir dans le sang une royauté arbitraire, asservie elle-même à une théocratie ombrageuse.

La méprise durait depuis un demi-siècle, quand la publication des papiers de famille est venue éclairer l'écrivain d'un jour nouveau et commander pour l'homme non plus seulement l'admiration et le respect, mais la sympathie : « L'homme supérieur, » dit un critique peu suspect (1), « et, de plus, l'homme excellent, sincère, amical, père de famille, s'y montre à chaque page, dans toute la vivacité du naturel, dans tout le piquant de l'humeur et, si l'on peut dire, dans toute la gaîté et la cordialité du génie. C'est le meilleur commentaire et le plus utile correctif que pouvaient recevoir les autres écrits si distingués, mais un peu altiers, du comte de Maistre. On apprendra de près à révérer et à goûter celui qui nous a tant de fois surpris, provoqués et peut-être mis en colère. Ce puissant exci-

---

1) Sainte-Beuve, *Causeries du lundi*.

tateur de hautes pensées politiques va devenir une de nos connaissances particulières, et, peu s'en faut, un de nos amis. »

Cette correspondance est proprement un charme. Elle attire et elle retient. Où qu'on la prenne, on peut compter qu'on n'y trouvera rien de banal ni de terne, point de déclamations ni de longueurs, et qu'il y aura dans la moindre page tantôt de quoi penser, tantôt de quoi être ému, tantôt de quoi s'épanouir, toujours une saveur distinguée et *sui generis*, comme le bouquet d'un vin exquis. La même hauteur de vues, — je n'ai pas besoin de dire la même fermeté de convictions, — s'y rencontre que dans les écrits destinés au public; mais il s'y joint une liberté d'allures et une sorte de détente familière où l'écrivain se repose et nous avec lui. Et puis, avec un ton et une grandeur de manières qui trahissent à chaque ligne le gentilhomme, mais le gentilhomme exempt de toute morgue et de toute petitesse, c'est un abandon, une grâce décente, une tendresse virile avec ses amis, une courtoisie de chevalier avec les femmes, un enjouement sérieux et une autorité sûre d'elle-même avec ses enfants, une sensibilité qui ne s'épargne aucune des tristesses de la vie et un courage chrétien qui se relève sous toutes les épreuves, un dédain de toutes les choses petites et un don de deviner sympathiquement toutes les choses délicates, une politesse dans la discussion et une franchise dans le conseil, une richesse de couleur et une abondance de saillies, par-dessus tout un sentiment, — une religion, — de fidélité et d'honneur, qui le classent dans les plus hautes régions de l'humanité, dans une *grandesse* où les plus grands sont simplement ses pairs. Et s'il est permis, après l'avoir fréquenté dans cette intimité de sa vie, d'avoir deux avis sur telle ou telle de ses opinions ou de ses thèses, on ne saurait en avoir qu'un sur l'homme, sur son merveilleux esprit, sur son grand et tendre cœur, sur son très noble et très pur caractère.

Pour bien faire, il faut tout lire ; et c'est une mauvaise note, pour qui a commencé cette lecture, de ne la point continuer ardemment jusqu'au bout ; il y a des attraits qu'il faut savoir subir sous peine de se mal classer dans la hiérarchie des hommes qui pensent et qui ont de l'affinité pour les choses belles et hautes. Mais on peut bien, après avoir lu, faire un choix selon son goût, tout en avertissant que ce qu'on laisse vaut ce qu'on cueille. Je ferai le mien, et réunirai quelques *pièces justificatives*, afin de montrer combien je me suis tenu éloigné de toute exagération dans l'éloge.

II

Commençons ce travail de glaneur par l'indication d'un contraste qui est une véritable curiosité littéraire.

Les premières lettres du recueil, adressées par

Joseph de Maistre au baron Vignet des Étoles (1), sont contemporaines, à quelques mois près, du premier écrit politique qu'il ait publié (2). Cependant on ne croirait jamais, si on ne le savait pas authentiquement, que ce soit la même plume. Dans la brochure, c'est à peine si quelques beaux élans et quelques mots heureux font pressentir celui qui sera tout à l'heure un si grand écrivain. La pensée, déjà forte et juste, est jetée, quant à l'expression, dans un moule banal, le moule de la fatigante rhétorique qui s'épanouit avec tant de complaisance chez les journalistes et chez les parleurs de ce temps-là ; le style procède de Rousseau et de Thomas ; il est pompeux et vague ; il a le culte de la périphrase. — Dans les lettres, l'auteur est déjà lui-même ; le style est personnel, le trait sûr et vif, le mot précis, la phrase sobre ; l'effet n'est pas cherché, et est d'autant mieux obtenu. Bref, entre les deux manières, il y a un abîme.

Qu'on en juge.

La brochure décrit les premières violences et les premières impiétés de la Révolution, les ruines qui

---

1) Le baron Vignet des Étoles représentait la cour de Sardaigne à Berne, à l'époque où le comte de Maistre remplissait à Lausanne la mission confidentielle dont nous avons parlé plus haut.

2) Cet écrit, daté de mai 1793, est intitulé : *Lettres d'un royaliste savoisien à ses compatriotes*. Mais il ne faut pas se tromper à ce titre ; ces lettres adressées à toute une nation n'ont absolument rien d'épistolaire ; ce sont des discours politiques.

suivirent, la férocité brutale qui se donna carrière sous le régime de la Terreur : « Bientôt les passions vinrent mêler leur voix sinistre au choc paisible des raisonnements; des crimes épouvantables firent pâlir l'homme sensible; la religion trembla pour ses autels, les rois pour leurs couronnes. En un moment, en un clin d'œil, la prospérité publique a disparu. Les richesses, fuyant dans les entrailles de la terre, y redoutent encore la main du ravisseur insatiable. Les cachots s'étonnent de ne plus renfermer que l'innocence. — La pitié est si naturelle à l'homme que les cœurs les plus féroces lui rendent quelquefois hommage. Ranimés de temps en temps par les restes languissants d'une flamme céleste, ils s'étonnent de se sentir attendris. Mais vous ! comment expliquer cette incroyable barbarie ? Le sexe même qui peut tout ne peut rien sur vos âmes ! La main d'un sauvage s'arrête devant l'intéressante faiblesse d'une femme sans défense : plus sauvages que les sauvages, vous tourmentez, vous humiliez, vous emprisonnez les femmes pour des crimes de votre création. »

Il va sans dire que les membres du clergé sont des *lévites vénérables, dignes soutiens de la foi de nos pères;* que les gentilshommes sont *de nobles chevaliers, enfants de l'honneur et de la gloire;* enfin, que Dieu est *l'Être suprême.*

Dans les trois lettres intimes, plus trace de cette friperie. Il faudrait les lire d'un bout à l'autre pour sentir à quel point la différence des deux manières est radicale. Voici du moins le commencement de la troisième, où l'auteur proteste contre le projet d'un démembrement de la France et se félicite de le voir déjoué par la Providence : « Rien ne marche au hasard, mon cher ami; tout a sa règle, et tout est déterminé par une puissance qui nous dit rarement son secret. Le monde politique est aussi réglé que le monde physique; mais comme la liberté de l'homme y joue un certain rôle, nous finissons par croire qu'elle fait tout. L'idée de détruire ou de morceler un grand empire est aussi absurde que celle d'ôter une planète du système planétaire quoique nous ne sachions pas pourquoi. Je vous l'ai déjà dit : dans la société des nations comme dans celle des individus, il doit y avoir des grands et des petits. La France a toujours tenu et tiendra longtemps, suivant les apparences, un des premiers rangs dans la société des nations. D'autres nations, ou, pour mieux dire, leurs chefs, ont voulu profiter, contre toutes les règles de la morale, d'une fièvre qui était venue assaillir les Français pour se jeter sur leur pays et le partager entre eux. La Providence a dit que non; toujours elle fait bien, mais jamais plus visiblement, à mon avis. »

Il est presque incroyable que l'homme qui savait écrire avec cette grandeur simple et cette verve puissante ait pu, à la même époque, sacrifier si docilement aux grâces vulgaires de la déclamation sentimentale si fort en vogue alors. Cela ne s'explique que par cette demi-inconscience de soi qui se rencontre chez les hommes de génie, non pas chez tous, mais chez ceux qui, comme notre grand Corneille, ont l'âme très droite et très naïve. Je ne doute pas qu'à cette aurore de sa vie littéraire, Joseph de Maistre, se considérant modestement comme un novice, n'ait cru que, pour bien faire et mériter d'être imprimé, il fallait faire comme les gens du métier. Il fit donc comme eux, c'est-à-dire mal, et se donna une peine infinie pour parer, c'est-à-dire pour défigurer son style. Dans ses lettres privées, ne visant point à être éloquent, mais à exprimer clairement sa pensée, il laisse là le costume de théâtre surchargé de paillettes d'or faux, et traduit sans effort des idées hautes, profondes et vives en un langage digne d'elles. Voilà comment il avait deux styles : le beau style, qui ne valait rien, et le style de tous les jours, qui était excellent.

Cette dualité ne pouvait durer; l'un des deux devait tuer l'autre, et, dans ce duel, ce fut, grâce à Dieu, le *beau style* qui resta sur le carreau. Avec son intelligence si ferme et si saine, avec son fin sentiment du ridicule et sa sainte horreur de toute affectation, ajoutons avec son goût passionné pour le XVII° siècle, pour Bossuet, pour Fénelon, pour Racine, pour Mme de Sévigné, le comte de Maistre ne pouvait manquer de s'apercevoir que sa plume du dimanche faisait fausse route. Il s'en aperçut, et la brisa.

Ainsi, c'est aux libres effusions de sa correspondance intime que, d'une certaine façon, nous devons le grand style des *Considérations*, du *Pape* et des *Soirées*. Cette correspondance avait déjà, ce semble, tous les titres possibles à notre attention, à notre sympathie; en voilà un de plus : la reconnaissance (1).

1) Joseph de Maistre ne nous a point fait confidence de ce travail de sa pensée. J'ai cherché, à mes risques, à le deviner par induction, m'appuyant sur ce fait certain : que son style définitif, celui de ses grands ouvrages, celui qui se révèle avec un incomparable éclat dans les *Considérations*, est celui des débuts mêmes de la correspondance, et non celui de ses premières publications. Mais une autre curiosité littéraire vient donner à mon induction le caractère d'une véritable certitude.

En 1799, pendant son court et dur séjour à Venise, Joseph de Maistre composa une spirituelle bluette intitulée : *Discours du citoyen Cherchemot, pour le jour de la fête de la souveraineté du peuple*. « Ayant fait, » dit-il dans une note préliminaire, « un grand amas de phrases révolutionnaires sans aucun but arrêté, j'eus l'idée de les fondre dans un discours imaginaire prononcé par quelque personnage *civique*. » Or, bien que le *citoyen Cherchemot* pense tout autrement que le *royaliste savoisien*, il y a entre la *manière* de l'un, toute chargée qu'elle est, et la *manière* de l'autre une analogie très frappante, témoin cette phrase : « L'œil du républicain n'est plus affligé par le spectacle impopulaire d'un sacerdoce oppressif. Un clergé rapace et scandaleux avait l'impudeur de se donner pour le représentant de l'Être suprême; il a vécu : exproprié par nos premiers législateurs, mis hors de loi par les seconds, ses forfaits n'appartiennent qu'à l'histoire. » (*Lettres et Opuscules*, t. II, p. 220.) Il voyait donc bien en 1799 que ce qu'il avait pris pour le beau style en 1793, sur la foi d'une mode littéraire, était le mauvais style et le style ridicule. Il avait jugé mal par autrui ; il jugeait bien par lui-même.

III

Les mots heureux, les tours piquants, les pensées originales et soudaines, les images imprévues et frappantes, les élans et les coups d'aile de rapide éloquence, toutes les fleurs et toutes les fusées de la conversation écrite comme de la conversation parlée y sont donnés sans compter, sans chercher, et en même temps avec un discernement et une distinction native qui laissent à peine passer une fois sur cent quelque saillie d'un goût douteux, — ajoutons avec un fond sérieux qui, presque toujours, provoque la réflexion en même temps qu'elle charme l'oreille et l'imagination par le *bien dire* et *le bien peindre*. Citons presque au hasard.

Il avait été trompé, paraît-il, par les beaux dehors pieux d'un coquin. Il écrit à son frère, le chevalier de Maistre : « Je ne compte plus du tout sur ce drôle de S... L'honnête homme qui va à la messe est plus honnête homme que l'honnête homme qui n'y va pas ; mais le fripon qui y va est aussi plus fripon que le fripon qui n'y va pas (1). »

Déjà sexagénaire, il écrit à son beau-frère, le chevalier de Saint-Réal : « Voici l'âge où il faudrait se reposer et penser à cette lessive dont tu me parles à propos. Je ne sais ce qu'est la vie d'un coquin,

---

1) Lettre dix-septième, 14 février 1803.

je ne l'ai jamais été ; mais celle d'un honnête homme est abominable (1). »

A propos de la manière d'apprendre et des méthodes qui prétendent supprimer toutes les difficultés de l'étude : « Il n'y a point de méthode facile pour apprendre les choses difficiles. L'unique méthode est de fermer sa porte, de faire dire qu'on n'y est pas, et de travailler (2). »

A propos des tristesses de son exil : « Le *jamais* ne plaît *jamais* à l'homme ; mais qu'il est terrible lorsqu'il tombe sur *la patrie, les amis* et *le printemps !* Les souvenirs dans certaines positions sont épouvantables ; je ne vois au delà que les remords (3). »

A son fils, à propos de certaines prévisions où le jeune homme voyait en rose et le barbon en gris : « Ma confiance moindre tient peut-être à l'âge. Vous êtes une fusée qui monte, et moi une baguette qui descend (4). »

A un officier russe, au sujet des croisades, que le XVIIIe siècle avait insultées avec une prédilection particulière, ayant deux bonnes raisons pour les haïr, l'une que la pensée en était chrétienne, l'autre que la pensée en était généreuse : « Il faut que vous sachiez, monsieur, que je n'ai

1) Lettre cent trente-deuxième, 22 décembre 1816.
2) Lettre soixante et unième, à mademoiselle Constance de Maistre, 24 octobre 1808.
3) Lettre trente et unième, à madame Huber-Alléon, 15 mai 1806.
4) Lettre quatre-vingt-quatrième, 22 juillet 1813.

jamais pu souffrir d'entendre parler contre les croisades. Ce sont des propos de vilains ; nos pères avaient raison (1). » N'est-ce pas là une fière parole qui dit tout et applique le dédain à qui le mérite ? et n'est-elle pas bonne à mettre à côté de la déclaration héroïque, toujours vraie grâce à Dieu, du comte de Montalembert : « Les fils des Croisés ne reculeront pas devant les fils de Voltaire » ?

Il écrit à une amie de Turin qui l'avait complimenté sur sa fille Adèle : « Vous m'avez fait tout le plaisir imaginable. C'est l'enfant de mon cœur. Ah ! si quelque homme romanesque voulait se contenter du bonheur ! (2) »

Souvent la pensée se donne plus d'espace ; telle de ses lettres semblerait un fragment détaché de ses hautes méditations, n'étaient les mots aimables et fins qui nous retiennent sur la terre et conservent à sa prose le ton épistolaire. Il écrit à la duchesse des Cars, pendant les crises politiques de la Restauration à ses débuts : « L'impatience nous est bien naturelle, puisque nous souffrons ; cependant, il faut avoir assez de philosophie pour dompter les premiers mouvements. Les minutes des empires sont les années de l'homme ; nous donc, qui ne vivons tout au plus que quatre-vingts minutes, dont il faut encore donner dix à l'enfantillage et dix au

---

1) Lettre cent cinquante-neuvième, à M. de Karaouloff, 20 juillet 1819.

2) Lettre dix-huitième, à madame la marquise de Priero, 9 mars 1805.

radotage, dès qu'une grande calamité dure vingt minutes, par exemple, nous disons : *C'est fini !* Les esprits célestes, qui entendent ces exclamations, *rient comme des fous*. Or, vous, madame la duchesse, qui êtes aussi *un esprit* malgré votre enveloppe grossière qui n'a jamais déplu à personne, vous permettrez bien, je pense, que je vous propose une petite expérience. Faites-vous prêter le volume du *Moniteur* où se trouve le discours de Robespierre, prononcé par ce digne homme le jour où fut proclamée la renonciation au culte. Reportez-vous par la pensée dans ce moment et dans ce lieu où l'on croit entendre parler l'enfer, et supposez qu'un véritable esprit vienne vous dire à l'oreille : « Ma cousine, sachez que, dans huit ou neuf minutes, un cardinal fera son entrée publique à Paris comme nonce *a latere*. » Si vous ne lui aviez pas ri au nez, c'eût été uniquement par respect pour les anges ; et cependant, madame la duchesse, rien n'était plus vrai. Pour revenir à nos moutons, la France se rétablira parfaitement ; elle sera *refaite* (1). »

Ces derniers mots nous donnent la tentation d'étudier ce qu'on a appelé le côté prophétique de ce grand esprit ; car ses lettres, chacune avec sa date, surabondent de prévisions. Mais cette question-là est trop grosse pour l'aborder en passant, et trop étroitement liée à l'étude de ses écrits politiques pour qu'on l'en puisse détacher. Contentons-nous de cette échappée, et glanons ailleurs.

1) Lettre cent cinquante-sixième, 28 mai 1819.

IV

Il conte à merveille, et il peint encore mieux qu'il ne conte ; on ferait de ses portraits, assez peu nombreux, une petite galerie où il n'y aurait que des œuvres de prix.

Il y figurerait le premier, comme on l'a pu voir, et, à côté de lui, la comtesse de Maistre. Son aimable frère Xavier y aurait sa place. Il y faudrait mettre Mme de Staël qu'il a crayonnée deux fois avec une verve étonnante, plus sévèrement la seconde que la première, — et Napoléon, sur lequel il revient à vingt reprises, presque toujours avec la même justesse malgré tant de raisons de le haïr et de le juger de parti pris.

Mais, encore une fois, on ne peut pas tout transcrire ; et nous retrouverons Napoléon dans une autre étude. Citons de préférence cette délicieuse esquisse de la princesse Galitzin adressée à elle-même sous forme d'une aimable querelle : « J'aimerais autant, madame la princesse, tirer une hirondelle au vol (même sans lunettes) que de vous suivre dans tous les tours et détours de votre infatigable esprit, tant vous êtes habile à choquer, à caresser, à gâter, à corriger, à projeter, à oublier, à plaire, à impatienter, etc., etc. Enfin, madame la princesse, c'est à faire tourner la tête. Faites-moi savoir officiellement, je vous en prie, si c'est votre bon plaisir qu'on vous aime purement et simplement, ou si vous préférez qu'on tourne autour de vous, en vous examinant comme une rareté (1). » Peut-on mieux saisir l'insaisissable ? et à ces traits légers ne reconnaissez-vous pas, au delà d'une physionomie individuelle, la physionomie de cette race slave que tous les observateurs dépeignent merveilleusement subtile, ondoyante et diverse ?

Rapprochons de ce portrait celui d'une personne fort différente, sa vieille amie, Mme Huber-Alléon, portrait écrit à la nouvelle de sa mort. Ici, à la finesse exquise des nuances se joignent l'émotion sincère et le mélancolique retour vers un passé pour jamais évanoui : « Vous ne sauriez croire à quel point cette pauvre femme m'est présente ; je la vois sans cesse avec sa grande figure droite, son léger apprêt genevois, sa raison calme, sa finesse naturelle, son badinage grave. Elle était ardente amie, quoique froide sur tout le reste. Je ne passerai pas de meilleures soirées que celles que j'ai passées chez elle, les pieds sur les chenets, le coude sur la table, pensant tout haut, excitant sa pensée et rasant mille sujets à tire-d'aile, au milieu d'une famille bien digne d'elle (2). »

Voici une tout autre figure, Alfieri ; je ne crois pas qu'on puisse le mieux peindre et le mieux ju-

---

1) Lettre quatre-vingt-treizième, 24 décembre 1814.
2) Lettre quarante-quatrième, à M. le comte Théodore Golowkin, 30 juin 1807.

ger : « Je suis grandement aise que tu comprennes parfaitement et que tu goûtes notre dantesque Alfieri ; il ne faudrait pas cependant l'aimer trop. Sa tête ardente avait été totalement pervertie par la philosophie moderne ; aucun juge sage et instruit ne lui pardonnera d'avoir falsifié l'histoire pour satisfaire l'extravagance et les préjugés stupides du XVIII° siècle. Veux-tu voir d'un premier coup d'œil son plus grand défaut ? C'est que le résultat de la lecture de tout son théâtre est qu'on n'aime pas l'auteur. J'aime bien qu'on fasse des tragédies sans amour ; mais j'aime mieux l'amour que les passions haineuses, et Alfieri n'en peint pas d'autres ; on ne saurait le lire sans grincer des dents ; et voilà ce qui me brouille un peu avec ce tragique (1). Quant à ses comédies posthumes, la première qualité d'un comique, c'est d'être bonhomme. Le plaisant et l'ironique n'ont rien de commun avec le comique. Voilà pourquoi Voltaire n'a jamais pu faire une comédie ; il fait rire des lèvres ; mais le rire du cœur, celui qu'on appelle le bon rire, ne peut être excité que par les bonnes gens. Or donc, ma chère Adèle, quoique Alfieri n'ait point été méchant, cependant il avait une certaine dureté et une aigreur de caractère qui me paraissent ne point s'accorder avec le talent qui a produit l'*Avare* et les *Femmes savantes*. Toutes les fois qu'il ouvrait les lèvres, je croyais en voir partir un jet de bile. Je suis donc

---

1) Lettre trente-huitième, à mademoiselle Adèle de Maistre, 9 janvier 1807.

fort trompé, si ses comédies sont bonnes : peut-être ce seront des *sarcasmodies* (1). »

On voit combien cette veine de critique littéraire est riche, saine et vraiment française. Mais la critique n'est pas seulement l'art de saisir les défauts ; elle est encore bien plus le don de goûter les belles choses. Le comte de Maistre, qui dit dans une de ses lettres : « Rien ne me réjouit dans cette vallée de larmes comme de trouver une nouvelle occasion d'estimer la nature humaine, » avait l'âme largement ouverte à l'admiration dans le monde de l'art comme dans le monde moral : « Tu diras à Rodolphe que je l'exhorte à continuer son travail sur les poètes français. Qu'il se les mette dans la tête, surtout l'inimitable Racine ; n'importe qu'il ne le comprenne pas encore. Je ne le comprenais pas lorsque ma mère venait le répéter sur mon lit et qu'elle m'endormait avec sa belle voix au son de cette incomparable musique. J'en savais des centaines de vers longtemps avant de savoir lire ; et c'est ainsi que mes oreilles, ayant bu de bonne heure cette ambroisie, n'ont jamais pu souffrir la piquette (2). »

1) Lettre soixante-troisième, à la même, juillet 1809.
2) Lettre quatorzième, à la même, 1805. — Ces courts fragments montrent assez quelle eût été la supériorité du comte de Maistre dans la critique littéraire, s'il eût daigné s'y appliquer. Il avait mieux à faire. Une fois seulement il mania *ce sceptre* (sceptre en grec signifie *bâton*), pour venger madame de Sévigné, le siècle de Louis XIV et la langue française des attentats d'un M. Grouvelle, coupable d'une édition inepte et malfaisante des lettres de la marquise ; ce fut une exécution en

C'est bon signe pour le cœur d'avoir à ce degré excellent le sentiment sympathique de la beauté littéraire. Mais ce n'est pas un signe infaillible. Un esprit délicat et très accessible à l'émotion esthétique peut être joint à un cœur très sec ; et nous voyons certains lettrés dépenser à ce point, au profit de l'art, leur puissance d'aimer et d'être émus qu'il n'en reste rien pour le prochain. Joseph de Maistre n'était pas de ces gens-là ; s'il accorde à l'art le trop-plein de sa sensibilité exquise, il en garde le principal pour sympathiser avec les joies et surtout avec les douleurs humaines.

On eût étonné bien des gens, il y a seulement trente ans, en leur disant que ce foudroyant comte de Maistre, dont on leur avait forgé une image à faire peur, était le plus délicat et le meilleur des amis, le plus capable de ces viriles tendresses qui ont un don particulier pour manier *suaviter et fortiter* les blessures du cœur. Mais on les eût étonnés à tort. Car on se trompe, quand on croit que les âmes fortes ne sont point, pour l'ordinaire, des âmes aimantes ; du moins est-il certain que, quand elles le sont, c'est avec toute la plénitude et l'intensité de leur énergie intérieure. Saint Jérôme, par exemple, est, sans nul doute, un rude homme, rude à lui-même, rude aux adversaires de la vérité, rude à ses contradicteurs. Et c'est en même temps le cœur le plus chaud, le plus délicat, le plus tendre qu'on puisse imaginer, et rien

règle. Ces pages étincelantes ont été publiées dans les *Lettres et Opuscules* (vol. II, p. 405-454).

n'est plus pathétique que les pleurs de ce puissant athlète. De même le comte de Maistre. Je donnerais toutes les *Consolations* de Sénèque, et bien d'autres encore, pour les lignes que je vais transcrire, écrites à un ami malheureux (1) : « Il n'y a rien que je conçoive mieux que le *charme du désespoir*. C'est ce qui vous retient en Angleterre ; mille souvenirs tendres et déchirants vous attachent à cette terre où votre bonheur naquit pour durer si peu. Moi, qui ne suis qu'un ami, je suis cependant visité souvent par l'ombre de votre chère Élisabeth. Elle m'apparaît toujours entre vous et moi ; je crois la voir, l'entendre et lui tenir quelques-uns de ces discours dont elle avait la bonté d'écrire de temps en temps quelques mots dans ce journal que vous feuilletez le jour et qui vous garde la nuit. Combien ce même souvenir doit être horriblement doux pour l'époux qui l'a perdue, qui se promène sur cette même terre où son cœur rencontra le sien, où il entendit pour la première fois ce *oui* sérieux dont le suivant n'est qu'une répétition légalisée, et que l'homme le plus heureux n'entend qu'une fois dans sa vie ! Je voudrais que les objets qui vous environnent et qui ne vous parlent que de votre perte vous apprissent à pleurer ; vous auriez fait un grand pas vers la consolation, je veux dire vers la douleur sage. Dieu vous a frappé, mon cher ami, très justement comme juge et très amoureusement comme père ; il vous a dit : *C'est moi !* Répondez-lui : *Je*

---

1) L'amiral Tchitchagoff, qui venait de perdre sa femme.

vous connais ; et venez pleurer avec nous quand vous aurez assez pleuré ailleurs (1). »

V

Mais de toutes les cordes de ce merveilleux instrument, la plus vibrante, la plus pathétique et la plus aimable est celle des souvenirs et des affections domestiques. Au milieu des splendeurs mondaines et des détresses financières de son exil de Saint-Pétersbourg, le comte de Maistre vit du passé ; il vit surtout de l'image de ses chers absents ; et à distance il fait, avec une tendresse charmante, avec une incomparable flexibilité d'esprit, au besoin avec une fermeté antique (je parle de *l'antique* chrétien, et non de *l'antique* païen), son métier de père, d'éducateur et de chef de famille. « Vous êtes tous dans mon cœur », écrivait-il à son frère le chevalier Nicolas ; « vous ne pourrez en sortir que lorsqu'il cessera de battre. A six cents lieues de distance, les idées de famille, les souvenirs de l'enfance me ravissent de tristesse. Je vois ma mère qui se promène dans ma chambre avec sa figure sainte, et en t'écrivant ceci, je pleure comme un enfant (2). » — « *Je crois entendre pleurer à Turin* », écrit-il ailleurs ; « je fais mille efforts pour me représenter cette enfant de douze ans que je ne

1) Lettre quatre-vingt-quatorzième, 14 décembre 1814.
2) Lettre dix-septième, 14 février 1805.

connais pas. Je vois cette fille orpheline d'un père vivant ; je me demande si je dois un jour la connaître. Mille noirs fantômes s'agitent dans mes rideaux d'indienne. Enfin, vous êtes père, monsieur le chevalier, et vous connaissez ces rêves cruels d'un homme éveillé. Si vous n'étiez pas du métier, je ne permettrais pas à ma plume d'écrire ces jérémiades. Je fais, au reste, les plus grands efforts pour résister au malheur et ne pas perdre absolument ce qu'on appelle l'aplomb (1). »

Cette enfant de douze ans, cette fille orpheline d'un père vivant devint, avec sa sœur aînée — celle qu'il appelle l'enfant de son cœur (2), — une de ses correspondantes habituelles. Il a pour toutes deux des condescendances et des délicatesses non pareilles.

La première lettre adressée à la plus jeune, —

---

1) Lettre trentième, à M. le chevalier de ***, 14 avril 1806.
2) Mlle Adèle de Maistre épousa, en 1813, M. Ferray, ancien préfet sous la Restauration, tout à fait digne d'elle par la distinction de son esprit et plus encore par ses hautes vertus chrétiennes qui faisaient dire de lui : C'est un vrai saint ! ce qui ne peut pas se dire de tous les préfets. Veuve en 1849, elle se fixa auprès du comte et de la comtesse Rodolphe, les secondant dans l'éducation de leur nombreuse famille et les soutenant dans toutes leurs épreuves; elle n'avait pas été élevée en vain à l'école du malheur noblement et chrétiennement supporté. Et ce n'est pas en vain aussi qu'elle était fille de ce père dont M. P. Bert, — s'appuyant, cela va sans dire sur une citation falsifiée, — a dit à la tribune qu'il préférait l'ignorance à la science. Elle était en effet fort instruite, et joignait aux connaissances les plus sérieuses un goût élevé et délicat pour les arts. Elle mourut à Rome en 1862.

elle avait neuf ans à peine, — mériterait d'être citée tout entière comme un exemple exquis de l'abandon et de la familiarité d'un grand esprit qui sait se faire petit avec les petits : elle fait songer à Henri IV surpris par l'ambassadeur d'Espagne pendant qu'il faisait le métier de cheval avec le jeune dauphin sur son dos. En voici du moins quelques lignes : « Ma chère Constance, comment donc est-il possible que je ne te connaisse point encore ; que tes jolis petits bras ne se soient point jetés autour de mon cou ; que les miens ne t'aient point mise sur mes genoux pour t'embrasser à mon aise? Je ne puis me consoler d'être si loin de toi; mais prends bien garde, mon cher enfant, d'aimer ton papa comme s'il était à côté de toi ; quand même tu ne me connais pas, je ne suis pas moins dans ce monde, et je ne t'aime pas moins que si tu ne m'avais jamais quitté. Tu dois me traiter de même, ma chère petite, afin que tu sois tout accoutumée à m'aimer quand je te verrai, et que ce soit tout comme si nous ne nous étions jamais perdus de vue. Pour moi, je pense continuellement à toi ; et pour y penser avec plus de plaisir, j'ai fabriqué dans ma tête une petite figure espiègle qui me semble être ma Constance. Elle a bien quelquefois certaines petites fantaisies ; mais tout cela n'est rien, je sais qu'elles ne durent pas (1). »

La petite fille devint « une demoiselle », comme dit le comte de Maistre en son vieux langage, et de

---

1) Lettre septième, Cagliari, 13 janvier 1802.

plus une demoiselle fort éprise *du savoir*, en digne fille de son père, et fort disposée à soutenir les droits de son sexe à la science et au génie. Le comte de Maistre s'amusait beaucoup de cette ambition féminine ; et de là entre Turin et Saint-Pétersbourg une petite guerre à laquelle nous devons quelques-unes des perles du recueil, entre autres cette page célèbre dont on ne pourrait sans une sorte de sacrilège littéraire détacher une ligne : « Voltaire a dit, à ce que tu me dis (car pour moi je n'en sais rien ; jamais je ne l'ai tout lu, et il y a trente ans que je n'en ai lu une ligne), *que les femmes sont capables de faire tout ce que font les hommes, etc.*; c'est un compliment fait à quelque jolie femme, ou bien c'est une des cent mille et mille sottises qu'il a dites dans sa vie. La vérité est précisément le contraire. *Les femmes n'ont fait aucun chef-d'œuvre* dans aucun genre. Elles n'ont fait ni l'*Iliade*, ni l'*Énéide*, ni la *Jérusalem délivrée*, ni *Phèdre*, ni *Athalie*, ni *Rodogune*, ni le *Misanthrope*, ni *Tartufe*, ni le *Joueur*, ni le Panthéon, ni l'église de Saint Pierre, ni la *Vénus de Médicis*, ni l'*Apollon du Belvédère*, ni le *Persée* (1), ni le livre des *Principes* (2), ni le *Discours sur l'histoire universelle*, ni *Télémaque*. Elles n'ont inventé ni l'algèbre, ni les télescopes, ni les lunettes achromatiques, ni la pompe à feu, ni le métier à bas, etc. Mais elles font quelque chose de plus grand que tout

1) De Benvenuto Cellini.
2) De Newton.

cela; c'est sur leurs genoux que se forme ce qu'il y a de plus excellent dans ce monde : *un honnête homme et une honnête femme*. Si une demoiselle s'est laissé bien élever, si elle est docile, modeste et pieuse, elle élève des enfants qui lui ressemblent, et c'est le plus grand chef-d'œuvre du monde. Si elle ne se marie pas, son mérite intrinsèque, qui est toujours le même, ne laisse pas aussi que d'être utile autour d'elle d'une manière ou d'une autre. Quant à *la science*, c'est une chose très dangereuse pour les femmes. On ne connaît presque pas de femmes savantes qui n'aient été malheureuses ou ridicules par la science. Elle les expose habituellement au *petit* danger de déplaire aux hommes et aux femmes (pas davantage); aux hommes qui ne veulent pas être égalés par les femmes, aux femmes qui ne veulent pas être surpassées (1). »

Le jeune champion des droits de la femme ne se tint pas pour battu. Mlle Constance de Maistre se récria fort contre l'accusation de *singer les hommes* que son père avait lancée aux femmes savantes dans une autre lettre. Sur quoi celui-ci s'excusa de cette façon plaisante : « Il me paraît certain que tu ne m'as pas bien compris. Je n'ai jamais dit que les femmes soient des singes. Je te jure, sur ce qu'il y a de plus sacré, que je les ai toujours trouvées incomparablement plus belles, plus aimables et plus utiles que les singes. J'ai dit

---

1) Lettre soixante-unième, 24 octobre 1808.

seulement, et je ne m'en dédis pas, que les femmes qui veulent faire les hommes ne sont que des singes ; or, c'est vouloir faire l'homme que de vouloir être savante. J'honore beaucoup cette demoiselle dont tu me parles, qui a entrepris un poème épique ; mais Dieu me préserve d'être son mari (1) ! »

Ai-je besoin de faire remarquer que tout ceci n'est point une apologie de l'ignorance féminine ? Dans la même lettre si plaisamment sévère pour les femmes savantes, il trouve fort bon que sa fille cultive son esprit, et dit tout le bien possible des femmes *instruites*, mais à condition qu'elles ne soient pas pédantes ; car, dit-il aux deux sœurs, « il ne faut jamais citer, jusqu'à ce que vous soyez duègnes ». — Il est plus explicite encore dans une lettre à sa fille aînée : « Tu penses bien, ma chère Adèle, que je ne suis pas ami de l'ignorance ; mais, dans toutes les choses, il y a un milieu qu'il faut savoir saisir. Le goût et l'instruction, voilà le domaine des femmes. Elles ne doivent point chercher à s'élever jusqu'à la science ; et, à l'égard même de l'instruction qui leur appartient, il y a beaucoup de mesure à garder ; une dame, et plus encore une demoiselle, peuvent bien la laisser apercevoir, mais jamais la montrer (2). »

C'est le côté brillant, le côté *Sévigné* de cette correspondance, avec plus de sérieux sous une grâce de même famille. Mais ce père est père aussi

1) Lettre soixante-quatrième, 11 août 1809.
2) Lettre treizième, 26 décembre 1804.

dans toute l'acception du mot et du devoir ; il commande quand il faut commander.

Mme de Maistre vivait à Turin avec ses filles, et Turin, de vieille capitale, était devenu chef-lieu d'un département français, et le palais royal un hôtel de préfecture. On y donnait des fêtes. Là-dessus, le comte de Maistre envoya l'*ordre* suivant à sa fille aînée : « A propos, j'espère que ta mère t'a fait ma commission au sujet des bals. Je sais ce qu'on doit aux circonstances ; mais jamais tu ne dois danser dans le palais du roi. Je te le défends expressément, et il faut en dire la raison tout haut : *Jamais je ne danserai dans le palais du roi à qui mon père doit tout*. La délicatesse, la fidélité, l'honneur sont respectés partout. D'ailleurs, si l'on vous chasse, vous savez le chemin de Venise (1). » Et quelque temps après, donnant l'*exposé des motifs* de sa loi, il lui dit avec une fermeté douce et précise, et avec le noble désir d'élever à sa hauteur cette âme de jeune fille : « Il est des devoirs sous lesquels il faut plier sans faire la moindre grimace. A la manière dont tu t'exprimes, je croirais voir que tu envisages la chose du côté de la dépense. Quand j'aurais des millions il n'en serait ni plus ni moins. Il y a des règles de décence et de délicatesse qui sont approuvées dans tous les pays ; et, pourvu qu'on n'y joigne aucune bravade (ce qu'il ne faut jamais faire), il est impossible qu'on ait lieu de s'en

---

1) Même lettre.

repentir. » Et il ajoute avec une majesté que la saillie finale humanise de la façon la plus aimable : « Souvenez-vous toujours que vous êtes ce que je suis, que vous pensez ce que je pense, que nous avons les mêmes devoirs, et que la chose durera tant qu'il plaira à Dieu. Il ferait beau voir qu'après t'avoir acheté un si beau piano, tu me fisses une dissonance (1) ! »

Parmi ces lettres de famille, une mention spéciale est due à celles qui sont adressées au comte Rodolphe, son fils, ou qui font mention de lui. Écrites pendant les grandes guerres auxquelles prit part le jeune officier des chevaliers-gardes, elles ont un accent tout à fait cornélien de mâle tendresse. Il eût redit au besoin le « Qu'il mourût » du vieil Horace ; mais il n'avait à craindre aucune défaillance chez ce jeune homme, dont « la résolution calme et inébranlable » faisait son juste orgueil et sa meilleure consolation. Au moment du départ, il lui disait dans sa forte prose ce que le Romain de notre tragédie avait dit en vers si touchants et si simplement sublimes (2) : « Je ne veux pas m'appesantir sur votre destinée future ; il est inutile de communi-

---

1) Lettre trente-huitième, 7 janvier 1807.
2)   Allez ; vos frères vous attendent ;
   Ne songez qu'aux devoirs que vos pays demandent...
   Pour vous encourager ma voix manque de termes ;
   Mon cœur ne forme point de pensers assez fermes ;
   Moi-même en cet instant j'ai les larmes aux yeux.
   Faites votre devoir, et laissez faire aux dieux.

quer des *pensées molles*, telles qu'elles naissent involontairement dans le cœur d'un père. Allez bravement votre chemin, mon cher Rodolphe. Vive la conscience et l'honneur ! *cætera dîs permittenda.* — *Ou cela ou sur cela,* disait cette mère de Sparte. Elle avait raison. Jamais vous ne trouverez dans mes lettres ni plaintes, ni lamentations; c'est d'un mauvais ton à l'égard d'un soldat. Tout cela sans préjudice de ce qui se passe dans mon cœur et dont vous vous doutez sans doute un peu. Que vous dirai-je encore ? Soyez toujours assez semblable aux autres pour ne pas leur déplaire, et assez différent pour ne déplaire ni à moi ni à vous. Battez-vous bien, mais ne faites de mal qu'à l'ennemi. Soyez honnête homme et bon enfant. Ne vous détachez point du petit livre latin. Je vous aime et vous embrasse de tout mon cœur, mon cher enfant. Dieu vous conserve (1) ! »

Il se livrait plus en parlant de lui à quelque ami. Il écrivait au comte Deodati, au début de la campagne de Friedland et d'Eylau : « Le jeune soldat m'a échappé (2), et a fait, à mon insu, les démarches les plus vigoureuses pour être employé. On n'a rien voulu décider sans avoir mon avis. J'ai répondu : Décidez la chose comme il vous plaira, sans supposer seulement que je suis au monde. En effet, il m'a paru clair que je n'avais le droit de dire ni *oui* ni

---

1) Lettre quarante et unième, 18 avril 1807.
2) Le comte Rodolphe, âgé alors de dix-sept ans, avait été d'abord placé dans la réserve.

non. Le *conscrit volontaire* l'a emporté. Il est parti ; il s'en va, faisant sept à huit lieues par jour, rencontrer... Ah! mon cher comte, je n'ai point d'expression pour dire cela. La pauvre mère ne sait pas le mot de tout ce qui se passe ; et moi, je suis sans femme, sans enfants, sans amis même, du moins de ceux avec qui on pourrait pleurer si l'on en avait fantaisie. Il m'a fallu avaler ce breuvage et tenir le calice d'une main ferme. Enfin, mon cher comte, j'éprouve un triste plaisir à verser dans votre cœur mes épouvantables soucis. Si quelque chose les adoucit, c'est la résolution calme et inébranlable du jeune homme. Il a le diable au corps, et c'est un de ces diables froids, les plus diables de tous (1). »

Après la campagne, il écrivait au même : « Permis aux dames lacédémoniennes de regarder d'un œil sec le corps de leurs fils qu'on rapportait sur leurs boucliers. Pour moi, je ne suis pas si sublime. Plutôt la mort, sans doute, et mille fois la mort, je ne dis pas que la plus petite lâcheté, mais que la plus petite grimace antimilitaire ; mais aussi, plutôt la vie que la mort même la plus honorable! Ce n'est pas l'avis de mon fils, et c'est dans l'ordre ; mais c'est le mien, et c'est aussi dans l'ordre. Il a voulu faire cette campagne sans y être obligé ; pouvant m'y opposer, je ne l'ai pas fait ; mon héroïsme ne va pas plus loin. Je suis content de lui et de moi (2). »

1) Lettre trente-neuvième, 11 février 1807.
2) Lettre quarante-huitième, 28 juillet 1807.

Quel père et quel homme ! Ce n'est pas un Spartiate, quoiqu'il dise comme les mères de Sparte : *Ou cela, ou sur cela*. Ce n'est pas un stoïcien ; il n'en a ni la pose, ni l'orgueil, ni l'indifférence systématique. Ce n'est pas un Romain, à la façon de celui qui s'attire cette réponse de Curiace :

> Je rends grâces au ciel de n'être pas Romain,
> Pour conserver encor quelque chose d'humain.

C'est un père comme le christianisme sait les faire, avec une tendresse qui ressent toutes les blessures du cœur et une fermeté qui ne fléchit devant aucun devoir. Et c'est un chevalier, c'est-à-dire encore un chrétien avec cette légitime fierté de race qui sait que noblesse oblige, et qui conduit les grandes âmes dans la voie du dévouement au delà du devoir strict et précis. Il aime la vie de son fils plus que la gloire, parce que la gloire est la pâture vaine de l'orgueil ; moins que l'honneur, parce que l'honneur est la fleur de la vertu et de la délicatesse dans les âmes très nobles, soit qu'il expose la vie, soit qu'il compromette les intérêts, soit qu'il exige le sacrifice d'un plaisir. *Vive la conscience et l'honneur !* écrivait-il à Rodolphe. *Tu ne danseras pas chez le préfet de France dans ce qui fut le palais de notre roi*, écrivait-il à sa fille. Le sentiment est le même, et c'est tant pis pour qui ne sait pas le comprendre (1).

1) Voir, sur le comte Rodolphe de Maistre, l'appendice I, à la fin du volume.

VI

Il n'est pas étonnant qu'ayant les délicatesses de l'honneur, il en eût les susceptibilités, — non pas comme un ferrailleur qui croit qu'en prouvant qu'il sait donner un coup d'épée, ce qu'on ne contestait pas, il prouve aussi qu'il est un honnête homme, ce que l'on conteste peut-être; mais comme un homme qui, ayant conscience de sa droiture, de sa loyauté, de sa fidélité, et ayant fait ses preuves, n'admet sur ce point ni discussion ni insinuation, et donne en quelques mots, à ceux qui font mine de le soupçonner, des leçons à les faire rentrer sous terre. Son histoire et sa correspondance nous en offrent deux curieux exemples.

C'était après Tilsitt, au temps où Napoléon, maître de toute l'Allemagne et réconcilié avec le czar Alexandre, n'avait encore fait aucune des fautes qui devaient le perdre. Le comte de Maistre, qui représentait à Saint-Pétersbourg le roi de Sardaigne et y avait noué quelques relations avec Savary, ambassadeur de France, conçut l'idée hardie d'aller plaider personnellement la cause de son roi auprès du redoutable arbitre de l'Europe. Il comptait sur la curiosité et la surprise qu'exciterait sa démarche, sur son nom qu'il savait remarqué, sur quelque caprice de magnanimité peut-être de la part de Napoléon, sur l'imprévu, sur lui-même. L'entrevue fut sollicitée, avec déclaration expresse que la demande émanait de son initiative personnelle et que la cour qu'il représentait n'en avait aucune connaissance ; il se risquait ainsi sans que son roi pût, en aucun cas, être compromis.

La demande resta sans réponse, et l'incident n'eut pas de suite.

Il en eut cependant à la cour de Sardaigne, où l'on prit très mal la chose lorsqu'on en fut informé. On n'y était point accoutumé à être servi par des hommes de génie ; on y avait l'esprit un peu étroit, soupçonneux, facilement déconcerté par tout ce qui sortait de la routine diplomatique. On lui demanda des explications, qu'il avait le devoir de donner et qu'il donna très complètes. Mais on les demanda sur un ton assez blessant pour un honnête homme ; il releva le ton avec une hauteur où se vérifie cette loi générale : que, chez les grandes âmes, la liberté et la vigueur du langage sont en raison directe de la fidélité.

Cette fierté paraît dès les premières lignes : « Monsieur le chevalier, j'ai promis, dans un de mes précédents numéros, de vous donner *pleine satisfaction* sur une tentative qui vous a paru si étrange. Je m'acquitte aujourd'hui de ma parole, en vous priant néanmoins, avant tout, de ne donner à tout ce que vous allez lire que le nom d'*éclaircissements ;* car, pour les *apologies*, je les abandonne volontiers à ceux qui en ont besoin. »

Son attitude ainsi caractérisée, il esquisse avec une grandeur et une netteté admirables un tableau de l'Europe telle que l'ont faite les conquêtes napoléoniennes, la situation nouvelle de la Russie, l'isolement de l'Angleterre qui, désormais, est l'unique et peu sûr point d'appui de la Sardaigne contre Napoléon. Il montre de quelle importance il serait pour le roi de se concilier cet homme extraordinaire « auquel », dit-il, « je donnerai toutes les épithètes qu'on voudra, excepté celle de grand, laquelle suppose une moralité qui lui manque ». Il soutient que c'est sa seule chance actuelle d'obtenir des compensations pour ses États continentaux qu'on ne veut à aucun prix lui rendre. Il raconte comment il a été amené à concevoir l'idée dont on s'est ému, par quelles réflexions il l'a mûrie, quelles minutieuses précautions il a prises pour que lui seul fût compromis si quelqu'un devait l'être. Ces explications données, il poursuit en ces termes : « Que Bonaparte et sa race doivent tomber, c'est ce qui me paraît infaillible. Mais quelle sera l'époque de cette chute ? c'est ce que personne ne sait. Or, comme cette suspension peut détruire sans retour la maison de Savoie, pour écarter ce danger autant que la chose est possible que fallait-il faire ? Ce que j'ai fait ; il n'y a pas deux réponses. — Comment donc cette idée a-t-elle été si mal accueillie à Cagliari ? Je crois que vous m'en donnez la raison sans le savoir dans la première ligne chiffrée de votre lettre du 15 février, où vous me dites que la mienne est *un monument de la plus grande surprise*. Voilà le mot, monsieur le chevalier ; le cabinet est surpris ; tout est perdu ! En vain le monde croule, Dieu nous garde d'une idée imprévue ! Et c'est ce qui me persuade encore davantage que je ne suis pas votre homme (1) ; car je puis bien vous promettre de faire les affaires de Sa Majesté aussi bien qu'un autre ; mais je ne puis vous promettre de ne jamais vous surprendre. »

La leçon est déjà vive autant qu'elle est fine. Mais ce n'est pas encore tout le paquet ; et le cabinet *surpris* avait laissé échapper une phrase malencontreuse qui méritait quelque chose de plus vert. Il reprend donc : « Permettez-moi de vous le dire, monsieur le chevalier, lorsqu'une idée née dans une tête saine qui surmonte un cœur droit a de plus été examinée attentivement et approuvée par quatre ou cinq hommes de poids, elle ne saurait plus être absurde ni condamnable. Elle peut être simplement désapprouvée, mais c'est bien différent. Tout ministre qui agit de son chef dans ces occasions rares où il ne lui est pas possible de consulter, sait bien que son maître peut dire oui ou non ; mais lorsque vous me dites que Sa Majesté, *sans donner de sinistres interprétations à mes démarches, etc.,* c'est précisément comme si vous aviez écrit au maréchal Souwaroff : Le roi, monsieur le maréchal, *sans croire que vous êtes un poltron, pense néanmoins, etc.* Je n'en dis pas davantage sur ce point, vu qu'il est aisé de s'échauffer en écrivant comme en parlant (2). »

1) Le comte de Maistre avait plusieurs fois offert sa démission.
2) Lettre cinquante-huitième, à M. le chevalier de ***, mai 1808.

De ce curieux incident j'en veux rapprocher un autre où le comte de Maistre, ayant agi, en des circonstances différentes, avec même délicatesse et même scrupule, montra ensuite même fierté et, si je puis dire, même raideur à se faire respecter.

Alexandre avait de bonne heure distingué particulièrement l'ambassadeur de Sardaigne et mis une certaine coquetterie à lui être agréable ; on en a vu la preuve dans les faveurs accordées à son frère Xavier et à son fils Rodolphe. Plaire à ce puissant protecteur était d'ailleurs le plus grand service diplomatique que le ministre d'un roi dépossédé pût rendre à son prince et à son pays ; et le comte de Maistre, attiré d'ailleurs vers le czar par une sympathie personnelle que la reconnaissance rendait plus vive encore, s'acquittait de ce devoir comme nul autre ne l'aurait su faire.

En 1812, à la veille de la grande guerre défensive de la Russie contre Napoléon, ce mutuel attrait eut une suite inattendue. Alexandre, qui savait bien ce que valait la plume du ministre sarde, lui proposa de l'employer comme « rédacteur confidentiel » pour écrire des notes, dépêches ou mémoires politiques. Cet emploi, qui devait le faire entrer de la manière la plus intime dans les secrets impériaux, était à prendre ou à laisser presque sur l'heure ; un refus était désobligeant, un ajournement équivalait à un refus. D'autre part, le comte de Maistre savait que, dans aucune hypothèse, l'intérêt sarde ne pouvait être en opposition avec l'intérêt russe ; la seule

politique praticable pour le roi était de s'avancer aussi loin que possible dans la faveur de l'empereur, afin d'avoir en lui, au prochain remaniement de la carte de l'Europe, ou un bienfaiteur généreux, ou, tout au moins, un avocat puissant. Il accepta donc à titre provisoire, supposant le consentement de sa cour, qu'il consulta sur l'heure afin de s'arrêter net au premier signe de désapprobation. Mais il accepta sous une condition qui montre avec quelle délicatesse il savait résoudre à l'improviste les plus épineux cas de conscience. « Observez, Sire », dit-il au czar, « une chose très essentielle : je ne copierai
« pour moi aucune pièce ; je n'insérerai dans mes
« dépêches officielles aucune phrase prise dans vos
« papiers secrets ; mais, pour le fond des choses, je
« ne puis vous promettre aucun secret vis-à-vis de
« mon maître. »

Un cabinet composé de véritables hommes d'État, d'hommes connaissant les hommes et sachant s'élever jusqu'à cette confiance qui est l'habileté même quand elle s'adresse bien, eût saisi au vol cette occasion si rarement offerte au faible de rendre un service au fort et de placer à gros intérêts sur sa reconnaissance future. Il eût, de plus, permis à son ministre de faire des conditions moins dures au puissant souverain qui lui demandait sa collaboration; il lui eût *ordonné* de promettre le secret pour toutes les choses indifférentes au service du roi. Enfin il eût mis sous la plume du roi lui-même quelques mots délicats et nobles adressés au czar pour le remercier, de souverain à souverain, de l'honneur qu'il lui faisait d'attacher tant de prix aux services de son ministre.

On ne fit rien de tout cela. La communication du comte de Maistre à sa cour resta longtemps sans réponse; quand la réponse vint, elle fut d'une sécheresse et d'un laconisme qui permettaient d'y soupçonner le mécontentement intime sous le laisser passer officiel : *Le roi approuve ce que vous avez fait.* Et pendant ces lenteurs, « l'affaire était manquée », et, pour une raison ou pour une autre, le concours du comte de Maistre n'était plus réclamé. Il demeura toujours persuadé que le czar ne voulait décidément pas pour rédacteur confidentiel d'un homme qui dirait à la cour de Cagliari tous les secrets de la cour de Pétersbourg.

Or le silence, puis la froideur du ministère sarde paraissent avoir eu pour cause la crainte que le comte de Maistre, choyé, employé, largement rétribué par le czar, ne se détachât de la Sardaigne et ne passât au service de la Russie. Peut-être même crut-on deviner qu'en offrant sa démission, comme il le fit à plusieurs reprises, il cherchait un chemin couvert pour arriver à ce but et faire sa fortune. C'était ainsi qu'on le connaissait! Je n'ai pas besoin de dire que tout cela était impuissance des petites âmes à juger les grandes. Au vrai, le comte de Maistre appartenait à son roi à la vie et à la mort; et s'il offrait sa démission, c'était parce que la conduite générale du gouvernement sarde à son égard et le ton sec et désobligeant des dépêches qu'il recevait lui donnaient lieu de penser que ses services n'étaient point agréables. Quant à quitter volontairement son roi malheureux, il en aurait eu horreur; et cette circonstance « qu'il était lui-même maltraité par ce roi ou par les ministres de ce roi », bien loin de rendre à ses yeux la désertion plus excusable, l'eût rendue plus lâche. Il s'en expliqua avec le roi lui-même dans une longue lettre de laquelle je détache cette page, une des plus fières qu'un sujet fidèle et méconnu ait jamais écrites (1) :

« Le 17/29 mars, j'ai vu le chancelier, qui m'a traité à merveille, suivant sa coutume; il a même été obligeant à mon égard au point de me désobliger, car il me dit qu'il s'était entretenu plus d'une fois avec l'empereur du projet *de m'acquérir* (expression sans justesse que je rapporte uniquement pour être vrai), mais que l'empereur avait répondu : — *Il ne voudra pas*. — Sa Majesté impériale, lui dis-je, a parfaitement rendu mes sentiments, et jamais je n'en aurai d'autres. — Oh! mais, me dit le chancelier, cela s'entend par toutes les manières convenables, c'est-à-dire en vous demandant à Sa Majesté Sarde. — Au contraire, monsieur le

---

1) La lettre (avril 1812) est adressée à un ministre, le chevalier de ***, mais écrite pour le roi, comme l'auteur le déclare lui-même dans sa première phrase : « Monsieur le chevalier, je vous prie de traduire vous-même pour Sa Majesté, et de mettre *Sire* à la place de *monsieur*, suppléant de même à toutes les formules de respect partout où besoin sera. » (*Correspondance diplomatique*).

comte, c'est justement ce qu'il ne faut pas faire, et ce qui ne se fera jamais de mon gré.

« Je n'imagine seulement pas, monsieur le chevalier, qu'un prince puisse proposer à un autre de lui céder un sujet sans la demande ou le consentement de ce dernier ; cependant, comme il faut être, dans ce genre, *omnia tuta timens*, je saisis cette occasion de protester solennellement contre tout mot qui pourrait parvenir à Sa Majesté dans ce sens, mot qui se trouverait dit non seulement contre mon consentement, mais contre ma conscience. Je ne crois pas même inutile d'ajouter ceci : — Si j'étais ce qu'on appelle un *enfant gâté*, en représentant à Sa Majesté que je lui suis inutile et en lui demandant la permission de suivre une autre route, je ne serais qu'un drôle ordinaire, tel que l'univers en est plein. Mais vous savez ce qu'il en est, monsieur le chevalier. Selon ma propre manière de voir et de sentir, ma légation entière n'a été qu'un supplice continuel ; or, sous ce point de vue, qui est le vrai, je me croirais le plus vil des hommes si, pour aucune tentation de fortune ou autre, je pouvais seulement songer à quitter le service du roi. Quitter son maître dans les circonstances actuelles lorsqu'on est content, c'est une bassesse ; dans le cas contraire, c'est un forfait. Tout ceci est dit, monsieur le chevalier, avec la clause tant de fois répétée que Sa Majesté demeure non seulement *libre souverainement* (ce qui va sans dire), mais de plus *souverainement libre* à mon égard, et par mon consentement exprès ; que je me crois seul obligé, que je ne m'attribue aucun mérite quelconque qui n'ait été plus que reconnu ; et qu'au moindre signal, je serai toujours prêt à me retirer, non certainement sans regret, mais sans plainte et surtout sans récompense, ce mot même de *récompense* n'ayant point de sens dans mes idées. Cette proposition ayant été faite dans le temps même où elle aurait pu me conduire à avoir faim, Sa Majesté ne peut me prendre pour un charlatan (1). »

VII

On pense bien que cet homme tout d'une pièce, intraitable dans les questions de dignité et d'honneur, l'était aussi dans les questions de droit et de justice. Il partageait, en effet, un préjugé qui fut celui de saint Louis, et dans lequel, pour ma part, je demeure enraciné, bien qu'on m'ait fort catéchisé pour m'en guérir : ce préjugé qu'il n'y a pas deux morales, et que la première règle de la bonne politique, c'est le respect du droit. Là-dessus, il est inflexible, et il n'y a sympathies ou antipathies qui tiennent (2).

1) *Correspondance diplomatique*, t. I, p. 62-66.
2) Cela ne l'empêche pas de dire qu'en politique comme en physique il n'y a qu'une bonne méthode, la méthode expérimentale. Mais il n'y a pas là deux thèses qui se contredisent, il y a deux vérités qui se complètent. La politique expérimentale, c'est la connaissance des hommes et l'art de les manier, c'est le discernement du possible, c'est ce coup d'œil et ce mélange de

Sa correspondance nous en offre un mémorable exemple, intimement lié, à son insu, à un très bel épisode de notre histoire diplomatique de 1814.

La campagne de France était terminée ; Napoléon était à l'île d'Elbe ; l'Europe coalisée, que son ambition folle avait attirée sur notre territoire, s'occupait à Vienne de refaire la carte de l'Europe et de partager les fruits de la victoire. Or, entre tous les petits souverains allemands qui avaient adoré Napoléon jusqu'au jour de ses revers, il y en avait un, « vénérable par l'âge et par la conduite, célèbre par ses vertus domestiques et religieuses, chéri de son peuple depuis un demi-siècle de règne paternel », mais qui avait eu le malheur d'être surpris le dernier dans l'alliance française. C'était le roi de Saxe. Dès avant la réunion du congrès, ce fut le bruit public en Europe et surtout en Russie que les grandes puissances étaient résolues à le déposer, à supprimer la Saxe en tant que royaume, et à l'adjuger en bloc à la Prusse, dont cette acquisition était le rêve et presque l'exigence. L'annonce d'un tel attentat accompli par de telles mains souleva au delà de ce qu'on peut croire l'indignation du comte de Maistre, qui cependant avait été le persévérant ennemi de Napoléon et ne devait pas éprouver un sentiment fort tendre pour ses amis tombés avec lui. Il consi-

prudence et de résolution à quoi se reconnaissent les vrais hommes d'État comme les vrais hommes de guerre. Mais aucune de ces qualités ne se refuse à servir la justice ; et ce n'est qu'à ce noble service qu'elles ont toute leur grandeur.

gna sa protestation dans une lettre adressée au représentant de la Sardaigne auprès du congrès et destinée manifestement à passer sous les yeux des ministres réunis à Vienne. Il faut citer un fragment, du moins, de cette haute leçon de droit public donnée aux maîtres de l'Europe.

« Un roi détrôné par une délibération, par un jugement formel de ses collègues! c'est une idée mille fois plus terrible que tout ce qu'on a jamais débité à la tribune des jacobins. Car les jacobins faisaient leur métier ; mais lorsque les principes les plus sacrés sont attaqués par leurs défenseurs naturels, il faut prendre le deuil... Quel crime est donc reproché au roi de Saxe? *D'avoir tenu à Bonaparte, ou d'être revenu à lui?* En vérité, monsieur le marquis, on perd la parole lorsqu'on entend de pareilles choses. C'est bien ici qu'il faudra s'écrier : *Qui donc osera jeter la première pierre?* Je n'examine point si le roi de Saxe raisonna bien ou mal après les batailles de Lutzen et de Bautzen ; je mets tout au pire, et suppose qu'il eut tort. Personne n'a droit de lui demander compte de sa conduite. Si la souveraineté est *amenable* devant quelque tribunal, elle n'existe plus. Si les rois ont le droit de juger les rois, à plus forte raison ce droit appartient aux peuples. Pourquoi pas? — J'ai supposé le souverain coupable. Maintenant je fais un pas de plus, et je suppose le tribunal compétent. Voilà donc un roi coupable d'un crime horrible, *celui de n'avoir pas pensé comme les autres.*

Qu'en ferons-nous ? Nous donnerons ses États à une autre puissance. Ceci est nouveau. Parce qu'un père de famille se conduit mal et que le Sénat l'interdit, il faut transporter ses biens à des étrangers, au préjudice de ses héritiers naturels ! C'est une superbe jurisprudence. Je serais désolé, monsieur le marquis, si l'assemblée la plus auguste, qu'on pourrait appeler un *Sénat de rois*, venait à juger comme une loge de francs-maçons suédois. C'est dans ce moment, plus que jamais, que l'esprit des peuples, totalement corrompu par vingt-cinq ans de brigandage, a besoin d'être rassaini par la noble et saine politique des souverains. Qu'on ne nous parle plus de rois détrônés, de partages, de convenances, et pas même de *grands* et de *petits* souverains : la souveraineté n'est *grande* ni *petite*; elle est ce qu'elle est. Si le congrès ne s'attache pas fortement aux grands principes, il ne fera que semer les dents du dragon, et ce sera à recommencer (1). »

Heureusement la grande voix du comte de Maistre ne fut pas seule à soutenir devant l'Europe la cause de la justice et l'honneur des « grands principes ». Par une remarquable coïncidence, l'esprit de sa protestation était, dans le moment même où il écrivait, l'esprit de la politique française. Et la France, au lendemain de tant de désastres, gagna à cette noble attitude un relèvement politique d'une soudaineté véritablement prodigieuse. Le fait est peu connu

1) Lettre quatre-vingt-dixième, à M. le marquis de Saint-Marsan, à Vienne, 16 et 18 octobre 1814.

encore, bien que M. le comte d'Haussonville l'ait raconté en détail dans un travail qui est un chef-d'œuvre d'histoire diplomatique. On nous permettra de le rapporter brièvement après lui. Il y a plaisir à voir la royauté française se rencontrer ainsi avec le grand homme d'État philosophe dans une question où, comme lui, elle n'avait d'autre intérêt que celui de la justice et des principes.

Le traité de Paris, qui nous avait remis en paix avec l'Europe, n'avait réglé que la situation de la France. C'était pour elle, sauf un accroissement d'un demi-million d'âmes que la criminelle folie des Cent-Jours allait bientôt nous ravir, le *statu quo ante bellum*. Situation profondément humiliante, et surtout cruellement désolante quand on se souvenait des conditions magnifiques que Napoléon, dans un délire d'orgueil, avait refusées après Bautzen; situation inquiétante aussi pour l'avenir quand on la comparait aux accroissements que toutes les autres grandes puissances allaient recevoir; mais situation inévitable, et tout à fait inespérée si l'on songeait à ces menaces de démembrement que la restauration de la maison de Bourbon eut seule le pouvoir de conjurer. Le sentiment public, si aisément égaré depuis, ne s'y trompa point alors; et tous les documents contemporains attestent que cette rentrée forcée de la France dans ses anciennes frontières un peu agrandies fut subie sans murmure.

Quant au règlement des affaires européennes, il devait être l'œuvre collective du Congrès qui allait se réunir à Vienne. La France y arrivait pour jouer, ce semble, un rôle passif et humilié, à peu près comme le prisonnier que ses vainqueurs amènent pour assister au partage de ses dépouilles ; elle allait se trouver seule en face d'une coalition officiellement dissoute par la paix, mais moralement vivante, grâce à la défiance commune contre l'ennemie de la veille et au parti pris de la tenir poliment en dehors des négociations intimes. Une seule chose pouvait compenser tant de désavantages : sa situation réglée d'avance, et par conséquent désintéressée, allait lui permettre sinon de peser d'un grand poids, du moins de résister, dans l'intérêt du droit et de l'équilibre européen, aux avidités des vainqueurs, de grouper autour d'elle les faibles menacés par les forts, peut-être de profiter, pour rompre la coalition, des dissentiments que les convoitises rivales ne pouvaient manquer de faire naître entre ses chefs (1).

1) Ce n'est pas l'avis de M. Thiers, dont la sagacité semble ici en défaut. « Si, » dit-il, « au milieu des divisions prévues, la France était arrivée à Vienne sans être liée par un traité, sans avoir par conséquent ses frontières tracées, il est incontestable que sa position se serait trouvée bien différente de ce qu'elle était à Paris au mois de mai. Entre la Russie et la Prusse d'une part, l'Angleterre et l'Autriche de l'autre, celui des deux partis qui aurait eu la France avec lui était assuré d'acquérir une prépondérance tellement décisive qu'on devait tout faire pour l'avoir avec soi, et qu'évidemment on n'aurait pas ménagé les concessions pour y réussir. » (*Histoire du Consulat et de l'Empire*, t. XVIII, p. 432-433.) — Tout au contraire la France, arrivant avec des prétentions, restait l'ennemi commun et obligeait les puissances à faire taire devant elle leurs divisions intestines. Sa

Mais il fallait savoir prendre cette attitude désintéressée de défenseur du droit et de l'équilibre. Personne ne le pouvait faire avec plus de dignité que Louis XVIII, et avec plus d'habileté que M. de Talleyrand, devenu, non sans quelque étonnement du public, le serviteur et le représentant de la légitimité européenne en même temps que de la légitimité française. Le roi et le ministre se placèrent résolûment et fermement sur ce terrain du droit des gens. Et ce fut là qu'ils opposèrent aux ambitions russe et prussienne une barrière qui les arrêta court et les força de reculer.

Les liens intimes d'amitié et de patronage qui unissaient l'un à l'autre le czar Alexandre et le roi Guillaume s'étaient resserrés à Vienne par l'accord de leur politique. Alexandre, se dissimulant à lui-même son ambition moscovite sous les sympathies polonaises de sa jeunesse, prétendait reconstituer toute la Pologne, mais sous le sceptre russe. Il voulait notamment le duché de Posen, que la Prusse avait eu pour sa part dans le démembrement de cette illustre nation. Mais la Prusse l'avait perdu au traité de Tilsitt, et, si on ne le lui rendait pas, il fallait l'indemniser. Le royaume de Saxe se trouvait là fort à propos ; Alexandre offrit à son ami cette compensation magnifique qui fut avidement acceptée. Avant toute délibération du Congrès,

présence avec une situation non réglée était le ciment de la coalition ; sa présence avec des frontières tracées pouvait en être et en fut le dissolvant.

l'anéantissement de ce petit royaume fut réglé entre les deux associés, j'allais dire entre les deux complices ; et jusqu'au moment où la France entra en scène, on put croire que le grand ascendant du czar allait imposer cette combinaison à l'Europe.

Or la France eût préféré sans doute à toute autre solution de la question polonaise le rétablissement de l'ancienne indépendance et la réparation d'une trop longue injustice ; les instructions données à M. de Talleyrand en firent la déclaration expresse dans le plus noble langage. Mais cette préférence étant trop visiblement condamnée à demeurer platonique, la solution imaginée par Alexandre était ce que la France devait surtout redouter, à cause de l'énorme accroissement de puissance morale qui allait en résulter pour la Russie. Le maintien du partage, qui n'était ni meilleur ni pire au point de vue du droit, valait évidemment mieux au point de vue de l'équilibre.

Malheureusement, il n'était guère possible à la France d'intervenir directement dans une question que les trois copartageants de la Pologne semblaient s'être réservée. Mais où la France avait qualité pour dire son mot et exercer son action, c'était l'autre article du contrat, la suppression projetée de la Saxe au profit de la Prusse. Empêcher ce brigandage, c'était remporter un beau triomphe au profit des principes de droit public représentés par la France, et c'était indirectement déjouer les plans de la Russie qui, décemment, ne pourrait garder

Posen, si elle n'avait plus de compensation à offrir à son alliée.

Ce fut sur ce terrain, inattaquable devant un congrès de princes légitimes, que M. de Talleyrand se plaça et se maintint avec une *maestria* incomparable.

Il donna tout d'abord à la France une situation à part, en jetant au milieu des réunions préparatoires le mot de *droit public,* qui déplut fort aux ministres de Prusse et que cette puissance a coutume de prendre pour une personnalité offensante. La scène, racontée par lui-même dans une lettre particulière à Louis XVIII, est à peindre : « A ces mots, il s'est élevé un tumulte dont on ne pourrait que difficilement se faire d'idée. M. de Hardenberg, debout, les poings sur la table, presque menaçant, proférait, en criant, ces paroles entrecoupées : *Non, monsieur... Le droit public? C'est inutile... Pourquoi dire que nous agissons selon le droit public? Cela va sans dire.* Je lui répondis que, si cela allait bien sans le dire, cela allait encore mieux en le disant. M. de Humboldt criait : *Que fait ici le droit public?* A quoi je répondis : *Il fait que vous y êtes.* » Et le mot fut inscrit dans la déclaration commune qu'il s'agissait de rédiger.

Le czar, par deux fois, essaya sur M. de Talleyrand l'effet de l'intimidation à défaut de la séduction. Avec une violence de langage à laquelle il n'avait point habitué le diplomate français, il trancha du dictateur européen. Mais M. de Talleyrand sentait derrière lui l'énergique résolution dont Louis XVIII venait de lui donner l'assurance écrite; et les menaces d'Alexandre furent écoutées tantôt avec une indifférence dédaigneuse, tantôt avec une indignation calculée. « J'ai donné la Saxe à la Prusse », disait le czar; « l'Autriche y consent. » — « J'aurais peine à le croire », répondait Talleyrand; « mais le consentement de l'Autriche peut-il rendre la Prusse propriétaire de ce qui appartient au roi de Saxe? » — « Vous me parlez toujours de principes », reprenait le premier; « votre droit public n'est rien pour moi. Si le roi de Saxe n'abdique pas, il sera conduit en Russie, et il y mourra. » — « Votre Majesté », répliquait l'autre, « me permettra de ne pas la croire; le Congrès n'a pas été réuni pour voir un pareil attentat (1). »

Peu à peu, cette ferme attitude rapprochait de la France les ministres d'Autriche et d'Angleterre, le prince de Metternich et lord Castlereagh. M. de Talleyrand jugea enfin le temps venu de faire un pas décisif et proposa une convention entre les trois puissances, ayant pour base la reconnaissance officielle des droits du roi de Saxe. On s'effaroucha d'abord un peu à cette idée qui rouvrait éventuellement des perspectives de guerre. Mais on y revint bientôt; et, le 3 janvier 1815, la signature de la France, de l'Angleterre et de l'Autriche était apposée à un traité d'alliance qui stipulait les forces que chacune des

1) Lettre particulière de M. de Talleyrand au roi Louis XVIII, 25 octobre 1814.

trois puissances devait mettre en campagne, en cas de résistance de la Prusse et de la Russie. En somme, la France était arrivée au Congrès pour y jouer le pauvre rôle de spectateur impuissant et attristé ; et, après trois mois, non seulement elle avait dissous la coalition, mais elle était devenue le centre d'une alliance formidable qui, du même coup, épargnait à l'Europe monarchique le plus scandaleux des attentats révolutionnaires, et faisait reculer l'arrogance prussienne et la prépotence moscovite. La politique du comte de Maistre, la politique des principes, remportait contre toute attente un éclatant triomphe, et la France, matériellement amoindrie, reprenait dans le monde la haute situation morale que la Révolution lui avait fait perdre.

Si, trois mois plus tard, la coalition dissoute par nous était reformée contre nous, si la France, de nouveau envahie, était, cette fois, plus durement traitée, si l'espoir de lui trouver de solides alliances était ajourné, si de longs efforts allaient devenir nécessaires pour la tirer de son isolement et la replacer à son rang, la responsabilité en est tout entière à Napoléon qui, de gaieté de cœur, attira ces maux sur notre patrie par la criminelle folie des Cent-Jours. Et si cette pente fut remontée, si ces blessures profondes furent guéries, si la catastrophe de 1830 trouva la France aussi grande et respectée au dehors que prospère au dedans, la gloire en est tout entière à la Restauration, à la patriotique habileté de sa politique, à la puissance morale des principes qu'elle représentait. En lui rendant cette justice, on ne soutient point une thèse politique ; on se contente de recueillir l'incontestable témoignage de l'histoire.

VIII

On a pu remarquer dans les pages précédentes quelques emprunts à la *Correspondance diplomatique*. Je dois, en terminant ce chapitre, m'arrêter un moment à ce recueil.

En 1858, à la veille de la guerre d'Italie, un docteur en droit de l'Université de Turin, M. Albert Blanc, fit paraître un volume intitulé : *Mémoires politiques et correspondance diplomatique de Joseph de Maistre, avec explications et commentaires historiques*. Cette publication visiblement inspirée par M. de Cavour (1) voulait fournir à la Révolution italienne une arme de guerre contre l'Autriche, contre le Saint-Siège, et contre le principe d'autorité dont le comte de Maistre avait été, pendant toute sa vie, le champion intrépide. Ajoutons qu'elle fut faite sans l'aveu de la famille de l'auteur, procédé qui se qualifie de lui-même si l'on songe que plusieurs des lettres ainsi brutalement mises au jour avaient un caractère tout à fait in-

1) M. Blanc en convient lui-même dans sa préface : « Il est un témoignage particulier de gratitude que ma conscience exige de moi. Je remercie donc M. le comte de Cavour de la courtoisie éclairée qu'il a mise à faciliter mes recherches aux archives de Turin et à donner son adhésion à cette publication. »

time et domestique. Ajoutons qu'elle était doublement incomplète, toutes les pièces n'étant pas produites, et celles qui l'étaient offrant de nombreuses lacunes. Ajoutons enfin que le commentaire, écrit d'ailleurs en un style véritablement ineffable et en un français qui ne ressemble à rien de ce qu'on peut lire ailleurs, s'appliquait de son mieux à fabriquer avec ces fragments un Joseph de Maistre tout à fait nouveau et imprévu, révolutionnaire sans s'en douter, à demi saint-simonien, et même un peu carbonaro. Un moment, les écrivains de la Révolution crurent tenir une proie, et les catholiques conçurent quelque inquiétude.

La joie des uns et l'alarme des autres étaient également vaines. Sauf une page relative au sacre de Napoléon et sur laquelle nous aurons à revenir, les pièces indélicatement produites par M. de Cavour et par son agent ne révélaient rien au sujet des idées et de l'attitude du comte de Maistre qui ne fût déjà parfaitement connu. Il y montrait une vive antipathie pour l'Autriche ; on la savait de reste. N'avait-on pas lu dans les *Lettres et opuscules* « qu'il gardait tout son fiel pour elle », et encore « que cette maison d'Autriche était une grande ennemie du genre humain et surtout de ses alliés ! » Et ce sentiment ne se justifiait-il pas par l'attitude équivoque des troupes autrichiennes en Piémont et par les fatales maximes qui, dit le comte Rodolphe dans sa notice, dirigeaient alors la cour de Vienne ?
— Il y disait qu'il n'aimait pas le despotisme.

La même déclaration se rencontre dix fois dans les *Considérations*, dans le *Pape*, dans les *Lettres*. — Il s'y plaignait avec quelque amertume de la sourde malveillance qu'il rencontrait à sa propre cour. Qui donc la pouvait ignorer après avoir lu sa verte réplique au *cabinet surpris* à propos de son projet d'entrevue avec Napoléon ?

En résumé, il ne restait rien de tout le bruit qu'on avait voulu faire ; et, cette poussière dissipée, le comte de Maistre reparaissait tout entier, tel que nous le connaissions. L'avortement de l'entreprise était si complet qu'on renonça à en poursuivre l'exécution. M. Blanc avait annoncé à la fin de son premier volume « qu'il préparait des révélations », et qu'un nouveau livre, complétant l'œuvre commencée, « essayerait de porter la lumière dans la philosophie religieuse de Joseph de Maistre. » Vingt-quatre ans passés, nous attendons encore les révélations et le livre ; et il y a lieu de croire que nous ne reverrons plus cette prose étonnante (1).

---

1) Cette petite campagne permettrait d'apprécier, si on ne la connaissait d'ailleurs, la loyauté du gouvernement piémontais. J'ajoute un fait qui donnera la mesure de sa courtoisie et de sa gratitude pour les services rendus.

En 1860, Carlo Luigi Farini, ministre de l'intérieur dans le cabinet Cavour, mit la main sur une lettre où la duchesse de Laval, depuis longtemps fixée au château de Borgo Cornalense en Piémont, appréciait avec une juste sévérité la politique tortueuse du second Empire dans la question romaine. Usant de la liberté pittoresque du style épistolaire, elle y qualifiait de *serpent* l'empereur Napoléon III. Peut-être se souvenait-elle que son père avait eu coutume d'appeler Napoléon Iᵉʳ *dæmonium meridia-*

Cependant, les archives de Turin ayant commencé à livrer leur secret, la publication, qui s'arrêtait à 1810, fut reprise, sans lacune cette fois et, ce qui ne lui donne pas une mince valeur, sans commentaires. Deux nouveaux volumes, contenant la correspondance du comte de Maistre avec sa cour jusqu'à la fin de son ambassade, parurent en 1861. Ils sont du plus puissant intérêt, non seulement parce qu'on y reconnaît à chaque page la grande manière de l'auteur, ses éloquentes brusqueries, ses merveilleuses trouvailles de style, mais encore et surtout parce qu'il s'y montre tout entier dans le rôle qu'il s'était fait dès le temps des *Considérations*, dans son rôle d'observateur de la Révolution, de sa marche et de son action européenne. Ici il *la considère* et la juge dans la phase impériale, qui abusa

---

num. Farini communiqua sa trouvaille à Cavour, qui se hâta d'envoyer la lettre aux Tuileries, écrivant en même temps à l'Empereur « que la duchesse était, à ce moment, au château de Beaumesnil en Normandie et que d'après sa prose S. M. pouvait la connaître, la juger, et aviser. » Il est juste de dire que cette basse délation souleva le dégoût de l'Empereur, auquel ne manquait pas la générosité personnelle. Il fit répondre par voie diplomatique « que le gouvernement français ne pouvait voir dans la duchesse que le nom de son illustre père dont les écrits sont une des gloires de la langue française; et que, sans doute, le gouvernement piémontais ne verrait en elle que le nom du fidèle sujet qui avait rendu à la maison de Savoie d'incomparables services en des temps difficiles. » Copie de cette lettre fut adressée à la duchesse. — Il est douteux que M. de Cavour ait compris la leçon. (J'emprunte cette anecdote, inédite en France, au n° du 3 avril 1882, de l'*Unita cattolica*, qui la publie sous la responsabilité personnelle de son éminent rédacteur en chef.)

si longtemps ses contemporains et sur laquelle il ne se méprit jamais. Par ce côté ces volumes s'ajoutent utilement aux informations précieuses que contenaient déjà les *Lettres et Opuscules*. Ils doivent être désormais consultés par quiconque veut se faire une idée complète de ses grandes vues, et de la façon dont il appliquait ses fermes principes religieux et politiques au jugement des faits présents et à la prévision des événements à venir.

CHAPITRE III

LES PRÉVISIONS

Villemain qui fut, je crois, le premier à parler en Sorbonne du comte de Maistre et des *Considérations sur la France*, s'exprimait dans les termes que voici sur la doctrine de l'auteur et sur son livre : « C'est la haine aveugle contre toute espèce de liberté, la justification théorique du pouvoir absolu, la proscription des principes même de justice et d'humanité qui avaient précédé les violences de la Révolution, l'anathème sur les lettres et les sciences, le regret de l'ignorance du moyen âge, l'apothéose de l'inquisition et de la tyrannie. » Et, après cette belle énumération où l'on voit en détail ce qu'il peut y avoir de passion révolutionnaire dans une tête libérale et de banalités calomnieuses sous la plume d'un homme d'esprit, il continuait : « De tous les pays despotiquement gouvernés, le Piémont était un de ceux où le droit de propriété, l'indépendance personnelle, la faculté d'aller et de venir étaient plus complètement entravés par le régime absolu. Noble piémontais et magistrat, M. de Maistre, malgré les lumières de son esprit, s'était habitué de bonne heure à cette forme de royauté. Puis les violences, les coups d'État populaires, enfin l'envahissement de son pays l'irritèrent contre les principes de la Révolution française. En 1792, sous le titre de *Considérations sur la France*, il avait publié un livre amer, éloquent, plein de prophéties telles que la clairvoyance de la haine en sait faire, dans lequel, calculant d'avance les crimes futurs par les violences actuelles, il menaçait la Révolution des fureurs où elle devait être inévitablement entraînée (1). »

Le rhéteur disert qui faisait applaudir cette exécution sommaire du « noble piémontais » se donna, ce jour-là, le tort inexcusable de parler de ce qu'il ignorait absolument, et le ridicule d'administrer lui-même, par la façon dont il en parlait, la preuve de son ignorance.

Premièrement, M. de Maistre n'était point un noble piémontais, mais un noble savoisien, chose fort différente.

Car, secondement, le gouvernement de la Savoie ne ressemblait en rien à celui du Piémont, bien que les deux contrées fussent réunies sous la même couronne. Celui-ci était un régime militaire ; celui-là était un patriarcat féodal. L'aristocratie savoisienne,

---

1) *Tableau de la littérature au dix-huitième siècle*, soixante-deuxième leçon.

« conservée parmi les corruptions universelles, et préservée des frottements du scepticisme élégant qui courait l'Europe », était chère à ce peuple simple et pur qui ne souhaitait nullement de s'affranchir de son joug fort peu pesant. L'écrivain révolutionnaire à qui je viens d'emprunter ces deux lignes en donne une preuve curieuse et tout à fait décisive : « Lorsque l'on s'occupa en Savoie du rachat de la taillabilité personnelle (1762) et de l'affranchissement des censes, lods et servis, ces mesures, dont la noblesse fut, en général, la promotrice énergique, rencontrèrent chez les vassaux des oppositions et des difficultés (1). »

Troisièmement, il n'est pas vrai que M. de Maistre se fût habitué de bonne heure à la forme piémontaise de la royauté. Tout au contraire, cette forme, qu'il appelle de son nom *le gouvernement militaire*, blessait au plus haut point ses habitudes et ses principes de magistrat. Et lorsque la coalition de 1805 rendit un moment au roi de Sardaigne dépouillé par Napoléon l'espoir de recouvrer ses États continentaux, le comte de Maistre le pressa par une lettre très vive de rassurer ses sujets contre le retour de ce régime « qui autorise un jeune étourdi échappé de l'Académie à faire donner de son chef la bastonnade à un homme ». Il atteste que le gouvernement militaire « est redouté à un point qu'on ne peut exprimer »; et pour dernier trait, il condense

1) Albert Blanc, *Mémoires politiques et correspondance diplomatique de Joseph de Maistre*, p. 10-11.

les répugnances générales et les siennes dans ce mot qu'il rapporte « en propres paroles » : *Donnez-nous à qui vous voudrez, même au sophi de Perse ; mais délivrez-nous des majors de place piémontais* (1).

Enfin tout ce que M. Villemain dit des *Considérations* est de pure fantaisie. Ce livre n'a point été publié en 1792, *avant* la Terreur, mais en 1796, *après* la Terreur. Il ne calcule pas les crimes *futurs*, mais juge les crimes *passés*. Il ne prophétise pas les catastrophes avec la clairvoyance de la haine ; il espère, il annonce, il prêche surtout, avec la chaleur de l'amour, la restauration sociale et politique de la France par le rétablissement de sa royauté nationale.

Ce livre, que M. Villemain n'avait pas lu, et qu'il eût pu prendre la peine de lire ne fût-ce que pour s'épargner une telle série d'invraisemblables bévues, se compose de deux parties. La première est une philosophie politique et une philosophie de l'histoire appliquées à la Révolution française. La seconde est une brochure de circonstance composée de considérations rassurantes à l'adresse des gens qu'effrayait la perspective d'une restauration monarchique, et de conjectures, prévisions ou prophéties sur les chances de cette restauration.

L'auteur révélait ainsi avec un égal éclat deux aspects principaux de sa pensée, que ses autres

---

1) Albert BLANC, *Mémoires politiques et correspondance diplomatique de Joseph de Maistre*, p. 8-9.

écrits publics ou confidentiels devaient achever de mettre en lumière. D'une part, il a une doctrine sur la société, sur sa raison d'être et son fondement, sur ses origines historiques, sur le principe générateur des constitutions politiques. D'autre part, témoin attentif et attristé de la grande crise révolutionnaire, il s'applique avec une infatigable persévérance à en pressentir l'issue. Réservant au chapitre suivant l'examen de la doctrine, nous consacrerons celui-ci à l'étude des prévisions.

I

Expliquons-nous tout de suite sur ce ton et ces allures de prophète qu'on a si souvent reprochés au comte de Maistre. Nous touchons ici à l'un des traits les plus profonds et les plus caractéristiques de son génie.

Tout homme qui s'occupe de philosophie de l'histoire et croit connaître quelques-unes des grandes lois auxquelles obéit la marche de l'humanité est inévitablement amené à pressentir et à prédire les applications de ces lois en se servant des données que l'expérience du passé et la connaissance des faits présents lui apportent. Fait-il en cela métier de prophète? non, mais de penseur et d'observateur. Annoncer, quand on voit un peuple livré à l'anarchie et à la tyrannie populaire, qu'il va vers le despotisme d'un seul, prédire à une nation qui perd la foi religieuse qu'elle perdra les vertus morales et les vertus sociales, ce n'est point être prophète, c'est savoir lire les conséquences dans les principes. Et si l'expérience se fait dans des circonstances exceptionnellement favorables par la grandeur des événements et la rigueur logique de leur marche, c'est alors qu'un esprit pénétrant et haut peut s'avancer davantage et voir ou entrevoir avec plus de précision les événements non encore éclos, mais déjà couvés par leurs causes.

Toutefois il y a toujours ici une donnée incomplète ; il y a dans l'objet de ces prévisions quelque chose qui ne peut jamais être calculé rigoureusement, la volonté de l'homme, impossible à prévoir humainement avec certitude parce qu'elle est libre. Impuissante sans doute à déranger le plan de la Providence, elle est cependant capable tantôt de s'arrêter en deçà du point vers lequel on la voyait se diriger, tantôt de vaincre par un brusque élan un obstacle devant lequel elle semblait devoir reculer. La loi ne cesse pas d'avoir son effet dans l'ensemble, les principes de produire leurs conséquences générales ; mais les choses vont d'un pas plus rapide ou plus lent, plus régulier ou plus capricieux qu'on ne l'avait pensé ; et, sous mille influences qu'on n'a pas pu évaluer parce qu'on ne pouvait pas les connaître, le détail est tout autre qu'on ne l'avait auguré.

Ces prophéties, qui ne supposent ni seconde vue

ni inspiration, sont donc d'autant plus risquées qu'elles entrent plus avant dans le détail et que les faits qui leur servent de base expérimentale sont moins complètement connus ; elles deviennent presque une gageure lorsque la loi d'où on les déduit offre elle-même un caractère hypothétique ou vague.

Plus d'une fois, — moins souvent cependant qu'on ne pense, — Joseph de Maistre s'est aventuré, à ses risques, sur ce terrain plein de périls ; et plus d'une fois l'événement y a démenti ses prévisions. En voici un exemple.

Dans un chapitre célèbre des *Considérations*, il bafoue fort justement les constitutions *sur le papier*, fabriquées de toutes pièces à l'usage de l'homme en général, de cet homme abstrait qui fut la chimère de la philosophie du XVIIIe siècle(1). Il ne les croit pas nées viables ; et, quand on lui oppose l'exemple des États-Unis (âgés alors de moins de vingt ans), il commence par l'écarter d'un mot spirituel et juste : « Je ne connais rien de si impatientant que les louanges décernés à cet enfant au maillot : laissez-le grandir (2). » Mais, un peu plus loin, il revient sur ses pas, et, avec une perspicacité supérieure, il démêle dans le passé de ces grandes colonies les

---

1) « La Constitution de 1795, tout comme ses aînées, est faite pour l'*homme*. Or, il n'y a point l'*homme* dans le monde. J'ai vu dans ma vie des Français, des Italiens, des Russes, etc. ; je sais même, grâce à Montesquieu, qu'on peut être Persan ; mais quant à l'*homme*, je déclare ne l'avoir rencontré de ma vie ; s'il existe, c'est bien à mon insu. » (*Considérations*, ch. IV.)

2) *Ibid.*

germes qui se sont épanouis naturellement dans leur constitution ; d'où il conclut à bon droit que les Américains n'ont point commencé, comme nos révolutionnaires idéologues, par faire *table rase*. Puis il continue : « Mais tout ce qu'il y a de véritablement nouveau dans leur constitution, tout ce qui résulte d'une délibération commune, est la chose du monde la plus fragile et n'inspire aucune confiance. Par exemple, les villes déjà existantes n'ayant pu convenir entre elles du lieu où siégerait le Congrès, on a décidé qu'on bâtirait une ville nouvelle qui serait le siège du gouvernement. On a choisi l'emplacement le plus avantageux sur le bord d'un grand fleuve ; on a arrêté que la ville s'appellerait Washington ; la place de tous les édifices publics est marquée ; on a mis la main à l'œuvre, et le plan de la *cité-reine* circule déjà dans toute l'Europe. Essentiellement, il n'y a rien là qui passe les forces du pouvoir humain ; on peut bien bâtir une ville. Néanmoins il y a trop de délibérations, trop d'humanité dans cette affaire, et l'on pourrait gager mille contre un que la ville ne se bâtira pas, ou qu'elle ne s'appellera pas Washington, ou que le Congrès n'y résidera pas (1). »

La ville s'est bâtie ; elle s'est appelée Washington ; le Congrès y a résidé, et y réside.

Voilà donc un pari trois fois perdu. Mais, dans les conditions où il le faisait, l'auteur se doutait bien

---

1) *Considérations*, ch. VIII.

un peu qu'il avait plus d'une chance sur mille de le perdre ; pour qui entend ce que parler veut dire, il n'avait voulu qu'exprimer par une spirituelle hyperbole son peu de confiance dans la durée des institutions américaines. S'il en faut juger par mille bruits qui viennent de l'autre côté de l'Atlantique, peut-être n'avait-il pas tout à fait tort ; et je redirais volontiers comme lui, quatre-vingts ans après lui : « Il n'est pas temps de les citer (1) ».

Quoi qu'il en soit de l'Amérique, les prévisions de Joseph de Maistre n'ont guère été démenties par les suites que quand elles étaient, un peu aventureusement, à date fixe et qu'elles portaient sur des faits

---

1) Portons encore au passif de Joseph de Maistre ses prévisions au sujet de Bernadotte devenu prince royal de Suède par l'adoption de Charles XIII et par le vote des États. Ce qui rendait mauvais le cas de Bernadotte, ce n'était point d'avoir été sergent avant de devenir maréchal de France et prince de Ponte-Corvo, mais bien d'être adopté par un usurpateur. Charles XIII, en effet, n'était pas autre chose. Duc de Sudermanie et oncle du roi Gustave IV, il s'était laissé donner ou fait donner la couronne après l'abdication forcée de celui-ci, bien que la loi fondamentale appelât au trône le fils du roi dépossédé. Joseph de Maistre, condamnant justement cet acte révolutionnaire, augurait mal d'une dynastie qui s'établissait ainsi : « Il ne peut pas être bon et il n'est nullement probable, » écrivait-il en 1811, » que ce personnage commence une race royale en Suède. « Et il ajoutait, plus affirmativement, après la chute de l'Empire : « Bernadotte certainement ne régnera pas. » — Il se trompait encore ; et il est facile de reconnaître ici la répugnance involontaire des âmes généreuses à croire au succès de l'injustice. Il savait cependant que, dans l'ordre politique comme dans l'ordre civil, il faut se résigner à la prescription. Il le dira lui-même un peu plus loin.

particuliers. Dans de telles conditions, il n'avait garde d'oublier que c'étaient, après tout, des conjectures; et ce sous-entendu suffirait à corriger ce qu'elles ont, à première vue, de trop affirmatif. Mais il ne se contente pas du sous-entendu; dès son premier ouvrage, il confesse avec une humilité pleine de noblesse et de mélancolie l'impuissance de l'homme à lever le voile qui couvre l'avenir : « Quand nous avons réuni toutes les probabilités, interrogé l'histoire, discuté tous les doutes et tous les intérêts, nous pouvons encore n'embrasser qu'une nuée trompeuse au lieu de la vérité. Où et quand finira l'ébranlement, et par combien de malheurs devons-nous encore acheter la tranquillité ? Est-ce pour construire que Dieu a renversé, ou bien ses rigueurs sont-elles sans retour ? Hélas ! un nuage sombre couvre l'avenir, et nul œil ne peut percer ces ténèbres (1). » — Et treize ans plus tard, il disait dans l'intimité de la correspondance : « Pour moi, je ne doute nullement de quelque événement extraordinaire; mais la date est indéchiffrable (2).»

Sous ces réserves, il faut bien reconnaître que certains hommes ont eu plus que d'autres le don de voir juste et loin dans l'histoire de l'avenir. Parfois la prodigieuse exactitude des prévisions semble en vérité ne pouvoir s'expliquer que par une inspiration prophétique et surnaturelle. Comment refuser, par exemple, ce caractère aux paroles célèbres qui

1) *Considérations*, ch. VIII.
2) Lettre quarante-troisième, à M. le comte de Blacas (16 juin 1807).

furent prononcées, en 1780, par le P. Beauregard dans la chaire de Notre-Dame de Paris et qui annonçaient, treize ans d'avance, tout le détail des profanations horribles de ce vénérable sanctuaire (1) ?

Mettant même à part ces cas privilégiés, on reconnaîtra du moins que les grands divinateurs ont été tout ensemble des hommes de foi et des hommes de génie. La foi les rendait fermes sur les principes ; le génie fécondait pour eux les faits dont ils étaient les témoins, et leur permettait d'y déchiffrer, comme dans un livre fermé au vulgaire, les indications du plan divin et les signes de l'avenir. Tandis que des esprits plus étroits, se laissant absorber par chaque scène du drame, se trompent sur ses proportions et croient voir un dénoûment dans ce qui n'est qu'un incident, ceux-ci, au contraire, dominent les événements parce qu'ils les regardent de haut ; ils disent à l'un : *Tu n'es qu'un prologue*, à un autre : *Tu n'es qu'une péripétie* ; ils reconnaissent le pied d'argile des colosses devant qui le monde s'incline ; et sans savoir encore d'où et quand roulera le caillou qui les fera tomber, ils sa-

---

1) « Oui, vos temples, Seigneur, seront dépouillés et détruits, vos fêtes abolies, votre nom blasphémé, votre culte proscrit. Mais, qu'entends-je, grand Dieu! que vois-je? Aux saints cantiques qui faisaient retentir les voûtes sacrées en votre honneur succèdent des chants lubriques et profanes! Et toi! divinité infâme du paganisme, impudique Vénus, tu viens ici même prendre audacieusement la place du Dieu vivant, t'asseoir sur le trône du Saint des Saints, et recevoir l'encens coupable de tes nouveaux adorateurs! »

vent et annoncent qu'il roulera de quelque part et accomplira son œuvre tôt ou tard. Comme ils ne se trompent pas aux fausses apparences d'établissements définitifs, de même ils discernent, sous des ruines qui paraissent consommées sans retour, le germe des résurrections futures; ils sont seuls à dire aux premiers : *Nomen habes quod vivas, et mortuus es* (1), ils sont seuls à dire des secondes : *Non mortua est, sed dormit* (2). On les prend pour des rêveurs et des visionnaires, parce que ce qu'ils voient dépasse la vue commune ; souvent ils meurent avant que les faits leur aient donné raison, *parce que les minutes des empires sont les années de la vie d'un homme*. Mais la génération qui les suit, voyant que la marche générale des événements commence à leur donner raison, apprend à les traiter avec plus de respect. Et, — si elle est en état de comprendre quelque chose, — elle comprend, en lisant leurs livres, que la pénétration naturelle de leur génie ne leur eût point suffi pour voir de si loin le cours des choses humaines, et qu'il leur a fallu encore bâtir leur observatoire sur une hauteur bien choisie, sur la foi au gouvernement de la Providence, à la mission divine de l'Église, aux principes constitutifs des sociétés humaines.

Joseph de Maistre est au premier rang dans ce groupe de grands esprits divinateurs. Nous sommes

1) *On te dit vivant, et tu es mort.*
2) *Elle n'est pas morte, mais elle dort.*

déjà mieux placés que les hommes de son temps pour juger les prévisions que sa haute philosophie de l'histoire a tirées des faits prodigieux dont il fut le contemporain ; et dès à présent nous avons le droit de dire que presque toutes étaient justes dans leur ensemble, quelques-unes dans le détail.

II

L'objet principal, on peut dire l'objet unique, de ses contemplations a été la Révolution française. Elle est le centre auquel il les rapporte toutes, et qui les eût faussées en bloc s'il se fût mépris sur son importance, si, par exemple, il n'eût vu qu'un événement comme un autre dans cette grande phase de l'histoire du monde, ou bien s'il eût pris au sérieux, comme un terme final, telle ou telle de ses étapes.

Or, presque tous les hommes de ce temps se partageaient entre ces deux erreurs. A Coblentz, on s'imaginait que le roi rentrerait un jour ou l'autre, qu'alors tout serait dit, et que les sanglantes années de l'interrègne ne laisseraient que le souvenir d'un sombre rêve nocturne entre deux soleils. En France, on crut, sous le Directoire, à l'éternité de la République ; sous Napoléon, à l'éternité de l'Empire et à « la clôture de l'ère des révolutions » (je ne parle pas de ce à quoi on a cru depuis soixante ans). De part et d'autre on se laissait tromper par le fait du jour, et l'on ne savait pas mesurer les proportions de la grande force mystérieuse qui se développait à travers ces incidents éphémères.

Joseph de Maistre ne s'y est pas trompé un seul instant.

« La Révolution française est une grande époque », écrit-il au chapitre II des *Considérations*; « et ses suites dans tous les genres se feront sentir bien au delà du temps de son explosion et des limites de son foyer. »

Quinze ans après, précisant encore sa pensée : « Il y a dans la révolution actuelle quelque chose de particulier et de radical hors de toutes les règles générales, et qui ordonne au véritable observateur de s'attendre à des choses qu'on ne devrait pas prévoir dans d'autres circonstances (1). »

En 1805, il écrit à l'évêque de Nancy : « Plus j'examine ce qui se passe, plus je me persuade que nous assistons à une des grandes époques du genre humain (2). » Il le répète en 1807, après Tilsitt (3). C'est une formule favorite qui exprime une conviction inébranlable. Et de cette conviction en naît une autre, qui se prolongera jusqu'au dernier jour de sa vie, à savoir que le dernier mot n'est pas dit, et que le grand événement n'est pas achevé. En 1809, trois mois après Wagram, il écrit : « Je m'ap-

---

1) Lettre soixante-seizième, à M. le chevalier de ***, 15 août 1811.
2) Lettre dix-neuvième.
3) Lettre quarante-neuvième, à M. le comte d'Avaray.

plaudis d'avoir toujours de nouvelles raisons de vous assurer que la révolution dure toujours, qu'il n'y a point d'exclusion, point d'établissement fixe, et que personne n'a le droit de dire : *C'est fini.* On l'a dit après la bataille de Marengo, on l'a dit après la bataille d'Austerlitz, on l'a dit après celle de Friedland ; mais, malgré toutes les apparences possibles, toujours on s'est trompé (1). » En 1817, sous la seconde Restauration, son langage est à peine modifié. « La révolution qui vient de finir (*à ce qu'on dit*) n'était qu'une préface (2). »

Une *préface* de quoi ? c'est le point capital. Préface d'une destruction plus complète ? Préface d'une renaissance et d'un avenir plus beau que le passé ?

Joseph de Maistre n'hésite pas sur la réponse ; il est indomptablement, même aux plus mauvais jours, du parti de l'espérance.

Il en est parce que, dans les terribles événements de la fin du siècle, la main de Dieu lui est clairement visible, et qu'au delà des sévérités divines il y a toujours en ce monde les miséricordes, au delà des destructions que Dieu permet les reconstructions dont le plan est déjà tracé et dont les matériaux se préparent.

« La Révolution française est une révolution *décrétée* », dit-il au chapitre premier des *Considé-*

---

1) Lettre soixante-cinquième, à M. le comte de ***.
2) Lettre cent trente-troisième, au T. R. P., général de la Compagnie de Jésus.

rations; et il en donne les preuves avec une merveilleuse énergie de pensée et de pinceau : « La première condition d'une telle révolution, c'est que tout ce qui pourrait la prévenir n'existe pas, et que rien ne réussisse à ceux qui veulent l'empêcher. Mais jamais l'*ordre* n'est plus visible, jamais la Providence n'est plus palpable que lorsque l'action supérieure se substitue à celle de l'homme et agit toute seule. C'est ce que nous voyons en ce moment. Ce qu'il y a de plus frappant dans la Révolution française, c'est cette force entraînante qui courbe tous les obstacles. Son tourbillon emporte comme une paille légère tout ce que la force humaine a pu lui opposer; personne n'a contrarié sa marche impunément. La pureté des motifs a pu illustrer l'obstacle, mais c'est tout. La Révolution mène les hommes plus que les hommes ne la mènent. Les scélérats même qui paraissent la conduire n'y entrent que comme de simples instruments; et dès qu'ils ont la prétention de la dominer, ils tombent ignoblement. Plus on examine les personnages en apparence les plus actifs de la Révolution, et plus on trouve en eux quelque chose de passif et de mécanique. On dit fort bien quand on dit qu'*elle va toute seule.* Cette phrase signifie que jamais la Divinité ne s'était montrée d'une manière si claire dans aucun événement humain. Si elle emploie les instruments les plus vils, c'est qu'elle punit pour *régénérer.* »

Joseph de Maistre devait vivre un quart de

siècle (et quel quart!) après avoir affirmé, dans la nuit la plus sombre, sa foi à l'aurore et au soleil. Il y persista toujours, et il en devait reproduire l'expression sous mille formes splendides : « Ce que nous avons vu n'est qu'un préparatif nécessaire. Ne faut-il pas fondre le métal avant de jeter la statue? Ces grandes opérations sont d'une longueur énorme. On peut voir soixante générations de roses ; quel homme peut assister au développement total d'un chêne (1)? » — « Une grande révolution était décrétée, il faut qu'elle s'accomplisse. Lorsqu'une postérité, *qui n'est pas fort éloignée* (2), verra ce qui a résulté de la conjuration de tous les vices, elle se prosternera, pleine d'admiration et de reconnaissance (3). » — « Je ne puis me détacher de mon idée fixe et consolante, que tout ce que nous voyons n'est qu'un avant-propos terrible, et que nous verrons un jour des événements aussi extraordinaires dans le bien que ceux que nous voyons aujourd'hui dans le mal (4). » — « Pour nettoyer la place il fallait des furieux, vous allez maintenant voir arriver l'architecte (5). » — « Le spectacle, à la

---

1) Lettre dix-neuvième, 9 mars 1805.
2) On voit ici une légère *fluctuation ;* mais elle porte sur la partie *flottante,* c'est-à-dire sur la question de durée et de date.
3) Lettre quarante-neuvième, 24 juillet 1807.
4) Lettre soixante-et-onzième, à M. le comte de ***, 20 aout 1810.
5) Lettre quatre-vingt-seizième, à M. le comte de Bray, 16 janvier 1815.

vérité, ne sera ni pour vous ni pour moi ; mais nous pourrons bien dire l'un et l'autre, en prenant congé de cette folle planète (si toutefois il est permis de rappeler Horace dans ce moment) :

> Spem bonam certamque domum reporto (1). »
> (Je rapporte chez moi bonne et sûre espérance.)

Quelle espérance ? celle d'une grande rénovation religieuse et d'un magnifique triomphe de l'Église catholique. « Souvenez-vous de ma prophétie chérie ; cette immense et terrible révolution fut commencée, avec une fureur qui n'a pas d'exemple, *contre le catholicisme*. Le résultat sera *pour le catholicisme* (2). »

Il dit bien, c'est sa prophétie chérie ; c'est autour d'elle que se rangent, comme des conséquences autour de leur principe, toutes ses prévisions consolantes sur l'avenir du monde. Et si l'on dit que cette prophétie-là était bien facile en 1805 après le Concordat et avant la captivité de Pie VII, il faut savoir qu'elle n'est qu'un rappel, qu'un résumé de tout un chapitre des *Considérations* qu'il avait écrit à une époque où l'impiété révolutionnaire était absolument triomphante.

1) Lettre cent trente-troisième, 25 janvier 1817.
2) Lettre vingt-septième, à Mme la baronne de Pont, 30 août 1805.

III

Joseph de Maistre, dans ce chapitre, va droit au péché originel de la Révolution ; et, la *considérant* « dans son caractère antireligieux », il la marque d'un mot indélébile qu'il ne faut pas prendre pour une exagération oratoire, mais pour une qualification juridique, précisant son caractère de révolte violente contre Dieu ou de séparation totale et dédaigneuse d'avec Lui. « Il y a dans la Révolution française un caractère *satanique* qui la distingue de tout ce qu'on a vu, et peut-être de tout ce qu'on verra. Qu'on se rappelle les grandes séances, le discours de Robespierre contre le sacerdoce, l'apostasie solennelle des prêtres, la profanation des objets du culte, l'inauguration de la déesse Raison, et cette foule de scènes inouies où les provinces tâchaient de surpasser Paris ; tout cela sort du cercle ordinaire des crimes et semble appartenir à un autre monde. Et maintenant même (1796) que la Révolution a beaucoup rétrogradé, les grands excès ont disparu, mais les principes subsistent. Quelques hommes de l'époque où nous vivons se sont élevés jusqu'à la haine pour la Divinité ; mais cet affreux tour de force n'est pas nécessaire ;... l'oubli seul de Dieu est un anathème irrévocable sur les ouvrages humains qui en sont flétris. »

Puis, ayant posé ce principe auquel toute l'histoire de notre siècle apporte, effondrement après effondrement, des confirmations formidables, et parlant non plus en homme d'esprit qui risque un pari, mais en philosophe qui sait d'avance le sort des révoltes de l'homme contre Dieu, il annonce à la Révolution qu'elle périra, et que ses fureurs n'auront servi qu'à rendre plus éclatante la victoire du Christ et de son Église. Il y a là une page d'une incomparable magnificence qu'il faut lire tout entière.

« Aujourd'hui, l'expérience » (de l'issue des attaques dirigées contre l'Église depuis sa naissance) « se répète avec des circonstances encore plus favorables ; rien n'y manque de tout ce qui peut la rendre décisive. Soyez donc bien attentifs, vous tous que l'histoire n'a point assez instruits. Vous disiez que le sceptre soutenait la tiare ; eh ! bien, il n'y a plus de sceptre dans la grande arène ; il est brisé, et les morceaux en sont jetés dans la boue. Vous ne saviez pas jusqu'à quel point l'influence d'un sacerdoce riche et puissant pouvait soutenir les dogmes qu'il prêchait ; il n'y a plus de prêtres, on les a chassés, égorgés, avilis, dépouillés ; et ceux qui ont échappé à la guillotine, aux poignards, aux fusillades, aux noyades, à la déportation, reçoivent aujourd'hui l'aumône qu'ils donnaient jadis. Vous craigniez la force de la coutume, l'ascendant de l'autorité, les illusions de l'imagination ; il n'y a plus rien de tout cela, il n'y a plus de coutume, il n'y a plus de maître, l'esprit de chaque homme est à lui.

La philosophie ayant rongé le ciment qui unissait les hommes, il n'y a plus d'agrégations morales. L'autorité civile, favorisant de toutes ses forces le renversement du système ancien, donne aux ennemis du christianisme tout l'appui qu'elle lui accordait jadis; l'esprit humain prend toutes les formes imaginables pour combattre l'ancienne religion nationale. Ces efforts sont applaudis et payés, et les efforts contraires sont des crimes. Vous n'avez plus rien à craindre de l'enchantement des yeux, qui sont toujours les premiers trompés; un appareil pompeux, de vaines cérémonies n'en imposent plus à des hommes devant lesquels on se joue de tout depuis sept ans. Les temples sont fermés ou ne s'ouvrent plus qu'aux délibérations bruyantes et aux bacchanales d'un peuple effréné. Les autels sont renversés ; on a promené dans les rues des animaux immondes sous les vêtements des pontifes ; les coupes sacrées ont servi à d'abominables orgies, et, sur ces autels que la foi antique environne de chérubins éblouis, on a fait monter des prostituées nues. Le philosophisme n'a donc pas de plaintes à faire ; toutes les chances humaines sont en sa faveur ; on fait tout pour lui et tout contre sa rivale. S'il est vainqueur, il ne dira pas comme César : *Je suis venu, j'ai vu, j'ai vaincu ;* mais enfin il aura vaincu ; il peut battre des mains et s'asseoir fièrement sur une croix renversée. Mais si le christianisme sort de cette redoutable épreuve plus pur et plus vigoureux, si Hercule chrétien, fort de sa seule force, soulève *le fils de la terre* et l'étouffe dans ses bras, il s'est révélé divin, *patuit deus* (1). »

Et maintenant, que l'histoire prononce, histoire inachevée sans doute, mais dont la direction et l'issue sont déjà visibles à qui a des yeux pour voir !

Qui donc avait raison ? ceux qui s'asseyaient fièrement sur une croix renversée en disant : *nous avons vaincu* ? ou celui qui voyait dans l'avenir le Christ sortir victorieux de son nouveau sépulcre et se révéler Dieu ?

Un an après son invraisemblable prophétie, l'accomplissement en devenait humainement plus impossible. Pie VI, arraché de Rome par des mains françaises, allait mourir prisonnier à Valence, et c'était *la fin de la papauté*. Mais, trois ans plus tard, la France signait un traité de paix et de concorde avec le successeur de celui qu'on avait appelé le dernier pape ; et Notre-Dame, déshonorée par les fêtes de la Raison, se rouvrait, au bruit du canon des Invalides, pour un *Te Deum* solennel.

Ce n'était point fini cependant, et la Révolution durait toujours. Bientôt la main qui avait signé le Concordat s'abattait brutalement sur la liberté de l'Église et sur la personne même de son chef. Mais « Dieu tonne du haut des cieux ; le redouté capitaine tombe, et l'Église est délivrée (2) » ; le geôlier

---

1) *Considérations*, ch. v.
2) Bossuet, *Oraison funèbre d'Anne de Gonzague*. — Je change un mot ; Bossuet parle de la Pologne. D'ailleurs le gentilhomme de Savoie est ici à un tel niveau de pensée et de style

de Pie VII a des geôliers à son tour; et tous les souverains de l'Europe, sans distinction de catholiques, de protestants ou de schismatiques, ramènent le Pape-Roi dans sa ville au milieu des acclamations de son peuple.

La démonstration n'est pas complète encore. Il faut que tous les appuis humains soient retirés, et que le contraste éclate entre leur fragilité et la solidité indestructible de l'édifice sacré qu'ils semblaient soutenir. Les trônes relevés s'écroulent; le monde est ébranlé par de nouvelles révolutions, animées, comme leur aînée, d'un esprit hostile à l'Église. L'Église demeure, faisant son œuvre, et reprenant peu à peu possession de ces hautes classes sociales qui avaient préparé par leur apostasie le châtiment de 1793; ses ordres religieux refleurissent; les œuvres qu'elle inspire s'épanouissent avec une fécondité merveilleuse; son droit d'enseigner est reconquis au foyer même de la Révolution; et le grand prêtre peut s'écrier, non plus comme un prophète, mais déjà comme un témoin :

> Quelle Jérusalem nouvelle
> Sort du fond du désert, brillante de clartés,
> Et porte sur le front une marque immortelle?
> Peuples de la terre, chantez;
> Jérusalem renaît plus brillante et plus belle (1)

Est-ce tout? pas encore. Il faut que des retours

---

que les citations du grand évêque se présentent d'elles-mêmes et comme de plain-pied à propos des *Considérations sur la France*.

1) RACINE, *Athalie*, acte III, scène VII.

offensifs se produisent et qu'ils aillent jusqu'au bout. Il faut que la papauté, de nouveau chassée par la Révolution, de nouveau rétablie, puis spoliée province après province, succombe enfin sous la complicité des pouvoirs qui avaient juré de la défendre. Et il faut qu'à travers toutes les trahisons et toutes les violences, se déroule avec une splendeur inattendue le plus long pontificat de l'histoire; il faut que la papauté désarmée et enchaînée gouverne l'Église avec une autorité mieux obéie que jamais; il faut que la vitalité de cette Église éclate dans les plus grandes affirmations catholiques que le monde ait entendues depuis bien des âges; il faut que le pape prisonnier demeure plus roi de Rome par sa parole que l'envahisseur par ses baïonnettes; il faut que la figure de Pie IX, dominant tout avec une souveraineté reconnue même de ceux qu'elle irrite, donne d'avance à notre siècle le seul nom qu'il portera dans l'avenir; il faut que de nouveaux exemples viennent confirmer la loi formulée en 1810 par le comte de Maistre à l'adresse du premier des Napoléon dans une lettre à un prédécesseur de Victor-Emmanuel : *Jamais aucun souverain n'a mis la main sur un pape, et n'a pu ensuite se vanter d'un règne long et heureux* (1); il faut que la mort du pontife octogénaire prenne au dépourvu les puissances ennemies qui la guettaient depuis dix ans, et que la transmission de son autorité infaillible

1) Lettre soixante-dixième, au Roi, 25 mai 1810.

s'opère avec une promptitude et une unanimité qui déjouent tous leurs calculs; et enfin (pour ajouter ce que l'histoire écrit aujourd'hui à ce quelle écrivait hier) il faut que les plus acharnés persécuteurs de l'Eglise, avertis par des signes effrayants qu'ils ont fait fausse route et qu'on n'entre pas impunément en lutte contre Dieu, cherchent sous nos regards un moyen de revenir sur leurs pas et de vivre en paix avec cette Église à laquelle ils se flattaient follement de survivre.

Ainsi se vérifie, page par page, la grande prévision du *prophète allobroge*. Nous savions d'avance qu'il avait raison, parce que nous savions que les choses divines ne meurent pas. Mais nous le voyons mieux que nos pères par une expérience qui leur manquait; et nos fils le verront mieux que nous par une expérience qui nous manque.

Certes, le comte de Maistre n'a ni pu ni voulu prévoir toutes les péripéties de cette lutte d'où l'Église sort toujours victorieuse. C'est déjà beaucoup d'avoir deviné en 1819 « qu'il était infiniment probable que les Français donneraient encore une tragédie (1), » sans qu'il faille s'étonner qu'il n'ait pas dit en combien d'actes.

Il y a cependant un point, à la fois très important et très précis, sur lequel il a particularisé ces prévisions. Il a vu que le gallicanisme opposait à la fécondité de la renaissance catholique un obstacle

---

1) Lettre cent cinquante-quatrième, à M. le chevalier d'Olry, 3 mars 1819.

très puissant et très fâcheux qui diminuait la *quantité* et altérait la *qualité* de ce grand mouvement réparateur. Et, dans la même lettre que nous venons de citer, il a annoncé avec une entière assurance que cet obstacle serait vaincu. « Voici ce qui est *certain*, mon cher chevalier. L'esprit religieux, qui n'est pas du tout éteint en France, fera un effort proportionné à la compression qu'il éprouve, suivant la nature *de tous les fluides élastiques*. Il soulèvera des montagnes, il fera des miracles. Le Souverain Pontife et le sacerdoce français s'embrasseront, et, dans cet embrassement sacré, *ils étoufferont les maximes gallicanes*. Alors le clergé français commencera une nouvelle ère, et reconstruira la France ; — et la France prêchera la religion à l'Europe ; — et jamais on n'aura rien vu d'égal à cette propagande ; — et si l'émancipation des catholiques est prononcée en Angleterre, ce qui est possible et même probable, et que la religion parle en Europe français et anglais, souvenez-vous bien de ce que je vous dis, mon très cher auditeur, il n'est rien que vous ne puissiez attendre. »

Laissons de côté ces admirables pressentiments au sujet de l'Angleterre, si bien vérifiés par les progrès du catholicisme dans la grande île, par le développement du puséysme et du ritualisme, par les magnifiques conquêtes de l'Eglise dans l'Amérique anglo-saxonne. Tenons-nous-en au gallicanisme. Le sort qui, grâce à Dieu, l'attendait, pouvait-il être mieux décrit ? N'est-ce pas dans un embrassement sacré de la papauté et de notre saint clergé qu'a disparu comme un fantôme cet obstacle, ce préjugé de tant de pieuses âmes, cette superstition nationale qui séparait à demi la fille aînée d'avec la mère universelle et, sans tarir en France la sève catholique, l'empêchait d'y couler à pleins bords et troublait la limpidité de son cours? Rien cependant ne semblait annoncer encore cette grande victoire de l'esprit d'unité sur l'esprit d'isolement. Les maximes gallicanes dominaient à la cour du roi très chrétien; elle étaient de tradition (d'une tradition récente, mais qui se croyait antique) dans l'épiscopat français presque tout entier; elles présidaient à l'enseignement théologique de la plus grande partie de nos séminaires; tempérées d'ailleurs par un grand fond d'esprit catholique qui avait fait ses preuves contre la tentative schismatique de l'Assemblée constituante, il semblait, — et c'était leur grand danger, — qu'elles fussent devenues presque inoffensives. Le comte de Maistre ne s'est trompé ni sur le péril ni sur l'issue. Une seule chose, et cela au grand honneur de sa modestie, lui a échappé: la part considérable qui lui reviendrait à lui-même, par l'influence posthume de son livre du *Pape*, dans l'honneur de la victoire.

Et la victoire est plus complète encore qu'il ne l'avait annoncé. Le gallicanisme n'a pas été seulement vaincu, il a été détruit sans retour. Il n'était qu'un appel du Pape supposé faillible au Concile reconnu infaillible; et c'est désormais le Concile qui impose à tout catholique la foi à l'infaillibilité pontificale, la foi aux Encycliques, la foi aux décisions et aux condamnations résumées dans le *Syllabus*. Désormais, il n'y a plus deux manières d'être catholique, mais une seule : *la manière du Pape*. Le principe caché de division et de séparatisme qui a fait tant de mal et empêché tant de bien est extirpé jusqu'aux dernières racines ; et la magnifique unité de la sainte Église catholique rayonne désormais dans un ciel sans nuages.

D'ailleurs, il ne semble pas qu'il ait rien dit de trop sur l'action européenne, — et plus qu'européenne, — de la France dans l'œuvre de la renaissance religieuse. Il n'a vu la naissance ni de l'Œuvre de la Propagation de la Foi, ni de la Société de Saint-Vincent de Paul, ni des Petites Sœurs des Pauvres ; je ne sais même s'il a connu la Société du Sacré-Cœur, encore obscure et presque naissante. Mais est-ce que toutes ces institutions, nées sur notre sol et demeurées françaises par leur foyer central, ne sont pas, sous les formes diverses de l'apostolat, de la charité et de l'enseignement, *la France prêchant la religion à l'Europe*, la France travaillant, « ce qui n'est pas peu dire, à produire une fois plus de bien qu'elle n'a causé de mal » ?

V

Ces dernières paroles nous amènent aux prévisions ou aux conjectures du comte de Maistre sur l'avenir de notre pays. Souvenons-nous qu'il ne lui appartenait point. Savoisien de naissance et serviteur inviolable de la maison de Savoie, ses idées sur la France peuvent être discutées, mais on ne saurait y voir les illusions du patriotisme français ou de la fidélité bourbonnienne. Elles méritent tout au moins d'être recueillies comme un témoignage impartial ; et le temps où nous vivons n'est pas de ceux où les sympathies d'un grand homme pour la France soient chose à dédaigner.

Celles du comte de Maistre ont le mérite de la réflexion et de la persévérance, et l'on peut dire qu'elles encadrent toute sa vie d'écrivain. Largement exprimées dans les *Considérations*, elles se laissent apercevoir dans les *Soirées*, elles s'affirment dans sa correspondance. Ce n'est pas assez de dire qu'elles s'affirment ; elles s'imposent. Car elles ne sont pas chez lui inclination, mais doctrine ; ce sont moins des sentiments que des convictions profondes sur le rôle de la France dans les affaires du monde. C'est pourquoi ni son indignation contre les forfaits de la Révolution, ni l'intérêt social qui semblait unir contre elle comme contre un ennemi commun toutes les monarchies européennes, ni son dégoût de gentilhomme catholique pour la démagogie athée, n'obtiennent de lui un seul mot, une seule pensée, contre l'unité et même contre la prépondérance françaises.

Il tient la France pour coupable, bien qu'il ne la confonde point avec les scélérats qui se sont servis d'elle. « Tout attentat commis contre la souveraineté au nom de la nation est toujours plus ou moins un crime national, car c'est toujours plus ou moins la faute de la nation si un nombre quelconque de factieux s'est mis en état de commettre le crime en son nom. Ainsi, tous les Français, sans doute, n'ont pas *voulu* la mort de Louis XVI ; mais l'immense majorité du peuple a voulu, pendant plus de deux ans, toutes les folies, toutes les injustices, tous les attentats qui amenèrent la catastrophe du 21 janvier (1). »

Il la tient en conséquence pour punissable, et pour justement punie par la Révolution elle-même, non seulement de ce crime culminant, mais du long crime préparatoire qui a rempli le xviiie siècle. « Tous ceux qui y ont trempé ont voulu la Révolution, et tous ceux qui l'ont voulue en ont été justement les victimes. »

Mais rien de tout cela ne lui fait oublier « que la France exerce sur l'Europe une véritable magistrature ; que la Providence, qui proportionne toujours les moyens à la fin et qui donne aux nations, comme aux individus, les organes nécessaires à leur destination, a donné à la nation française deux instruments, et, pour ainsi dire, deux bras avec lesquels elle remue le monde : la langue, et l'esprit de prosélytisme qui forme l'essence de son caractère, en sorte qu'elle a constamment le besoin et le

1) *Considérations*, ch. ii.

pouvoir d'influencer les hommes (1). » Il estime que ces dons magnifiques, détournés de leur voie, peuvent et doivent y revenir, et que s'il se fait en Europe une contre-révolution morale faute de laquelle le lien social sera dissous, c'est la France qui sera appelée à la produire (2). C'est pourquoi, sous la Convention même, il juge avec une extrême sévérité, dans l'abandon de la correspondance intime, les desseins de la coalition et s'applaudit de leur insuccès : « D'autres nations, ou, pour mieux dire, leurs chefs, ont voulu profiter, contre toutes les règles de la morale, d'une fièvre chaude qui était venue assaillir les Français, pour se jeter sur leur pays et le partager entre eux. La Providence a dit que non ; toujours elle fait bien, mais jamais plus visiblement à mon avis. Aussi ne désiré-je les succès de la coalition que contre le jacobinisme, parce que je vois dans la destruction de la France le germe de deux siècles de massacres, la sanction des maximes du plus odieux machiavélisme, l'abrutissement irrévocable de l'espèce humaine, et même, ce qui vous étonnerait beaucoup, une plaie mortelle à la religion (3). »

Il ne faut donc point s'étonner de voir ce royaliste battre des mains aux victoires des armées ré-

---

1) *Considérations*, ch. II.
2) *Ibid.*
3) Lettre troisième, à M. le baron Vignet des Etoles, 29 octobre 1794. — J'ai cité plus haut les premières lignes de ce passage. Mais elles étaient trop nécessaires ici pour que je pusse me dispenser de les citer encore.

publicaines, et cela dans le livre même où il annonce la fin de la République et prêche à la France le rétablissement de la royauté nationale. Par une hypothèse hardie, il suppose l'armée devenue tout à coup royaliste au temps même de la Terreur, et voici le langage qu'il prête à ses chefs : « Il nous est dur sans doute de combattre pour le Comité de salut public ; mais il y aurait quelque chose de plus fatal encore, ce serait de tourner nos armes contre lui. A l'instant où l'armée se mêlera de politique, l'État sera dissous ; et les ennemis de la France, profitant de ce moment de dissolution, la pénétreront et la diviseront. Ce n'est point pour ce moment que nous devons agir, mais pour la suite des temps ; il s'agit surtout de maintenir l'intégrité de la France ; et nous ne le pouvons qu'en combattant pour le gouvernement quel qu'il soit ; car, de cette manière, la France, malgré ses déchirements intérieurs, conservera sa force militaire et son influence extérieure. A le bien prendre, ce n'est point pour le gouvernement que nous combattons, mais pour le roi futur qui nous devra un empire plus grand peut-être que ne le trouva la Révolution (1). »

On voit, par ces courts passages, qu'à la date de 1797, le comte de Maistre ne séparait pas dans ses espérances la restauration de la France d'avec la restauration de la royauté. L'une et l'autre prévision semblait raisonnable. L'Europe et la France

---

1). *Considérations*, ch. II.

étaient également fatiguées, l'Europe de guerres stériles, la France de révolutions et d'anarchie. En vain la Convention avait prétendu perpétuer son esprit et son personnel dans la constitution directoriale; le renouvellement par tiers du conseil des Anciens et du conseil des Cinq-Cents renforçait chaque année les rangs contre-révolutionnaires, et le fonctionnement régulier du nouveau régime formait déjà dans les deux assemblées une majorité royaliste. Le coup d'Etat de fructidor vint tout ajourner, et montra en même temps aux plus aveugles ce que les partis révolutionnaires savent faire de leur grand principe de la souveraineté nationale toutes les fois qu'il les gêne. La Révolution, après s'être prolongée trois ans encore dans l'anarchie du dedans et dans les désastres du dehors, allait entrer dans une nouvelle phase et aboutir à un établissement en apparence définitif. Les conjectures du comte de Maistre, brusquement démenties par un coup de force, allaient être déconcertées par un régime imprévu, à la fois révolutionnaire et contre-révolutionnaire.

L'établissement impérial posa en effet devant son ferme et large esprit une question bien faite pour le troubler. Il savait par l'histoire que plus d'une fois « il y a eu des usurpations très criminelles dans leur principe, auxquelles cependant il a plu à la Providence d'apposer le sceau de la légitimité par une longue possession », ajoutons, pour compléter sa pensée, par l'extinction ou la renonciation de la race légitime. « L'auguste maison de Bourbon serait-elle *usée* et condamnée (*quod abominor*) par un de ces jugements de la Providence dont il est impossible de se rendre compte? doit-elle au contraire reprendre sa place? » Quoi qu'il en puisse être de ce terrible dilemme, l'Empire lui paraît être un grand coup porté à la Révolution, parce qu'il doit « ou commencer une nouvelle race, ou rétablir toutes les bases de la monarchie sans qu'il en coûte la moindre défaveur au principe légitime (1) », puis disparaître d'une manière ou d'une autre quand tout sera prêt pour la restauration de l'ordre véritable.

Le *quod abominor* montre assez que son cœur ne balance pas entre les deux hypothèses. Mais il est bon de remarquer que son esprit, qui les a posées toutes deux par devoir de conscience scientifique, se range bien vite du même côté que son cœur. « En me dépouillant, autant qu'il est possible à l'homme, de toute espèce d'illusion de devoir et d'inclination, je crois donc qu'il est impossible que Bonaparte établisse une nouvelle dynastie. *Je me crois fondé à croire* que sa commission est de rétablir la monarchie et d'ouvrir tous les yeux en arrêtant également les royalistes et les jacobins, après quoi il disparaîtra, lui ou sa race. Quant à l'époque, il serait téméraire de la conjecturer ; tout homme sage doit dire : *Nescio diem neque ho-*

1) Lettre onzième, à Mme la baronne de Pont, juillet 1804.

ram (1). » Et il donne ses raisons empruntées à l'expérience de l'histoire.

La remarquable lettre où nous lisons ces passages indique très exactement la ligne que suivit la pensée du comte de Maistre pendant tout l'Empire. L'idée d'une nouvelle dynastie ne lui apparut jamais que comme une *possibilité métaphysique*, comme une de ces hypothèses qu'il faut envisager pour ne rien négliger, mais qu'on a le droit de repousser ensuite au nom de l'histoire comme de la morale. Combien cela durera, il n'en sait rien, et il est réduit à conjecturer d'après les événements. « Tout annonce que son règne sera long (2) », écrit-il après Tilsit; et en effet tout ne l'annonçait-il pas? Et il disait à la même époque avec une fierté héroïque : *L'Europe est à Bonaparte, mais nos cœurs sont à nous.*

Mais, dès 1809, après l'attentat de Bayonne qui confisquait l'Espagne, et l'attentat de Rome qui confisquait la papauté, il ne croit plus même à la durée éphémère du pouvoir impérial. Il considère comme une véritable tentation la seule pensée d'y croire. « Quoique ses prodigieux succès fassent nécessairement entrer des doutes dans tous les esprits, il faut s'en tenir aux principes qui défendent de regarder cet homme comme un souverain, chef d'une race; mais combien de souverains légitimes et puissants auront peut-être envié sa puissance

---

1) *Ibid.*
2) Lettre cinquantième, à M. le chevalier de ***, 13 décembre 1807.

dans leur cœur! C'est tout comme s'ils avaient envié la force physique des portefaix. Celle de Napoléon n'est point du tout royale; elle est révolutionnaire (1). Pour moi, si le grand Napoléon doit établir une dynastie légitime et durable, je renonce de tout mon cœur à ma qualité d'être raisonnable (2). »

A cette époque il est presque seul en Europe à tenir les yeux fixés sur la vieille royauté française, et il annonce son rétablissement avec un élan d'espérance. « Qui aurait pu prévoir les événements d'Espagne? Toujours il sortira quelque chose de dessous terre qui prolongera les convulsions, et l'on ne cessera de se massacrer jusqu'à ce que la maison de Bourbon soit à sa place. Lorsque l'on arrache une maison royale de la sienne, le vide qu'elle laisse se remplit tout de suite de sang humain; mais le vide laissé par la maison de France est un gouffre. » Puis, ayant impitoyablement énuméré toutes les invraisemblances d'une restauration, il conclut : « Tout semble annoncer la fin de cette grande maison; n'importe, je persiste à croire qu'elle reviendra sur l'eau (3). »

Elle revint, en effet, non pas sans doute dans les conditions que son fidèle ami avait rêvées pour elle, mais à temps pour empêcher le démembrement de

---

1) *Correspondance diplomatique*, vol. I, p. 10, 24 mai 1811.
2) *Ibid.*, p. 48, 28 janvier 1812.
3) Lettre soixante-cinquième, à M. le comte de ***, 2 octobre 1809.

la France. Même après la campagne de Russie, le comte de Maistre croyait la France invulnérable ; et s'il prévoyait pour elle la perte de bien des conquêtes, il ne redoutait pas l'invasion de son territoire vraiment national. Certes il n'avait pas tort ; pas un soldat étranger n'eût été vu de notre côté du Rhin sans le délire incroyable qui poussa Napoléon à rejeter les propositions de Francfort. Quand ce délire eut attiré toute l'Europe sur notre sol, il comprit à merveille l'énorme difficulté que la coïncidence de l'invasion et de la Restauration allait apporter à celle-ci ; il prévit la funeste puissance du mensonge historique qui devait détourner de Napoléon la responsabilité des malheurs et des humiliations politiques de la France pour la rejeter sur la Royauté qui fut alors la seule sauvegarde de notre existence et de notre honneur. Aussi eût-il souhaité que la coalition victorieuse, sachant prendre les choses de haut, et reconnaissant dans la maison de Bourbon « la clef de voûte de l'ordre européen », fît au *royaume de France* des conditions moins dures et prévînt ainsi le crime des Cent-Jours qui allait rendre l'humiliation plus profonde et la difficulté plus inextricable. « Une province en Flandre aurait peut-être tout prévenu (1). »

C'est pourquoi, réservant toute son indignation pour « l'homme de l'île d'Elbe », il juge avec une extrême indulgence le sentiment qui a rejeté l'armée

1) Lettre quatre-vingt-dix-septième, à M. le chevalier de ***, 29 mars 1815.

française dans les bras de son ancien chef. « Cet attachement est la chose du monde la plus naturelle ; c'est la suite inévitable du traité de Paris, qui a créé nécessairement un fanatisme militaire en faveur de Bonaparte. Dans le vrai, c'est lui qui a fait conquérir la France, c'est lui qui a mené les alliés à Paris ; mais la foule, et surtout le soldat, n'est pas capable de ces sortes de raisonnements. Bonaparte leur dit : *Vous voyez où vous en êtes ! Mes aigles vous menaient au bout du monde ; les lys vous avilissent...* C'est plus qu'il n'en faut pour créer l'enthousiasme militaire (1). »

Il ne prévoyait pas avec moins de sûreté les embarras que l'esprit révolutionnaire, discipliné plutôt qu'étouffé par l'Empire, allait créer à la Restauration. « On se tromperait infiniment, » écrivait-il à sa cour en 1814, « si l'on croyait que Louis XVIII est remonté sur le trône de ses ancêtres. Il est seulement remonté sur le trône de Bonaparte, et c'est déjà un grand bonheur pour l'humanité ; mais nous sommes bien loin du repos (2). ».

Quatre ans plus tard, il voyait se réaliser avec une rapidité alarmante le côté sombre de ses pressentiments. L'esprit révolutionnaire s'accentuait de jour en jour ; le moment n'était pas éloigné où l'évidence de ses progrès et de ses projets allaient dissiper les illusions de beaucoup de royalistes libéraux et les rejeter, à la suite de M. de Serre,

1) *Correspondance diplomatique*, II, p. 66-67, 28 avril 1815.
2) *Ibid.* I, p. 379, 6 juillet 1814.

dans le parti de la résistance. « L'état présent de l'Europe fait horreur, et celui de la France en particulier est inconcevable. La peinture que vous me faites d'un seul département convient, en plus ou en moins, à tous les autres. La Révolution est debout sans doute, et non seulement elle est debout, mais elle marche, elle court, elle rue. — Rangez-vous, messieurs et mesdames. La seule différence que j'aperçois entre cette époque et celle du grand Robespierre, c'est qu'alors les têtes tombaient et qu'aujourd'hui elles tournent. J'ai peine à croire que l'état actuel ne finisse pas de quelque manière extraordinaire et peut-être sanglante (1). »

Il voyait tout compromis; il ne croyait pas tout perdu. Le *spem bonam certamque domum reporto* survivait dans son âme, toujours au fond, souvent à la surface. Mais il ne croyait pas que les choses dussent aller toutes seules, ni que les petits moyens politiques pussent suffire à guérir la grande blessure et à vaincre le grand ennemi. Il estimait que, le mal étant surtout moral, le remède devait avoir le même caractère et agir directement sur les âmes. Ce qu'il avait prêché à la Russie en 1810, il le prêchait plus fortement et plus librement à la France en 1814 : « *Surtout* il faut rétablir les ordres enseignants et christianiser l'éducation (2). »

Ces courtes paroles nous disent assez à quelles

---

1) Lettre cent cinquante-quatrième, à M. le chevalier d'Olry, 3 mars 1819.
2) Lettre à M. le comte de Blacas, 22 mai 1814. (Inédit.)

conditions il jugeait que la restauration de la monarchie pouvait être la pleine restauration de la France. Confiant dans le fonds excellent d'esprit catholique que la maison de Bourbon n'avait jamais entièrement perdu même au plus fort de ses démêlés avec le Saint-Siège, il voulait que la royauté rétablie fût vraiment la royauté chrétienne, et qu'avant tout elle laissât le champ libre à l'Église pour faire son œuvre de salut. Il savait à quel point la génération élevée pendant la période révolutionnaire était atteinte du mal qu'il s'agissait de guérir, et il comptait moins sur elle que sur celle qui allait lui succéder, moins sur le présent que sur l'avenir. A la politique de tirer du présent le meilleur parti possible, de réparer ce qu'elle pourrait de ruines en conduisant les affaires publiques avec sagesse, avec suite et avec vigueur, en utilisant les bonnes volontés toutes prêtes et en encourageant les bonnes volontés naissantes, en paralysant par les lois et le gouvernement toutes les influences malsaines. Mais à l'éducation de préparer une génération meilleure en versant année par année dans les cadres de la nation un contingent d'hommes formés par une haute culture intellectuelle, disciplinés à la pratique du devoir, préservés de toutes les contagions révolutionnaires, fermement appuyés sur les principes chrétiens, préparés et résolus à servir l'Église et la Royauté dans la grande œuvre de la reconstitution sociale.

C'était là le vrai programme à suivre si l'on voulait faire une œuvre durable et profonde et ne pas se contenter de vivre au jour le jour en combattant le mal dans ses effets visibles sans chercher à l'atteindre dans ses causes. On y pensa confusément. Mais il s'en fallait, hélas! que tous les hommes d'État de ce temps partageassent en ce point capital les convictions clairvoyantes du comte de Maistre. De ceux qui les partageaient en principe, la plupart ne surent point, au milieu des nécessités vraies ou supposées de la politique quotidienne, garder assez de liberté d'esprit pour les appliquer avec persévérance. Enfin la grande erreur fut de croire que la *christianisation de l'éducation* pourrait se faire à l'aide du monopole universitaire légué par Napoléon. L'outil semblait commode; il mettait dans la main de l'État tout les rouages administratifs de l'éducation nationale, conseil royal, recteurs, inspecteurs de tous ordres et de tout degré; on crut qu'on pourrait à son gré diriger administrativement l'*esprit* de ce grand corps, et que ce qui avait été sous l'Empire un instrument de règne pourrait devenir sous la Royauté un instrument d'éducation chrétienne. On se trompait gravement. Expression de la société française telle que la Révolution l'avait faite, l'Université de l'État était profondément et nécessairement atteinte de tous les maux qu'il s'agissait de guérir; et c'était un véritable contre-sens de la prendre pour médecin. L'inspection la plus vigilante, la répression la plus sévère de tous les écarts saisissables étaient impuissantes à renouveler son âme et à la rendre chrétienne par le fond de ses entrailles. Tout l'effet de cette discipline extérieure devait être extérieur comme elle et ne pouvait aboutir qu'à *faire rentrer la maladie éruptive.*

Un seul chemin pouvait conduire au but : la liberté rendue à l'Église de remplir vis-à-vis de la France, au moyen de son sacerdoce et de ses ordres religieux, son universelle mission d'enseignement. La solennelle reconnaissance de son droit eût été tout ensemble un grand acte de foi nationale et une mesure décisive de salut social. Qui sait les effets qu'auraient eus la loi de 1850 et la loi de 1875 arrivant un demi-siècle plus tôt et dans des conditions qui eussent permis de les faire meilleures? ou plutôt qui peut douter du puissant concours qu'elles eussent apporté à la reconstruction de la France chrétienne, étant appliquées par un pouvoir qui n'aurait pas eu peur de la liberté de l'Église?

La royauté n'en aurait pas eu peur si sa liberté eût été entière; et ce n'est pas sa faute si ce bienfait, le plus grand de tous, ne couronna pas les services magnifiques qu'elle rendit à la France. Mais on sait trop à travers quels obstacles et quelle « lutte pour la vie » il lui fallut suivre sa route, quelles concessions lui furent arrachées par le parti qui poursuivait à la fois sa ruine et la ruine de l'Église. On sait aussi comment, en cette rencontre, les vieux préjugés du gallicanisme parlementaire servirent, sans le vouloir, les intérêts de la Révolution. L'Université garda donc son monopole et resta ce qu'elle était : quant à son personnel, un mélange d'éléments contraires; quant à son influence, une école de scepticisme ou d'indifférence en matière de religion. Les deux générations qu'elle forma en quinze ans furent *rationalisées* au lieu d'être christianisées et apportèrent un obstacle au lieu d'un concours à l'œuvre que la France catholique attendait. On en a vu les suites.

Ces suites, en tout conformes aux craintes du comte de Maistre, lui ont donné raison par le démenti même qu'elles ont infligé à ses espérances; l'avenir a été mauvais faute des préparations qu'il avait conseillées et qui l'eussent rendu meilleur. Aujourd'hui encore sa voix prophétique nous fait entendre le même avertissement, plus profond et plus solennel en face d'un complot désormais démasqué. Puisque tout le plan de *l'ennemi* est de déchristianiser la France en déchristianisant l'éducation, la liberté de l'éducation chrétienne doit être pour nous le plus cher des trésors. En combattant pour elle nous combattons véritablement pour les foyers et pour les autels, pour le salut des âmes et pour le salut de la patrie.

CHAPITRE IV

LA DOCTRINE SOCIALE ET POLITIQUE

En rapportant les sentiments du comte de Maistre pour la France, ses prévisions sur notre avenir, sa foi invincible à la restauration de notre monarchie nationale, j'ai fait remarquer que chez ce gentilhomme de Savoie, serviteur et représentant du roi de Sardaigne, ces sympathies et ces croyances ne pouvaient être attribuées à quelque engagement de parti ou à quelque tradition de fidélité bourbonnienne. J'aurais pu ajouter que chez ce haut et libre esprit, si le cœur échauffe les convictions, ce qui est bien son droit et même son office, il ne les crée jamais. Derrière ses jugements sur les faits et sur les hommes, il y a toujours autre chose qu'une impression de la sensibilité ; il y a une doctrine. Et derrière la doctrine, il y a des principes. Je me propose, dans ce chapitre, d'exposer et d'apprécier ces principes et cette doctrine dans l'ordre social et politique, et de les suivre dans leurs applications principales.

Nous rencontrons tout d'abord deux thèses fondamentales, opposées l'une et l'autre à la théorie et à la méthode révolutionnaires : la thèse *du droit divin*, la thèse des *constitutions naturelles*.

I

Le premier principe de la Révolution est celui-ci : *La Société civile et politique est un fait purement humain, résultant d'un contrat comme les autres. Par conséquent, l'autorité vient des hommes et de l'accord de leurs libres volontés; il est inutile d'en chercher en Dieu la source et le fondement ; et quant à savoir si Dieu existe ou n'existe pas, c'est une question métaphysique dont la solution n'intéresse point l'ordre social.*»

Ce principe, qui est le péché originel de la Révolution, — son grand *anathème,* comme dit Joseph de Maistre, — a pris des formes diverses depuis un siècle. Sous la Constituante il s'associe encore avec un reste de courtoisie pour ce Dieu dont on va taire absolument les droits dans la *déclaration* solennelle où *les droits de l'homme* seront énumérés avec tant de complaisance ; le préambule de cet acte contient ces mots : « En présence et *sous les auspices* de l'Être suprême (1). » Sous la Convention, c'est une fièvre aiguë d'impiété ; on s'élève, disent énergiquement les *Considérations*, jusqu'à la haine de Dieu. Sous le Directoire, c'est un oubli méprisant ; durant cette misérable période, il n'est pas plus question de Dieu que s'il ne restait pas une raison de soupçonner ou de redouter son existence ; on est débarrassé de lui pour toujours, et l'on peut vivre tranquille, comme la suite le fit bien voir. De notre temps, à l'heure même où j'écris, sous les plus transparents euphémismes, on reprend et l'on poursuit au grand jour le dessein de bannir Dieu non plus seulement des lois, chose à peu près faite, mais de l'éducation ; on vient de l'en expulser par la force, voyant qu'il ne consentait pas à se retirer de bonne grâce. Si jamais nous sortons ressuscités du désordre où nous nous agitons depuis près d'un siècle, ce ne sera pas un de nos moindres étonnements que des sociétés européennes aient oublié leurs lois fondamentales au point de se proposer comme un idéal le contre-pied même de leurs conditions d'existence ; que des peuples chrétiens aient cru assurer leur avenir en éliminant le christianisme de leurs institutions ; que des nations civilisées aient formé sérieusement et poursuivi obstinément le projet (plus chimérique, selon Plu-

---

1) Il y a lieu de croire que personne, dans l'Assemblée, ne soupçonna le ridicule de cette rédaction, et que le plus grand nombre la jugea noble et éloquente. La langue de ce temps-là était pervertie au même degré que ses idées.

tarque, que celui d'une ville en l'air) d'un État sans Dieu.

Telle est la thèse à laquelle Joseph de Maistre oppose la sienne, qui est celle-ci : *La société politique est une œuvre divine, parce qu'elle est la conséquence et le développement nécessaire de la nature humaine telle que Dieu l'a faite. Par conséquent, l'autorité sociale, la souveraineté, quelle que soit sa forme, est de droit divin comme la société elle-même, puisqu'elle est la condition d'existence et le principe vital de l'état social.*

Ceci est en effet le principe fondamental qu'on ne peut ébranler sans que tout chancelle, détruire sans que tout périsse. Sans lui il n'y a plus de base à la société politique, par conséquent plus de légitimité ni de stabilité ; le fait brutal s'installe à la place du droit disparu ; et il faut aboutir à cette formule qui est la quintessence de la Révolution et qui figure à ce titre dans le Syllabus : *L'autorité n'est rien autre chose que la somme du nombre et des forces matérielles* (1). Et dès lors la porte est grande ouverte tout à la fois au plus absolu despotisme et à la plus parfaite anarchie : au despotisme, car dès l'instant où une force quelconque prévaut décidément sur les autres, elle est tout à fait dans son droit de les asservir ou de les écraser ; à l'anarchie, car les forces vaincues gardent le droit de faire de leur mieux pour prendre le dessus à leur tour et pour

---

1) *Auctoritas nihil aliud est nisi numeri et materialium virium summa* (Prop. LX).

cation, mais où le grand penseur et le grand écrivain étaient déjà tout entiers, et où se trouvaient les racines de cette haute philosophie politique qui devait pousser en tout sens des jets si vigoureux.

Après trois quarts de siècle, l'*Étude sur la souveraineté* fut tirée du portefeuille où le jugement trop sévère de son auteur l'avait tenue captive. Malheureusement cette publication, qui devait ajouter un très beau rayon à sa gloire et une nouvelle lumière à celles qu'avaient déjà répandues ses autres écrits, ne devança que de quelques mois l'immense effondrement de la funeste année 1870. La leçon du livre fut comme étouffée par la leçon des désastres, hélas! si peu comprise encore; et l'on peut dire qu'il lui faut une seconde naissance comme il en fallut une en 1814 aux *Considérations*, étouffées, elles aussi, par le bruit des armes. Le temps de cette renaissance est venu; l'*Étude sur la souveraineté* est appelée à tenir une place d'honneur en tête des écrits politiques du comte de Maistre, dans cette édition anthentique de ses œuvres complètes que sa famille prépare et que toute la catholicité attend avec impatience. C'est dans les premières pages de ce livre que nous trouverons l'exposé vainement cherché ailleurs.

« On a disputé avec chaleur pour savoir si la souveraineté venait de Dieu ou des hommes; mais je ne sais si l'on a observé que les deux propositions peuvent être vraies.

» Il est très vrai, dans un sens inférieur et grossier, que la souveraineté est fondée sur le consentement humain ; car si un peuple quelconque s'accordait tout à coup pour ne pas obéir, la souveraineté disparaîtrait, et il est impossible d'imaginer l'établissement d'une souveraineté sans imaginer un peuple qui consent à obéir. Si donc les adversaires de l'origine divine de la souveraineté ne veulent dire que cela, ils ont raison, et il est fort inutile de disputer. Dieu n'ayant pas jugé à propos d'employer des instruments surnaturels pour l'établissement des empires, il est sûr que tout a dû se faire par des hommes. Mais dire que la souveraineté ne vient pas de Dieu parce qu'il se sert des hommes pour l'établir, c'est dire qu'il n'est pas le créateur de l'homme parce que nous avons tous un père et une mère.

» Tous les théistes de l'univers conviendront, sans doute, que celui qui viole les lois s'oppose à la volonté divine et se rend coupable devant Dieu quoiqu'il ne viole que des ordonnances humaines. Car c'est Dieu qui a créé l'homme sociable ; et puisqu'il a *voulu* la société, il a *voulu* aussi la souveraineté et les lois sans lesquelles il n'y a point de société (1). »

Ici, tout le dix-huitième siècle, en chœur, arrête le philosophe chrétien, et oppose à l'idée de la société voulue par Dieu l'idée de l'*homme de la na-*

---

1) *Étude sur la souveraineté*, l. I, ch. I.

l'Être suprême (1). » Sous la Convention, c'est une fièvre aiguë d'impiété ; on s'élève, disent énergiquement les *Considérations*, jusqu'à la haine de Dieu. Sous le Directoire, c'est un oubli méprisant ; durant cette misérable période, il n'est pas plus question de Dieu que s'il ne restait pas une raison de soupçonner ou de redouter son existence ; on est débarrassé de lui pour toujours, et l'on peut vivre tranquille, comme la suite le fit bien voir. De notre temps, à l'heure même où j'écris, sous les plus transparents euphémismes, on reprend et l'on poursuit au grand jour le dessein de bannir Dieu non plus seulement des lois, chose à peu près faite, mais de l'éducation ; on vient de l'en expulser par la force, voyant qu'il ne consentait pas à se retirer de bonne grâce. Si jamais nous sortons ressuscités du désordre où nous nous agitons depuis près d'un siècle, ce ne sera pas un de nos moindres étonnements que des sociétés européennes aient oublié leurs lois fondamentales au point de se proposer comme un idéal le contre-pied même de leurs conditions d'existence ; que des peuples chrétiens aient cru assurer leur avenir en éliminant le christianisme de leurs institutions ; que des nations civilisées aient formé sérieusement et poursuivi obstinément le projet (plus chimérique, selon Plu-

---

1) Il y a lieu de croire que personne, dans l'Assemblée, ne soupçonna le ridicule de cette rédaction, et que le plus grand nombre la jugea noble et éloquente. La langue de ce temps-là était pervertie au même degré que ses idées.

tarque, que celui d'une ville en l'air) d'un État sans Dieu.

Telle est la thèse à laquelle Joseph de Maistre oppose la sienne, qui est celle-ci : *La société politique est une œuvre divine, parce qu'elle est la conséquence et le développement nécessaire de la nature humaine telle que Dieu l'a faite. Par conséquent, l'autorité sociale, la souveraineté, quelle que soit sa forme, est de droit divin comme la société elle-même, puisqu'elle est la condition d'existence et le principe vital de l'état social.*

Ceci est en effet le principe fondamental qu'on ne peut ébranler sans que tout chancelle, détruire sans que tout périsse. Sans lui il n'y a plus de base à la société politique, par conséquent plus de légitimité ni de stabilité ; le fait brutal s'installe à la place du droit disparu ; et il faut aboutir à cette formule qui est la quintessence de la Révolution et qui figure à ce titre dans le Syllabus : *L'autorité n'est rien autre chose que la somme du nombre et des forces matérielles* (1). Et dès lors la porte est grande ouverte tout à la fois au plus absolu despotisme et à la plus parfaite anarchie : au despotisme, car dès l'instant où une force quelconque prévaut décidément sur les autres, elle est tout à fait dans son droit de les asservir ou de les écraser ; à l'anarchie, car les forces vaincues gardent le droit de faire de leur mieux pour prendre le dessus à leur tour et pour

1) *Auctoritas nihil aliud est nisi numeri et materialium virium summa* (Prop. LX).

mettre de leur côté cette *raison du plus fort* qui n'était que la meilleure au temps du loup de La Fontaine, qui sera la seule dans les civilisations bâties sur le principe révolutionnaire.

La souveraineté politique est donc de droit divin comme la souveraineté domestique, bien qu'il y ait entre les deux sociétés et, par suite, entre les deux souverainetés, des distinctions bonnes à rappeler sommairement.

La famille est nécessaire (et dès lors divine), d'une nécessité plus absolue que l'État, d'une *nécessité d'existence* pour le genre humain qui *périrait* sans elle ; il faut bien que chaque homme ait un père et une mère. La société politique est nécessaire d'une *nécessité de développement;* le genre humain *végéterait* sans elle. De plus, l'autorité sociale domestique est monarchique de droit divin, de ce droit divin qui est le droit naturel de la paternité. La forme du gouvernement est déterminée, et aussi la personne ; le fait de la paternité investit et sacre le père, sans que le consentement des fils soit nécessaire pour qu'il exerce sur eux une véritable délégation de l'autorité divine. Dans la société politique, ce qui est de droit divin, c'est l'autorité sociale en soi. Mais à l'origine, à la naissance des peuples, ni la forme, ni la personne ou les personnes, ne sont déterminées par une loi générale ; il y a là une matière pour le consentement humain, et la petite part de l'homme est reconnaissable à côté de la grande et souveraine part de Dieu. Si la doctrine du contrat social ne voulait dire que cela, si elle ne portait que sur ces points indéterminés et variables, et non pas sur l'existence même de la société et de l'autorité, elle serait raisonnable, du moins en théorie idéale, au lieu d'être absurde; et elle n'aurait plus que le tort de désigner une idée juste par un mot qui suggère l'idée historiquement très fausse d'une délibération en règle et d'une convention expresse, lesquelles, en fait, ne se retrouvent nulle part à l'origine des sociétés politiques.

Ces principes sont manifestement la base de toute la doctrine politique du comte de Maistre. Cependant nous ne les trouvons exposés *ex professo* ni dans les *Considérations*, ni dans l'*Essai sur le principe générateur,* ni dans aucun autre ouvrage publié par lui-même ou peu de temps après sa mort. Pour tout lecteur familiarisé avec les habitudes de ce grand esprit, il y avait là une lacune étrange, et l'on pouvait gager qu'en cherchant bien dans les pages manuscrites, on trouverait de quoi la remplir.

L'exposé doctrinal existait, en effet, dans une *Étude sur la souveraineté* composée à Lausanne, de 1794 à 1796, ouvrage « écrit à la hâte et jamais relu », dit une note de l'auteur datée de 1815. Et cette « esquisse inachevée, » comme il l'appelle dans une autre note, était simplement une œuvre de premier ordre où certaines pages, sans doute, appelaient une retouche, certains détails une rectification, certains mots une correction ou une expli-

» Il est très vrai, dans un sens inférieur et grossier, que la souveraineté est fondée sur le consentement humain ; car si un peuple quelconque s'accordait tout à coup pour ne pas obéir, la souveraineté disparaîtrait, et il est impossible d'imaginer l'établissement d'une souveraineté sans imaginer un peuple qui consent à obéir. Si donc les adversaires de l'origine divine de la souveraineté ne veulent dire que cela, ils ont raison, et il est fort inutile de disputer. Dieu n'ayant pas jugé à propos d'employer des instruments surnaturels pour l'établissement des empires, il est sûr que tout a dû se faire par des hommes. Mais dire que la souveraineté ne vient pas de Dieu parce qu'il se sert des hommes pour l'établir, c'est dire qu'il n'est pas le créateur de l'homme parce que nous avons tous un père et une mère.

» Tous les théistes de l'univers conviendront, sans doute, que celui qui viole les lois s'oppose à la volonté divine et se rend coupable devant Dieu quoiqu'il ne viole que des ordonnances humaines. Car c'est Dieu qui a créé l'homme sociable ; et puisqu'il a *voulu* la société, il a *voulu* aussi la souveraineté et les lois sans lesquelles il n'y a point de société (1). »

Ici, tout le dix-huitième siècle, en chœur, arrête le philosophe chrétien, et oppose à l'idée de la société voulue par Dieu l'idée de l'*homme de la na-*

---

1) *Étude sur la souveraineté*, l. I, ch. I.

cation, mais où le grand penseur et le grand écrivain étaient déjà tout entiers, et où se trouvaient les racines de cette haute philosophie politique qui devait pousser en tout sens des jets si vigoureux.

Après trois quarts de siècle, l'*Étude sur la souveraineté* fut tirée du portefeuille où le jugement trop sévère de son auteur l'avait tenue captive. Malheureusement cette publication, qui devait ajouter un très beau rayon à sa gloire et une nouvelle lumière à celles qu'avaient déja répandues ses autres écrits, ne devança que de quelques mois l'immense effondrement de la funeste année 1870. La leçon du livre fut comme étouffée par la leçon des désastres, hélas! si peu comprise encore; et l'on peut dire qu'il lui faut une seconde naissance comme il en fallut une en 1814 aux *Considérations*, étouffées, elles aussi, par le bruit des armes. Le temps de cette renaissance est venu; l'*Étude sur la souveraineté* est appelée à tenir une place d'honneur en tête des écrits politiques du comte de Maistre, dans cette édition anthentique de ses œuvres complètes que sa famille prépare et que toute la catholicité attend avec impatience. C'est dans les premières pages de ce livre que nous trouverons l'exposé vainement cherché ailleurs.

« On a disputé avec chaleur pour savoir si la souveraineté venait de Dieu ou des hommes; mais je ne sais si l'on a observé que les deux propositions peuvent être vraies.

ture. Or, l'homme de la nature, c'est le sauvage ; et l'on sait combien, à la veille de la grande tragédie, il s'est fait de pastorales en son honneur dans les romans, dans les poèmes, dans les livres de philosophie, de morale et de politique. Rousseau n'avait-il pas enseigné que l'homme naît bon et que c'est la société qui le déprave ? Et ne fallait-il pas parer de toutes les vertus cet homme primitif sur qui l'état social n'a point encore exercé sa funeste influence ?

Joseph de Maistre écarte en quelques mots décisifs cet enfantillage sentimental, et n'a pas même à prendre la peine d'opposer l'histoire vraie au roman idyllique. Il lui suffit d'établir qu'il est absurde de donner pour type de la nature humaine telle que Dieu la veut l'état où elle n'est encore qu'un germe moins qu'à demi développé. « La multiplication de l'homme entrant dans les vues du Créateur, il s'ensuit que la nature de l'homme est d'être réuni en grandes sociétés sur toute la surface du globe ; car la nature d'un être est d'exister tel que Dieu a voulu qu'il existe. — L'homme isolé n'est donc point l'homme de la nature ; l'espèce humaine n'était point encore ce qu'elle devait être lorsqu'un petit nombre d'hommes était répandu sur une grande surface de terrain. Alors il n'y avait que des familles ; et ces familles disséminées n'étaient, individuellement ou par leur réunion future, que des embryons de peuples. — Et si quelques peuplades perdues dans les déserts nous présentent encore aujourd'hui les phénomènes de l'espèce humaine dans son enfance, ce sont toujours des peuples enfants qui ne sont point encore ce qu'ils doivent être.

» Que penserait-on d'un naturaliste qui dirait que l'homme est un animal de trente à trente-cinq pouces de long, sans force et sans intelligence, et ne poussant que des cris inarticulés ? Cependant ce naturaliste, en ne donnant à la nature physique et morale de l'homme que les caractères de l'enfance, ne serait pas plus ridicule que le philosophe cherchant la nature politique de ce même être dans les *rudiments* de la société.

» Donc, à proprement parler, il n'y a jamais eu pour l'*homme* de temps antérieur à la société, parce qu'avant la formation des sociétés politiques l'homme n'est pas tout à fait homme, et qu'il est absurde de chercher les caractères d'un être quelconque dans le germe de cet être. Donc la société n'est point l'ouvrage de l'homme, mais le résultat immédiat de la volonté du Créateur. Et c'est une erreur capitale de se représenter l'état social comme un état de choix fondé sur le consentement des hommes, sur une délibération et sur un contrat primitif qui est impossible. Quand on parle de l'état de *nature* par opposition à l'état social, on déraisonne volontairement (1). »

Cette hypothèse écartée, rien n'arrête plus la

---

1) *Étude sur la souveraineté*, l. I, ch. II.

conclusion indiquée dès le premier chapitre : « La souveraineté vient donc de Dieu puisqu'il est l'auteur de tout excepté du mal, et qu'il est en particulier l'auteur de la société qui ne peut subsister sans la souveraineté. Et cependant cette même souveraineté vient aussi des hommes en un certain sens, en tant que tel ou tel mode de gouvernement est établi et déclaré par le consentement humain (1). »

A moins que quelqu'un ne rêve une séparation chimérique entre l'idée de société et l'idée de souveraineté et, acceptant la première comme divine, ne veuille voir dans la seconde une institution humaine.

« Mais l'hypothèse n'est pas seulement chimérique, elle est contradictoire. Il est aussi impossible de se figurer une société humaine, un peuple, sans souveraineté qu'une ruche et un essaim sans reine; car l'essaim, en vertu des lois éternelles de la nature, existe de cette manière ou n'existe pas. La société et la souveraineté naquirent donc ensemble; il est impossible de séparer ces deux idées. Le premier homme fut roi de ses enfants; et chaque famille isolée fut gouvernée de la même manière. Mais dès que les familles se touchèrent, il leur fallut un souverain; et ce souverain en fit un peuple en lui donnant des lois (2). »

1) *Étude sur la souveraineté*, l. 1 ch. III.
2) *Ib.*, ch. I.

Pour un esprit non prévenu, c'est la pure évidence. Les anneaux de la chaîne sont liés entre eux d'une façon absolument indissoluble; et la chaîne tout entière tient à un point fixe qui est Dieu. Elle se brise et tout s'anéantit si on la sépare de ce point d'attache, c'est-à-dire si on prétend fonder des sociétés en niant le droit divin de l'autorité sociale. Or c'est l'entreprise à laquelle ont travaillé, avec le succès qu'on sait, tous les destructeurs et tous les constructeurs de la fin du dernier siècle. Et c'est l'entreprise à laquelle, sous nos yeux, se remettent avec ardeur non seulement la troupe des journalistes radicaux et la grande armée des politiques de cabaret, mais tout un groupe d'hommes d'État qui tiennent entre leurs mains les destinées des empires, et toute une école de chercheurs et de penseurs contemporains. Ceux-ci ont découvert que, jusqu'à eux, la science sociale était restée une terre en friche et un pays anonyme. Ils ont donc commencé par la nommer *sociologie*, sans s'inquiéter du frisson d'horreur qu'un tel mot allait donner aux plus modestes humanistes (1). Puis ils se sont mis à la défricher. Ils y ont fait, je le dis très sérieusement, une dépense considérable d'esprit, de recherches patientes, d'observations ingénieuses. Mais tous, ou presque

1) Si nos sciences étaient nommées selon cette méthode hybride, nous aurions une *terragraphie* au lieu d'une *géographie* ; une *animologie* au lieu d'une *psychologie*, une *populographie* au lieu d'une *ethnographie*, et ainsi de suite. Cela pourra venir.

tous, ont posé le problème théorique et pratique dans les termes suivants commandés par leur parti-pris contre ce qu'ils appellent le surnaturel, c'est-à-dire contre le divin : expliquer la société politique, perfectionner la société politique, lui donner son maximum de prospérité, de force, d'ordre, de stabilité, de lumières, de vertu, sans tenir compte de Dieu. En d'autres termes : expliquer le fleuve, rendre son lit plus profond et plus large, son cours plus régulier et plus bienfaisant en le séparant de sa source.

De là tout ce que nous voyons. Nous en verrions bien d'autres si cette thèse *sociologique* ne rencontrait pas, en face d'elle, une autre thèse qui la contredit et qui limite du moins son action, je veux dire son ravage ; nous verrions la destruction pure et simple. Bien des gens vont répétant aujourd'hui, tant ce qui se passe leur semble fou, que la postérité n'y voudra pas croire, et que l'histoire de nos révolutions perpétuelles avec leurs péripéties sanglantes ou ridicules, de nos fluctuations incessantes entre la licence et la servilité, lui semblera n'être qu'un roman mal conçu et mal exécuté. Ils se trompent ; la postérité, si elle a quelque bon sens, y croira sans nulle peine. Elle s'étonnera, mais de ce que les révolutions n'aient pas été encore plus tragiques, les soubresauts plus fréquents, les ruines plus irréparables. Elle verra bien que quelque force de résistance a empêché la Révolution d'aller jusqu'au bout de son principe ; car si le terme eût été atteint, c'eût été la fin de tout, et il n'y aurait pas de postérité.

II

Donc, à l'heure présente, la première thèse sociale de Joseph de Maistre et la première thèse sociale de la Révolution sont en face l'une de l'autre comme deux affirmations contradictoires entre lesquelles il faut choisir. La Révolution reste la Révolution parce qu'elle garde son principe ; le jour où elle l'aura désavoué, elle ne sera pas seulement désarmée, elle sera convertie. Rien n'annonce qu'elle y songe ; tout nous la montre *s'enténébrant* chaque jour davantage dans sa négation totale et totalement absurde.

La seconde thèse va nous offrir un spectacle tout contraire. A vive force de raison, d'évidence, de confirmations expérimentales, la doctrine du penseur catholique sur les constitutions naturelles et sa triomphante réfutation de la chimère favorite du XVIIIe siècle se sont fait accepter par la science incrédule elle-même.

Je pourrais appeler ici en témoignage tout ce qui compte aujourd'hui dans la science historique et politique, et prendre mes exemples presque au hasard dans l'école libérale, dans l'école positiviste, dans l'école évolutionniste, partout excepté chez les revenants du jacobinisme et chez les orateurs de club qui font encore commencer l'histoire de France au serment du jeu de paume.

Je me contenterai de citer M. Taine et son livre intitulé l'*Ancien régime*. On voudra bien remarquer que ce livre contient toutes les doctrines négatives professées par l'auteur dans ses autres ouvrages, qu'il est parfaitement fataliste et, j'en ai peur, parfaitement athée.

Quelle est la grande et double folie que M. Taine constate, — je ne veux pas dire qu'il la reproche, car il est dans sa doctrine de supprimer toute responsabilité morale et de ne rien reprocher à personne, — chez les philosophes qui ont préparé la Révolution et chez les *législateurs* qui l'ont accomplie ?

C'est, en premier lieu, d'avoir commencé par faire table rase de toutes les institutions et de toutes les traditions existantes ; d'avoir non seulement abattu mais déraciné toute cette forêt où il y avait sans doute des branches à élaguer, des tiges à redresser, des végétations parasites à extirper, mais qui était après tout la France organisée et vivante ; et de ne s'être point doutés qu'arracher toutes ces racines qui tenaient par leurs dernières fibres à ce que la vie nationale avait de plus intime, c'était faire à la France elle-même des blessures mortelles. — C'est en second lieu d'avoir rêvé qu'on pourrait, ayant tout défait d'une seule pièce, tout refaire aussi d'une seule pièce d'après un système conçu *a priori*; d'avoir cru qu'une constitution est un mécanisme qui peut se fabriquer comme un autre ; de s'être enfermés, pour en dessiner le plan, dans un monde abstrait où ils ont cherché non pas une constitution pour les Français du XVIIIᵉ siècle, mais *la constitution absolue* pour *l'homme*, d'où il résultait que leur mécanisme, ajustable à tous les temps et à tous les lieux, ne s'ajustait en fait à aucun lieu, et que ce vêtement taillé sur un patron qui n'existe pas ne pouvait *aller* à aucune des sociétés qui existent. Ils n'ont donc pas fait œuvre de législateurs et d'hommes d'Etat, mais œuvre d'idéologues, innocente peut-être s'ils ne l'eussent donnée que pour un jouet philosophique qui se monte et se démonte dans un salon de lettrés, mais infiniment dangereuse en même temps que fragile si on veut (or ils le voulaient expressément) la faire servir ; elle ne marche pas, et elle éclate (1).

« Considérez la société future telle qu'elle apparaît à nos législateurs de cabinet, et songez qu'elle apparaîtra bientôt sous le même aspect aux législateurs d'assemblée. — A leurs yeux le moment décisif est arrivé. Désormais, il y aura deux histoires : l'une, celle du passé ; l'autre, celle de l'avenir ; auparavant, l'histoire de l'homme dépourvu de raison ;

---

1) Ajoutons, ce que M. Taine ne dit pas et ne peut pas dire, que le péril de l'application est doublé si la conception idéologique est non seulement abstraite, mais fausse. Celle du XVIIIᵉ siècle l'est à tous les titres : par l'oubli de Dieu, par l'hostilité systématique contre toute autorité, par la trace manifeste qu'elle contient des plus grossières doctrines sensualistes.

maintenant, l'histoire de l'homme raisonnable. De tout ce que le passé a fondé et transmis, rien n'est légitime. Par-dessus l'homme naturel, il a créé un homme artificiel, ecclésiastique ou laïque, noble ou roturier, roi ou sujet, etc., toutes qualités factices dont il ne faut point tenir compte, puisque leur origine est entachée de violence ou de dol. Otons ces vêtements surajoutés ; prenons l'homme en soi, l'homme en général, en d'autres termes *un être sensible et raisonnable qui, en cette qualité, évite la douleur, cherche le plaisir, et, partant, aspire au bonheur, c'est-à-dire à un état stable dans lequel on éprouve plus de plaisirs que de peines* (définition de Saint-Lambert) ; ou encore *un être sensible, capable de former des raisonnements et d'acquérir des idées morales* (définition de Condorcet, qui ajoute que *de cette seule vérité les publicistes sont parvenus à déduire les droits de l'homme*). Telle est l'unité sociale ; réunissons en plusieurs, mille, cent mille, un million, vingt-six millions, et voilà le peuple français. On suppose des hommes nés à vingt et un ans, sans parents, sans passé, sans traditions, sans obligations, sans patrie, et qui, assemblés pour la première fois, vont pour la première fois traiter entre eux. »

Telle étant la mise en scène, M. Taine montre comment tous les articles de la fameuse déclaration se tirent géométriquement de la donnée abstraite. Puis, la déduction achevée, il en dégage les corollaires.

« En premier lieu, la société ainsi construite est la seule juste ; car, à l'inverse de toutes les autres, elle n'est pas l'œuvre d'une tradition aveuglément subie, mais d'un contrat conclu entre égaux, examiné en pleine lumière et consenti en pleine liberté. Composé de théorèmes prouvés, le contrat social a l'autorité de la géométrie ; c'est pourquoi il vaut comme elle en tout temps, en tout lieu, pour tout peuple. Quiconque y fait obstacle est l'ennemi du genre humain ; gouvernement, aristocratie, clergé, quel qu'il soit, il faut l'abattre ; contre lui la révolte n'est qu'une juste défense.

« En second lieu, le code social, tel qu'on vient de l'exposer, va, une fois promulgué, s'appliquer sans obscurité ni résistance ; car il est une sorte de géométrie morale plus simple que l'autre, réduite aux premiers éléments, fondée sur la notion la plus claire et la plus vulgaire, et conduisant en quatre pas aux vérités capitales.

« Là-dessus, l'espérance ouvre ses ailes toutes grandes ; tous les obstacles semblent levés. Il est admis que, d'elle-même et par sa propre force, la théorie engendre la pratique, et qu'il suffit aux hommes de décréter ou d'accepter le pacte social pour acquérir du même coup la capacité de le comprendre et la volonté de l'accomplir.

« Confiance merveilleuse, inexplicable au premier abord, et qui suppose à l'endroit de l'homme une idée que nous n'avons plus. En effet, on le croyait raisonnable et même bon par essence. — Au fond, quand on voulait se représenter la fondation d'une société humaine, on imaginait vaguement une scène demi bucolique, demi théâtrale, à peu près semblable à celles qu'on voyait sur le frontispice des livres illustrés de morale et de politique. Des hommes demi nus ou vêtus de peaux de bêtes sont assemblés sous un grand chêne ; au milieu d'eux un vieillard vénérable se lève et leur parle *le langage de la nature et de la raison;* il leur propose de s'unir, et leur explique à quoi ils s'obligent par cet engagement mutuel ; il leur montre l'accord de l'intérêt public et de l'intérêt privé, et finit en leur faisant sentir les beautés de la vertu. Tous aussitôt poussent des cris d'allégresse, s'embrassent, s'empressent autour de lui et le choisissent pour magistrat ; de toutes parts on danse sous les ormeaux, et la félicité désormais est établie sur la terre. — Je n'exagère pas.

« Il est triste, quand on s'endort dans une bergerie, de trouver, à son réveil, les moutons changés en loups. »

Tout cela est profondément vrai, et tout cela, pour quiconque s'est sérieusement occupé de politique et d'histoire, est entré dans le domaine public de l'évidence et du bon sens. M. Taine n'a ici que le mérite de dire avec plus de force et de rigueur que personne ce qui est su ou senti par tout le monde et d'y ajouter son ferme dessin et le puissant coloris de son pinceau. Mais jusqu'à la fin du XVIIIe siècle, même après les expériences de la Convention et du Directoire, même au moment où le général Bonaparte venait de faire taire brusquement l'idéologie au bruit de ses tambours, de tels jugements eussent passé pour crimes de lèse-majesté contre la raison et les droits de l'homme. Le rêve des constitutions sur le papier, des mécanismes sociaux abstraits, des édifices politiques rasés et rebâtis en vingt-quatre heures, était le rêve de tous les législateurs, des sages comme des fous, des honnêtes gens abusés comme des intrigants, des fanatiques et des scélérats.

Qui donc, dans ce délire presque universel, a eu la gloire de garder une tête saine, de protester au nom du bon sens, de demander à l'histoire des enseignements qui dissipassent ces fantômes? C'est à Joseph de Maistre que cette gloire appartient sans conteste. En ce point il est plus que chef d'école; il est, selon la parole de Dante, *maestro di color che sanno*, vrai maître de tous ceux qui savent quelque chose en politique; qui savent que tout peuple, pour peu qu'il ait une unité et une histoire nationale, pour peu qu'il joue un rôle et fasse une figure dans le monde, a nécessairement une constitution naturelle; que cette constitution n'est pas une série d'articles éclos dans la tête d'un philosophe et écrits sur une feuille de papier, mais le résultat ou, pour mieux dire, la *résultante* complexe de toutes les conditions particulières, internes et externes, qui ont fait son individualité; que sans doute ces constitutions, étant des organismes vivants, sont susceptibles de développements et de modifications qui les tiennent en harmonie avec les besoins modifiés ou élargis des nations qu'elles régissent; qu'elles sont exposées à des déviations qu'il faut rectifier, à des maladies qu'il faut guérir, à des abus qu'il faut corriger; mais que, pour atteindre ce but, le système des révolutions et des tables rases est le pire des régimes; que l'ensemble des circonstances d'où la constitution naturelle a germé est la donnée fondamentale pour déterminer quelle est, en tel temps et pour tel peuple, la meilleure constitution, et que cette autre question : *Quelle est, en soi, la meilleure constitution?* doit être écartée comme un non sens, ou renvoyée à ce monde des abstractions où elle a pris naissance (1).

Joseph de Maistre a eu la puissante intuition de ces vérités dans un siècle qui ne savait ou ne voulait pas les voir. Il a ressenti les généreuses impatiences qui saisissent une intelligence large et saine en présence des rêveries dont se payent les esprits étroits et faux. Opposant, avec une admirable vigueur et un sens historique profond, la théorie expérimentale des constitutions naturelles à la théorie idéologique des constitutions *a priori*, il a vu que les premières vivent avant d'être écrites, n'ont pas besoin de l'être tant qu'elles sont respectées, ne peuvent jamais l'être dans ce qu'elles ont de plus intime, et qu'au contraire les secondes ne sont que

---

1) Voir, à la fin du volume, l'appendice intitulé : *une accusation de plagiat.*

des formules sur du papier; et s'il a dit (comme il l'a dit, en effet, plus d'une fois), pour exprimer ce contraste avec plus de force, « que toute constitution écrite est nulle par cela seule qu'elle est écrite », on entend bien que cette boutade, — d'ailleurs expliquée et limitée par d'autres passages, — est, sous un air de paradoxe, l'expression d'une vérité.

C'est encore dans l'*Étude sur la souveraineté* que nous trouvons le développement le plus large et le plus scientifique de sa pensée sur cette grande thèse des constitutions naturelles. Mais comme sa doctrine est en même temps une critique des théories alors en vogue, les *Considérations sur la France*, spécialement dirigées contre la constitution directoriale, ne seront pas moins bonnes à consulter, et avec elles l'*Essai sur le principe générateur des constitutions politiques* qui les compléta à vingt ans de distance.

« Voici l'erreur de théorie qui a égaré les Français depuis le premier instant de leur révolution.

« La Constitution de 1795, tout comme ses aînées, est faite pour l'*homme*. Or il n'y a pas d'*homme* dans le monde. J'ai vu dans ma vie des Français, des Italiens, des Russes; je sais même, grâce à Montesquieu, qu'*on peut être persan;* mais quant à l'*homme*, je déclare ne l'avoir rencontré de ma vie. S'il existe, c'est bien à mon insu.

« Y a-t-il une seule contrée de l'univers où l'on ne puisse trouver un conseil des Cinq-Cents, un conseil des Anciens, et cinq Directeurs? Cette constitution peut être présentée à toutes les associations humaines depuis la Chine jusqu'à Genève. Mais une constitution qui est faite pour toutes les nations n'est faite pour aucune; c'est une pure abstraction, une œuvre scolastique, faite pour exercer l'esprit d'après une hypothèse idéale, et qu'il faut adresser à l'*homme* dans les espaces imaginaires où il habite.

« Qu'est-ce qu'une constitution? N'est-ce pas la solution du problème suivant : Étant données la population, les mœurs, la religion, la situation géographique, les relations politiques, les bonnes et mauvaises qualités d'une certaine nation, trouver les lois qui lui conviennent? Or ce problème n'est pas seulement abordé dans la Constitution de 1795 qui n'a pensé qu'à l'*homme* (1). »

Le culte de l'abstraction est le premier trait de la folie constituante. Le second est la présomption naïve des gens qui attribuèrent à l'esprit humain en général, et au leur en particulier, le pouvoir créateur en matière de constitutions. « Nos contemporains le croiront s'ils veulent, mais la postérité n'en doutera pas : les plus insensés des hommes furent ceux qui s'arrangèrent autour d'une table et qui dirent : nous ôterons au peuple français son ancienne constitution, et nous lui en donnerons une autre (celle-ci ou celle-là, peu importe). Quoique ce ridicule soit commun à tous les partis qui ont

---

1) *Considérations sur la France*, ch. VI.

désolé la France, cependant les Jacobins se présentent plutôt à l'esprit comme destructeurs que comme constructeurs, et ils laissent dans l'imagination une certaine impression de grandeur qui résulte de l'immensité de leurs succès. On peut même douter qu'ils aient eu sérieusement le projet d'organiser la France en république, car la constitution républicaine qu'ils ont fabriquée n'est qu'une espèce de comédie qu'ils ont jouée au peuple pour le distraire un instant. Mais les hommes qui parurent sur la scène dans les premiers jours de l'Assemblée constituante se crurent réellement législateurs : ils eurent très sérieusement, très visiblement, l'ambition de donner à la France une constitution politique ; et ils crurent qu'une assemblée pouvait décréter, à la pluralité des voix, qu'un tel peuple n'aurait plus un tel gouvernement, et qu'il en aurait un autre. Or, cette idée est le *maximum* de l'extravagance, et de tous les *bedlams* de l'univers (1) il n'est jamais sorti rien d'égal. Aussi ces hommes ne font naître que l'idée de la faiblesse, de l'ignorance et du désappointement. La palme de la scélératesse appartient de droit aux Jacobins ; mais la postérité, d'une commune voix, décernera aux Constitutionnels celle de la folie (2). »

Mais il faut aller à la racine de la question. D'où vient l'impuissance de l'homme en une matière qui, pourtant, semble être de sa compétence ? Le voici.

1) Bedlam est le Charenton de Londres.
2) *Étude sur la souveraineté*, l. I, ch. VIII.

Pour qu'un peuple ait des lois vraiment fondamentales, c'est-à-dire telles que ni sujets, ni souverain n'aient la puissance ni même la pensée d'y rien changer, il faut que ces lois soient contemporaines de sa naissance, qu'elles aient *poussé* avec lui, qu'elles aient passé dans son sang et dans son âme, qu'elles lui soient devenues de véritables lois naturelles.

« Une des plus grandes erreurs d'un siècle qui les professa toutes fut de croire qu'une constitution politique pouvait être écrite et créée *a priori*, tandis que la raison et l'expérience se réunissent pour établir qu'une constitution est une œuvre divine, et que ce qu'il y a précisément de plus fondamental et de plus essentiellement constitutionnel dans les lois d'une nation ne saurait être écrit.

« A quelqu'un qui demandait dans quel livre était écrite la loi salique, il a été répondu fort à propos qu'elle l'était *ès cœurs des Français*. En effet, supposons qu'une loi de cette importance n'existe que parce qu'elle est écrite, il est certain que l'autorité quelconque qui l'aura écrite aura le droit de l'abolir. La loi n'aura donc pas le caractère de sainteté et d'immutabilité qui distingue les lois vraiment fondamentales. L'essence d'une loi fondamentale est que personne n'ait le droit de l'abolir. Or, comment sera-t-elle au-dessus de tous si quelqu'un l'a faite ? La loi n'est proprement loi qu'en la supposant émanée d'une volonté supérieure, en sorte que son caractère est *de ne pas être* la volonté de tous. Les volontés réunies forment le *règlement* et non la *loi* (1). »

Ce discours paraîtra dur, *durus sermo*, à notre siècle à qui on a enseigné que la loi est l'expression de la volonté générale. Mais il ne s'agit que de s'entendre. Ce que nous appelons *lois*, ce que nos volontés générales peuvent faire et défaire, c'est ce que le comte de Maistre appelle *règlements*. Ce qu'il appelait *lois* par excellence, et c'est-à-dire lois fondamentales, lois au-dessus du débat, est aujourd'hui, et jusqu'à une résurrection future dont il ne faut jamais désespérer, chose disparue. Quelqu'un pourrait-il me dire quelle est, dans la Constitution française actuelle, la loi fondamentale, la loi au-dessus du débat ? Visiblement il n'y en a pas une ; car la Constitution elle-même nous a enseigné fort explicitement la manière de s'y prendre pour la détruire légalement. Principe révolutionnaire et lois fondamentales sont des termes qui s'excluent ; et quand on a essayé, comme en 1830 et en 1852, de les réunir et de les faire vivre en bonne intelligence l'un avec l'autre, le premier n'a pas manqué, selon son droit, de dévorer le second. C'est précisément ce que le comte de Maistre veut dire.

Pour lui, il croit aux lois fondamentales, et il y croit trop pour chercher le principe de leur autorité dans le fait de leur rédaction.

---

1) *Essai sur le principe générateur*, § 1-2.

« Les lois fondamentales écrites ne sont jamais que des déclarations de droits antérieurs, et il s'en faut de beaucoup que tout ce qui peut être écrit le soit. Il y a même toujours dans chaque constitution quelque chose qui ne peut être écrit, et qu'il faut laisser dans un nuage sombre et vénérable, sous peine de renverser l'État (1). Plus on écrit, et plus l'institution est faible ; la raison en est claire. Les lois ne sont que des déclarations de droits, et les droits ne sont déclarés que lorsqu'ils sont attaqués ; en sorte que la multiplicité des lois constitutionnelles écrites ne prouve que la multiplicité des chocs et le danger d'une destruction (2). »

Mais ce n'est pas assez de juger la question d'après les principes. Quelle que soit leur évidence, Joseph de Maistre ne veut pas qu'on retourne contre lui, même à tort, le reproche de demeurer dans l'abstrait. Il n'a garde d'oublier l'histoire, dont il a dit si souvent qu'elle est la politique expérimentale, la seule bonne. Il l'interroge donc, et voici ce qu'elle lui répond.

« Toutes les constitutions libres connues dans l'univers se sont formées de deux manières. Tantôt elles ont pour ainsi dire germé d'une manière insensible par la réunion d'une foule de ces circonstances que nous nommons fortuites. » Et

---

1) Le cardinal de Retz, qui était un factieux, mais qui avait un grand sens politique, a dit quelque chose de fort semblable dans ses Mémoires.

2) *Considérations*, ch. VI.

dans ce mode de formation, qui est le plus habituel, « les circonstances font tout, et les hommes ne sont que des circonstances. D'autre fois, quand la Providence a décrété la formation plus rapide d'une constitution politique, paraît un homme revêtu d'une puissance indéfinissable ; il parle et se fait obéir. Mais ces hommes merveilleux n'appartiennent peut-être qu'à la jeunesse des nations (1). »

Rien d'ailleurs ne ressemble moins à un constituant de 1789 que ces constituants antiques. « Ils sont tous rois ou éminemment nobles. » Surtout ils ne procèdent point par abstractions ; ils n'arrachent point les germes ; ils ne font qu'en hâter la croissance ; et la constitution qu'ils donnent est, sauf une avance d'un ou de plusieurs siècles, formée de la même manière que les autres constitutions naturelles. « Ces législateurs eux-mêmes, avec leur puissance extraordinaire, ne font que rassembler des éléments préexistants dans les coutumes et le caractère des peuples (2). »

Rien n'est plus vrai ; et c'est pour cela que leur œuvre dure. Le dix-huitième siècle, qui savait si mal l'histoire, s'était représenté Lycurgue, par exemple, comme un métaphysicien qui conçoit le type idéal d'une cité militaire et qui entreprend de réaliser cette conception par les lois, de même qu'un artiste, ayant conçu dans son imagination une œuvre d'art, l'exécute sur la toile. Joseph de Mais-

---

1) *Considérations*, ch. VI.
2) *Ib., ib.*

tre, qui cependant n'avait pas à sa disposition plus de documents historiques que ses contemporains, nie absolument cette interprétation de l'œuvre de Lycurgue. Aujourd'hui il n'est pas un historien qui ne lui donne raison et ne sache que cette œuvre est absolument *dorienne*, qu'elle a ramené la plus dorienne de toutes les populations grecques à ses traditions héréditaires et à son esprit national dont elle commençait à s'écarter, que son point d'appui a été là, non ailleurs, et que c'est dans le passé qu'elle a puisé ses garanties d'avenir.

Il est donc fondé à conclure « que jamais il n'exista de nation libre qui n'eût dans sa constitution naturelle des germes de liberté aussi anciens qu'elle ; et que jamais nation ne tenta efficacement de développer par ses lois fondamentales écrites d'autres droits que ceux qui existaient dans sa constitution naturelle (1). » Il nous dira plus loin, — et ceci est un point capital qu'il faut indiquer d'avance, — que ces germes existent chez tous les peuples de l'Europe moderne, que le christianisme les sème partout où il se répand, et qu'il les fait éclore partout où il établit son règne social.

Quant aux constitutions « dont la Providence n'a pas décrété la formation rapide, » leur caractère naturel est plus visible encore. « Considérons, par exemple, la constitution d'Angleterre. Certainement elle n'a pas été faite *a priori*. Jamais des

---

1) *Considérations*, ch. VI.

hommes d'État ne se sont assemblés et n'ont dit : *Créons trois pouvoirs ; balançons-les de telle manière*, etc ; personne n'y a pensé. La Constitution est l'ouvrage des circonstances, et le nombre des circonstances est infini. Les lois romaines, les lois ecclésiastiques, les lois féodales, les coutumes saxonnes, normandes et danoises ; les privilèges, les préjugés et les prétentions de tous les ordres ; les guerres, les révoltes, les révolutions, la conquête, les croisades ; toutes les vertus, tous les vices, toutes les connaissances, toutes les erreurs, toutes les passions ; tous ces éléments enfin agissant ensemble, et formant par leur mélange et leur action réciproque des combinaisons multipliées par myriades de millions, ont produit enfin, après plusieurs siècles, l'unité la plus compliquée et le plus bel équilibre de forces politiques qu'on ait jamais vu dans le monde (1). »

Et maintenant, que l'on compare cette sagesse, cette hauteur de vues, ce sentiment du réel et du pratique, cette intelligence de l'histoire, ce soin d'assurer les choses futures en les greffant sur les anciennes, ce respect du passé qui est pour les nations un signe de noblesse et une partie du patriotisme ; qu'on les compare avec l'ignorance, la présomption, l'étourderie, la folie révolutionnaire d'un Mably, d'un Rousseau, de presque tout le dix-huitième siècle, de l'Assemblée constituante elle-même, et qu'on dise

---

1) *Essai sur le principe générateur*, § 12.

laquelle des deux écoles est plus propre à former des hommes d'État, de vrais citoyens, des peuples à la fois dociles et fiers que leur soumission à toutes les autorités légitimes rendra dignes de la liberté.

III

Mais ne nous trompons pas à ce dédain de Joseph de Maistre pour les abstractions chimériques, à ce haussement d'épaules de son ferme bon sens en présence de ces enfantillages sérieux. Et gardons-nous de le confondre avec ces politiques qui, faisant profession d'ignorer les principes et de vivre d'expédients, ne se proposent et ne proposent aux nations d'autre règle qu'une routine, d'autre chemin qu'une ornière, d'autre but que de vivre au jour le jour. Si nous l'avons vu écarter la question « du meilleur gouvernement en soi, » c'est parce qu'il sait que la première condition d'une bonne constitution est d'être *faite sur mesure* et de répondre non seulement aux besoins généraux de la nature humaine, mais aux besoins et au caractère individuel du peuple qu'elle doit régir. Il se refusait à rédiger *a priori* une constitution qui fût la même pour tous ; mais il ne se refusera pas à indiquer un programme. Car le programme, c'est le *but* à atteindre, but qui ne change pas et qui est la raison d'être de la société politique elle-même ; au lieu que la constitution, la forme et le mécanisme du gouvernement, n'est que le *moyen*, variable de peuple à peuple et de siècle à siècle, inefficace s'il n'est pas en corrélation intime avec chacun d'eux. Si donc il n'y a pas quelque chose qui soit le meilleur gouvernement pour toute nation, il y a cependant quelque chose qui est « le meilleur gouvernement pour chaque nation. C'est celui qui, dans l'espace de terrain occupé par cette nation, est capable de procurer la plus grande somme de bonheur et de force possible au plus grand nombre d'hommes possible, pendant le plus long temps possible (1). »

Cette déclaration si nette défend assez la théorie des constitutions naturelles, telle que l'entend le comte de Maistre, contre le reproche de fatalisme qui l'atteint chez les *darwinistes* politiques de notre temps, en particulier chez M. Taine. Suivant ceux-ci, les choses sont nécessairement ce qu'elles sont, dans le monde social comme dans le monde matériel ; la croissance d'un peuple est déterminée par l'ensemble des circonstances internes et externes avec la même rigueur que la croissance d'un chêne ; étant donné cet ensemble, toute son histoire, y compris celle de sa constitution, s'en déduit avec une rigueur géométrique ; et dans cet enchaînement, il n'y pas de place pour la responsabilité, parce qu'il n'y en a pas pour la liberté. A suivre jusqu'au bout ces principes, il serait inutile de chercher ce qu'il faut faire et de travailler à défendre

---

1) *Etude sur la souveraineté*, l. II. ch. vi.

ou à développer les institutions, inutile de corriger les abus et de faire effort pour ramener un peuple dans la voie de ses traditions nationales; car les choses ne peuvent être autrement qu'elles ne sont, et l'espoir d'influer sur les événements sociaux par l'initiative de la volonté et de la persévérance humaines est aussi vain que l'espoir d'influer sur le cours des astres.

Joseph de Maistre proteste contre cette doctrine qui retire tout caractère moral à l'histoire. A ses yeux, les constitutions naturelles ne sont ni des constitutions fatales, ni des constitutions immobiles. Ce sont des germes, et ces germes sont cultivés par des hommes libres et responsables, qui peuvent ou les développer dans la direction normale indiquée par la nature elle-même, ou au contraire les corrompre ou les étouffer. Rien de plus explicite que ses déclarations sur ce point capital. S'il enseigne « que jamais nation ne tenta efficacement de développer d'autres droits que ceux qui existaient dans sa constitution naturelle », il enseigne par cette formule même qu'elle peut développer tous ceux qui y existent. Non seulement elle le peut, mais elle le doit. Avant tout, « c'est le devoir des hommes d'État de chercher à conjurer l'orage soulevé par la Révolution; et certainement on n'y parviendra pas par l'immobilité de la peur et de l'insouciance. C'est aux sages de toutes les nations à réfléchir profondément sur les lois antiques et sur les *bonnes coutumes* de chaque nation. C'est dans ces sources sacrées qu'ils trouveront des remèdes appropriés à nos maux, et des moyens sages de régénération infiniment éloignés des théories absurdes et des idées exagérées qui nous ont fait tant de mal (1). » Et c'est aussi le devoir des peuples d'encourager, par la puissance de l'esprit public, les hommes d'État à marcher résolument dans cette voie. « Souvenez-vous, » leur dit-il, « qu'en prenant vos lois et vos coutumes anciennes pour base de tous vos travaux régénérateurs, vous pouvez déployer toute votre perfectibilité sans vous livrer à de funestes innovations (2). » Les peuples sont donc responsables ; *ils ont tous le gouvernement qu'ils méritent* (3) ; » les bons gouvernements sont le fruit et la récompense de leur sagesse, les mauvais gouvernements le fruit et le châtiment de leur folie. A tous, à ceux surtout que la fièvre des innovations travaille, on peut dire : « Vous avez un moyen sûr d'opérer de grandes et salutaires révolutions. Au lieu d'écouter les prédicateurs de la révolte, travaillez sur vous-mêmes : *car c'est vous qui faites les*

---

1) *Étude sur la souveraineté*, l. II, ch. II.

2) *Ib., ib.*, ch. VII. Je ne voudrais pas prendre la défense de cette phrase au point de vue littéraire ; elle est trop visiblement dans le mauvais goût pompeux des écrivains que le comte de Maistre avait étudiés pour les combattre. Mais le conseil qu'elle donne est excellent, et l'idée qu'elle exprime est d'une parfaite justesse.

3) Ceci est une des formules favorites de l'auteur ; elle revient en vingt endroits de ses livres et de sa correspondance.

gouvernements (1), *et ils ne peuvent être mauvais si vous êtes bons* (2).

Telle est la haute moralité de cette doctrine sociale et politique. Nous pouvons maintenant l'étudier de plus près dans son esprit et dans son application aux nations européennes (3).

1) Il n'y a pas à se tromper sur le sens de ces mots. Ils ne signifient pas : *vous fabriquez les gouvernements*; car, tout au contraire la doctrine expresse du comte de Maistre est que cette fabrication est impossible. Ils signifient : *les gouvernements sont ce que vous êtes*; la phrase suivante lève d'ailleurs toute équivoque.

2) *Étude sur la souveraineté*, l. II, ch. II.

3) Nous ne voulons point cependant omettre une critique de détail dont la vraie place est dans une note.

Les questions de constitution sont les plus simples du monde pour l'école chimérique du XVIIIᵉ siècle qui les pose et les résout comme des problèmes abstraits, sans tenir compte du passé et des circonstances. Elles sont simples aussi, à l'autre pôle, pour l'école transformiste et fataliste qui ne tient pas compte de l'action personnelle des volontés humaines. Elles se compliquent pour ceux qui, comme notre auteur, se refusent à mutiler le problème et qui, tenant compte des deux éléments, s'engagent à en chercher l'accord. Rien d'étonnant à ce que ceux-ci ne trouvent pas toujours la solution juste et fassent trop grande tantôt la part du libre effort de l'homme, tantôt celle du passé et des circonstances.

C'est de cette seconde façon que l'*Étude sur la souveraineté* se trompe à propos de la Pologne. Voici le passage : « Certaines nations sont destinées, peut-être *condamnées* à la monarchie élective : la Pologne, par exemple, était soumise à ce mode de gouvernement. Elle a fait un effort, en 1791, pour changer sa constitution en mieux. Voyez ce qu'il a produit : on pouvait en prédire l'issue à coup sûr. La nation était trop d'accord; il y avait trop de raisonnement, trop de prudence, trop de philosophie dans cette grande entreprise. La noblesse, par un généreux dévouement, renonçait au droit qu'elle avait à la couronne; le

IV

On se souvient que Villemain, en Sorbonne, imputait au comte de Maistre *une haine aveugle pour la liberté*.

tiers-état entrait dans l'administration ; le peuple était soulagé, il acquérait des droits sans insurrection ; l'immense majorité de la nation et même de la noblesse donnait les mains au nouveau projet ; un roi humain et philosophe l'appuyait de toute son influence ; la couronne était fixée dans une maison, illustre, déjà *parente* de la Pologne et que les qualités personnelles de son chef recommandaient à vénération de l'Europe. Y pense-t-on ? Rien n'était plus *raisonnable* : c'était l'impossibilité même. Plus une nation sera d'accord sur une nouvelle constitution, plus il y aura de volontés réunies pour sanctionner le changement, plus surtout il y aura de lois écrites calculées *a priori*, et plus il sera prouvé que ce que la multitude veut n'arrivera pas. » (L. II. ch. II.)

Je ne saurais accepter cette *condamnation à la monarchie élective*, sur laquelle d'ailleurs l'auteur avait lui-même un doute trahi par son *peut-être*. Et j'ajoute que cette sentence fataliste est en opposition avec l'ensemble de sa doctrine, comme aussi avec ce qu'il va dire des monarchies européennes et de leur *air de famille*. Toutes ou presque toutes ont offert à l'origine une combinaison mal définie et un conflit sourd du principe héréditaire et du principe électif. Peu à peu le premier a prévalu partout, excepté dans la Pologne qui, pour son malheur, laissa le second prendre le dessus. L'élection du monarque n'y était pas plus qu'ailleurs une loi fondamentale, primitive, toujours dominante. Là comme ailleurs il y avait deux germes entre lesquels la double expérience des prospérités et des calamités avait définitivement prononcé. En acceptant ce jugement, en renonçant à une forme d'institution qui lui avait fait tant de mal, la Polo-

Il disait vrai, — sauf l'adjectif, — si liberté et Révolution sont même chose. Le comte de Maistre porte en effet à la Révolution cette haine non pas aveugle, mais éclairée et réfléchie, qu'on peut et qu'on doit avoir pour le mal. Il la hait parce que, dit-il, elle est elle-même *la haine de l'autorité, grand fléau de notre époque*, de l'autorité divine premièrement, puis, par une conséquence nécessaire, de toute autorité humaine légitime ; il la hait parce que, retirant au pouvoir social tout droit et ne lui laissant que le privilège brutal de la force matérielle, il retire aussi toute dignité à l'obéissance et n'offre plus d'autre correctif à l'esclavage que la révolte anarchique.

Mais si la liberté est une chose et la Révolution une autre, si la première est un bien que la seconde promet toujours et ne donne jamais, la direction antirévolutionnaire de toutes les doctrines et de tous les écrits du comte de Maistre n'autorise personne à lui prêter contre la liberté un parti pris qui ne se rencontre nulle part ni dans ses livres, ni dans ses papiers confidentiels. A la fin de sa carrière diplomatique, il écrivait à sa cour : « Personne n'aime le despotisme ; celui qui dit le contraire

---

gne ne se fabriquait pas une constitution *a priori* ; elle choisissait parmi ses traditions nationales.

Il faut donc passer condamnation sur cette page volontairement paradoxale et historiquement inexacte. Mais il faut remarquer que l'*Étude sur la souveraineté* n'a été ni achevée, ni revisée par l'auteur.

ment (1). » Au début de sa carrière de publiciste, il écrivait au baron Vignet des Étoles : « Vous me dites que les peuples ont besoin de gouvernements forts ; sur quoi je vous demande ce que vous entendez par-là. Si la monarchie vous paraît *forte* à mesure qu'elle est plus absolue, dans ce cas Naples, Madrid, Lisbonne, etc., doivent vous paraître des gouvernements vigoureux. Vous savez cependant, et tout le monde sait, que ces monstres de faiblesse n'existent plus que par leur aplomb. Soyez persuadé que pour *fortifier* la monarchie, il faut l'asseoir sur les lois, éviter l'arbitraire, les mutations continuelles d'emplois et les tripots ministériels (2). »

Mais, avec ce rare bon sens qui est un des traits caractéristiques de son génie, il se sépare très dédaigneusement des rêveurs pour lesquels il n'y a pas de milieu entre un despotisme sans limite et une liberté sans frein qui est la négation même de tout gouvernement. « J'observe que, parmi les innombrables folies du moment et de tous les moments, il y en a une qui est la mère de toutes : c'est ce qu'on appelait dans l'école le *protopseudos*, le sophisme primitif, capital, originaire et surtout original : c'est de croire que la liberté est quelque chose d'absolu et de circonscrit qu'on a ou qu'on n'a pas, et qui n'est susceptible ni de plus

---

1) Correspondance diplomatique.
2) Lettre troisième, Lausanne, 28 octobre 1794.

ni de moins (1). » Que cela est vrai ! et quel gros volume on ferait avec les sottises inspirées par ce principe de la liberté absolue, même en ne prenant que les plus énormes ! Après la liberté de tout dire on réclame comme un droit naturel la liberté de tout imprimer, absolument comme si l'imprimerie était contemporaine de l'humanité, puis la liberté de tout représenter sur la scène, en somme la liberté de tout faire. Il y en a qui, sous les gouvernements les plus faciles, se disent et se croient chargés de chaînes s'ils n'ont pas la liberté du divorce, la liberté de la polygamie, la liberté de la prédication publique de l'athéisme. Pour d'autres toute monarchie est un gouvernement d'esclaves. Pour d'autres enfin tout gouvernement qui ne se tient pas prêt chaque matin à se démettre à la première sommation populaire est un pouvoir oppresseur qui confisque les libertés publiques.

Notre auteur, cela va sans dire, n'admet pas la liberté du mal, en quoi il mérite bien de la liberté véritable et sage. Et quant aux libertés innocentes en soi, il sait qu'elles ne sont bonnes que dans la mesure où on les peut porter.

Il n'est donc pas de ceux qui simplifient le problème de l'autorité et de la liberté par la suppres-

1) Lettre cent-cinquante-septième à M. de Bonald, Turin, 29 mai 1819. — Il dit encore, dans les *Considérations* : « Il n'y a pas de nation chrétienne en Europe qui ne soit, de droit, *libre* ou *assez libre*. Il n'y en a pas qui n'ait dans les monuments les plus purs de sa législation tous les éléments de la constitution qui lui convient. » (Ch. VIII.)

sion d'un de ses termes. Il sait d'ailleurs que cette simplification ne résout rien, que cette suppression, si on la veut opérer ailleurs que sur le papier, produit le retour offensif et violent du terme qu'on prétendait éliminer, et qu'une réaction inévitable amène après la licence une concentration de pouvoir qui écrase tout, après le despotisme une anarchie où toutes les tyrannies privées se donnent carrière. Il avait coutume de dire que la Providence, depuis 1789, prêchait un sermon en deux points aux peuples et aux rois ; qu'elle disait à ceux-ci : « Sires, les abus amènent les révolutions, » — à ceux-là : « Messieurs, les abus valent mieux que les révolutions. »

Il a donc qualité pour poser le problème. Et il l'énonce dans toute sa grandeur, selon sa méthode habituelle qui est de joindre toujours aux lumières de la raison celles de l'expérience, c'est-à-dire de l'histoire :

« Quoique la souveraineté n'ait pas d'intérêt plus grand et plus général que celui d'être juste, et quoique les cas où elle est tentée de ne l'être pas soient sans comparaison moins nombreux que les autres, cependant ils le sont malheureusement beaucoup ; et le caractère particulier de certains souverains peut augmenter ces inconvénients au point que, pour les trouver supportables, il n'y a guère d'autre moyen que de les comparer à ceux qui auraient lieu si le souverain n'existait pas.

« Il était donc impossible que les hommes ne fissent pas de temps en temps quelques efforts pour se mettre à l'abri des excès de cette énorme prérogative ; mais sur ce point l'univers s'est partagé en deux systèmes d'une diversité tranchante.

« La race audacieuse de Japhet n'a cessé, s'il est permis de s'exprimer ainsi, de graviter vers ce qu'on appelle la *liberté*, c'est-à-dire vers cet état où le gouvernement est aussi peu gouvernant et le gouverné aussi peu gouverné que possible. Toujours en garde contre ses maîtres, tantôt l'Européen les a chassés, et tantôt il leur a opposé des lois. Il a tout tenté, il a épuisé toutes les formes imaginables de gouvernement pour se passer de maîtres ou pour restreindre leur puissance.

« L'immense postérité de Sem et de Cham a pris une autre route. Depuis les temps primitifs jusqu'à ceux que nous voyons, toujours elle a dit à un homme : *Faites tout ce que vous voudrez, et lorsque nous serons las, nous vous égorgerons.*

« Personne sans doute n'imaginera de conseiller à l'Europe le droit public, si court et si clair, de l'Asie et de l'Afrique ; mais puisque le pouvoir chez elle est toujours craint, discuté, attaqué, ou transporté, puisqu'il n'y a rien de si insupportable à notre orgueil que le gouvernement despotique, le plus grand problème européen est donc de savoir : *comment on peut restreindre le pouvoir souverain sans le détruire* (1). »

1) *Du Pape*, l. II, ch. II. Remarquons ici, dans la pensée du comte de Maistre, une modification — un progrès — considé-

Et maintenant il va dire comment le problème a été résolu chez les nations de l'Europe moderne qui, sans doute, ont chacune sa physionomie, son histoire et par conséquent sa constitution naturelle; mais qui sont, en somme, de même famille et qui offrent des ressemblances accusant une origine et des influences communes.

Il l'a été par la royauté chrétienne.

La première pensée du comte de Maistre avait été que les caractères qui distinguent si profondément nos royautés modernes d'avec les républiques éphémères de la Grèce et les monarchies immobiles de l'Orient sont *des caractères de race*, et que cette

rable. Il aurait dit dans l'Étude sur la souveraineté *que la souveraineté est absolue de sa nature, et que la limiter, c'est la détruire*. Le texte *du Pape*, qui, revisé par l'auteur, doit évidemment être accepté comme exprimant sa pensée définitive, corrige le texte de *l'Étude*, qui n'est qu'un premier jet. Il ne le contredit pas totalement, et n'abandonne nullement la vérité que les mots *souveraineté absolue* énonçaient sous une forme inexacte et équivoque : à savoir que, dans toute société politique, il y a nécessairement un pouvoir ou un accord de pouvoirs qui, humainement, décide et ordonne en dernier ressort. Mais ces mots sont dangereux parce qu'ils se laissent trop naturellement interpréter en un sens absolument faux; révolutionnaire et, si je l'ose dire, athée : en ce sens que la souveraineté politique aurait droit de tout ordonner. Il faut dire au contraire que nulle souveraineté humaine n'est absolue. Elle trouve une limite dans la loi naturelle, qui est divine, et qui commande de lui désobéir lorsqu'elle ordonne le mal. Chez les peuples chrétiens, elle en trouve une autre dans la loi révélée. Joseph de Maistre va faire voir qu'elle en trouve une troisième dans les lois fondamentales de chaque nation. Enfin le livre *du Pape* en indiquera une quatrième, sur laquelle nous aurons à revenir.

grande institution, où se rencontre une si heureuse et si stable combinaison de liberté et d'autorité, est une importation de la Germanie barbare qui envahit, au cinquième siècle, le territoire de l'empire romain. Mais déjà à travers cette genèse, qui fait la part trop belle à la barbarie païenne, apparaissait une idée plus haute, plus profonde et plus vraie à laquelle le dernier mot devait rester dans son esprit.

« Je me garderai bien, » dit-il dans l'*Étude sur la souveraineté*, « de nier que le christianisme n'ait modifié *en bien* tous les gouvernements, et que le droit public de l'Europe n'ait été infiniment perfectionné par cette loi salutaire ; mais il faut aussi avoir égard à notre origine commune et au caractère général des peuples septentrionaux qui ont pris la place de l'empire romain en Europe. Hume fait remarquer avec une vérité frappante que, si notre portion du globe se distingue des autres par des sentiments de liberté, d'honneur, de justice et de valeur, elle doit uniquement ces avantages aux germes plantés par ces généreux barbares.

« Oui, c'est au milieu des forêts et des glaces du Nord que nos gouvernements ont pris naissance. C'est là qu'est né le caractère européen. Le besoin d'agir et l'inquiétude éternelle sont nos deux traits caractéristiques. Le mouvement est la vie morale autant que la vie physique de l'Européen. Et l'un des plus grands résultats de ce caractère, c'est qu'il ne supporte qu'avec peine d'être absolument étranger au gouvernement.

« Tacite, en décrivant l'abattement des Romains sous le sceptre des empereurs, appuie sur cette insouciance universelle qui est le premier fruit de la servitude *et qui change la chose publique en chose étrangère*. C'est précisément cette insouciance qui n'est point dans le caractère des Européens modernes. Toujours inquiets, toujours alarmés, le voile qui leur cache les ressorts du gouvernement les dépite ; sujets soumis, esclaves rebelles, ils veulent anoblir l'obéissance, et, pour prix de leur soumission, ils demandent le droit de se plaindre et d'éclairer la puissance. »

Et c'est ainsi que, « sous le nom de *Champs de Mars* ou *de Mai*, de Parlements, d'États, de Cortès, d'Établissements, de Diètes, de Sénats, de Conseils, etc., tous les peuples de l'Europe moderne se sont mêlés plus ou moins de l'administration sous l'empire des rois (1). »

L'effet décrit dans cette page brillante est d'une parfaite réalité historique ; mais la cause à laquelle il est rapporté est absolument inadéquate et devait produire, si elle eût agi seule, des résultats bien éloignés de cette *obéissance anoblie*. Ce qui est vrai, ce que Guizot, Augustin Thierry et beaucoup d'autres ont mis en pleine lumière après Tacite, c'est que l'esprit d'indépendance personnelle est le trait dominant du caractère barbare, et que cet esprit peut expliquer, dans une mesure, l'élément

---

1) *Étude sur la souveraineté*, L. II, chap. II.

de liberté qu'on trouve au fond de toutes les constitutions européennes. Mais cette indépendance sauvage allait droit à l'anarchie si elle ne recevait un frein ; et bien loin de résoudre le problème par l'accord des deux principes, elle tendait à le rendre insoluble par l'anéantissement de ce principe d'autorité qui est l'essence même du lien social. Le roi germain n'était, selon cet esprit, qu'un chef militaire sans autre force morale que son ascendant personnel. Et il n'y avait là nulle trace, nul germe de cette grande institution monarchique qui, avec Charlemagne, avec Louis le Gros, avec saint Louis, résume en elle l'âme nationale, personnifie la souveraineté de la justice et obtient une obéissance qui courbe tous les fronts sans avilir aucun caractère.

Non, cette grande institution n'est point germaine d'origine ; elle est chrétienne. Joseph de Maistre, par un progrès facile à prévoir de son esprit si bien fait pour la vérité pleine, ne tarda pas à s'en apercevoir. Et il condensa sa pensée définitive dans cette magnifique formule qu'on rencontre souvent dans ses écrits : *Le christianisme épousa la souveraineté* (1).

---

1) Un chapitre spécial du livre *du Pape* développe cette pensée en la complétant par celle-ci : que les Papes ont fait l'éducation de la royauté moderne. J'en détache quelques lignes particulièrement belles et significatives : « Les Papes ont élevé la jeunesse de la monarchie européenne. Ils l'ont *faite*, au pied de la lettre, comme Fénelon *fit* le duc de Bourgogne. Il s'agissait, de part et d'autre, d'extirper d'un grand caractère un élément féroce qui aurait tout gâté. Tout ce qui gêne l'homme le

Il l'épousa presque partout sous la forme de royauté ; et voici ce qu'il lui apporta en douaire.

Ce fut d'abord la consécration dont le sacre était l'emblème, une consécration qui lui permit d'être désormais non plus la force, mais l'autorité. La souveraineté politique fut plus que la représentation et l'image de la souveraineté de Dieu ; elle en fut, en toute réalité, un écoulement et une délégation. Placé au soumet de la société politique comme le Père céleste au sommet de toutes choses, comme le père de famille au sommet de la hiérarchie domestique, le roi fut père aussi, et fut protégé à ce titre par un sentiment dans le cœur de la nation, par un principe dans sa conscience : un sentiment de véritable amour filial qui traversait la personne pour aller à la fonction, et dont les expressions touchantes, les témoignages persévérants, les preuves positives surabondent dans l'histoire de l'Europe moderne, très particulièrement dans l'histoire de France, au point d'être notés par les observateurs étrangers comme un trait de notre

---

fortifie. Il ne peut obéir sans se perfectionner, et par cela seul qu'il se surmonte, il est meilleur. Il est arrivé à la monarchie ce qui arrive à un individu bien élevé. L'effort continuel de l'Église, dirigé par le Souverain Pontife, en a fait ce qu'on n'avait jamais vu et ce qu'on ne verra jamais partout où cette autorité sera méconnue. Insensiblement, sans menaces, sans lois, sans combats, sans violences et sans résistance, la grande charte européenne fut proclamée, non sur le vil papier, non par la voix des crieurs publics, mais dans tous les cœurs européens, alors tous catholiques. » (L. III, ch. IV.)

caractère national, et cela jusqu'à la veille des tragédies régicides de la Révolution ; un principe de morale publique, à savoir l'inviolabilité et le caractère sacré de la personne royale, si bien que porter une main violente sur le Roi ne fut plus seulement un crime contre l'humanité et contre la patrie, mais un véritable sacrilège.

Du sentiment filial chez les sujets naquit chez le roi un sentiment de père. De là le caractère paternel de la royauté chrétienne, sa sympathie pour les souffrances populaires, son rôle de protection et de redressement des torts, sa communication facile avec le peuple et particulièrement avec les plus faibles et les plus humbles, la confiance enfin qu'elle inspire et qu'elle justifie. Et ce caractère totalement nouveau, totalement opposé au soin jaloux que prennent les monarques orientaux de s'isoler et de s'envelopper de mystère, s'adapte merveilleusement avec la disposition naturelle des peuples européens à ne pas se désintéresser des affaires publiques. Il conduit à établir entre le souverain et les sujets des communications régulières qui prennent inévitablement la forme représentative et qui remédient à l'impuissance où est la royauté de tout voir par elle-même. Par là, sans que la souveraineté souffre aucune atteinte et que l'unité du pouvoir soit divisée, les antiques constitutions européennes préviennent le plus grand péril des monarchies, la substitution de l'action ministérielle à l'action royale. Le roi qui ne voit que par les yeux de ses ministres est entre les mains de gens qui, souvent, ont intérêt à lui intercepter la lumière ; il devient un inconnu pour ses sujets ; entre lui et eux les cœurs *s'estrangent*, comme entre un père et des fils qui ne communiqueraient que par des domestiques ou des gens d'affaires. Rétablissez les communications directes, faites que les vœux et les plaintes du peuple arrivent jusqu'au roi, la tyrannie ministérielle, une des plus intolérables qu'il y ait au monde, devient ou impossible ou passagère.

Le comte de Maistre a mis en un vif relief cette pièce essentielle de la royauté européenne. « Il peut y avoir une infinité de nuances dans les gouvernements monarchiques ; les hommes chargés de porter au pied du trône les représentations et les doléances des sujets, peuvent former des *corps* ou des *assemblées* ; les membres qui composent ces corps ou ces assemblées peuvent différer par le nombre, par la qualité, par le genre et l'étendue de leurs pouvoirs ; le mode des élections, l'intervalle et la durée des sessions, etc., varient encore le nombre des combinaisons ; *facies non omnibus una;* mais toujours vous trouvez le caractère général, c'est-à-dire toujours des hommes choisis, portant légalement au père les plaintes et les vœux de la famille : *nec diversa tamen*.

« Interrogez l'Européen le plus instruit, le plus sage, le plus religieux même et le plus ami de la royauté, demandez-lui : Est-il juste, est-il expédiont que le roi gouverne uniquement par ses ministres ? que ses sujets n'aient aucun moyen légal de communiquer en corps avec lui, et que les abus durent jusqu'à ce qu'un individu soit assez éclairé et assez puissant pour y mettre ordre, ou qu'une insurrection en fasse justice ? Il vous répondra sans balancer : Non.

« Ce qui nous déplaît généralement, ce qui ne s'accorde nullement avec notre caractère et nos usages anciens, incontestables, universels, c'est le gouvernement ministériel ou le vizirat. L'immobilité orientale s'en accommode fort bien ; mais la race audacieuse de Japhet n'en veut point, parce qu'en effet, cette forme ne lui convient point.

« Souvent on se plaint du despotisme et de l'excès du pouvoir ; mais il me semble qu'on prend une chose pour l'autre et que c'est de son déplacement et de son affaiblissement qu'on est blessé. Dès que la nation est condamnée au silence et que l'individu seul peut parler, il est clair que chaque individu pris à part est moins fort que les gens en place ; et il s'ensuit que les dépositaires du pouvoir délégué, n'étant comprimés par rien et ne relevant pas assez directement de l'opinion, s'emparent du sceptre et se le divisent en petits fragments proportionnels à l'importance de leurs places, en sorte que tout le monde est roi excepté le roi. Voilà comment on peut se plaindre tout à la fois du despotisme et de la faiblesse du gouvernement. Le peuple se plaint du despotisme parce qu'il n'est point assez fort contre l'activité désordonnée du pouvoir délégué ; et il se plaint de la faiblesse du gouvernement parce qu'il ne voit plus de centre et que le roi n'est pas assez roi.

« Pour remédier à de si grands maux, il ne s'agit que de renforcer l'autorité du roi, de lui rendre sa qualité de père en rétablissant la correspondance antique et légitime entre lui et la grande famille, de rendre à la nation un moyen quelconque de faire entendre sa voix légalement (1). »

Voici maintenant le deuxième présent que le christianisme a fait à la souveraineté en l'épousant : il lui a retiré la toute-puissance.

Le roi est inviolable, mais il ne peut pas tout.

Il y a d'abord une sphère haute et sacrée dans laquelle il n'a pas le droit de commander, mais le devoir d'obéir, tout comme le dernier de ses sujets. Il est, comme eux, sujet de l'Évangile ; il sait que son droit de commander expire là où son ordre mettrait une âme entre l'obéissance au prince et l'obéissance à Dieu ; non seulement son droit, mais sa force, qui se briserait devant la résistance prévue des consciences chrétiennes. Car pour triompher de cette résistance, que peut-il ? une seule chose : *tuer ;* à quoi cela lui servirait-il contre des gens qui ne veulent ni ne peuvent céder ? Il ne réussirait qu'à se placer lui-même, lui roi chrétien d'une nation chrétienne, en dehors de la grande loi qui consacre

---

1) *Étude sur la souveraineté,* L. II, ch. II.

et protège son pouvoir, à s'excommunier *proprio motu*, et à se faire appliquer cette maxime de notre vieux droit public que Fénelon osait rappeler en plein règne de Louis XIV : « Ce fut chez les nations catholiques une conviction profondément enracinée que le pouvoir suprême ne pouvait être confié qu'à un prince catholique et que la condition de la fidélité de la nation au roi était la fidélité du roi lui-même à la loi religieuse (1). »

Et de fait, les rois européens ne tuent pas. L'usage oriental qui permet au prince de couper lui-même des têtes ou d'envoyer, selon son bon plaisir, le cordon à tel ou tel sujet, est repoussé par le droit public des nations européennes. Toute justice émane du roi, mais le roi ne juge pas lui-même, fût-ce dans les contestations civiles, à moins que les deux parties ne viennent à lui comme au plus sûr des arbitres. Surtout il ne prononce pas de condamnations capitales. La séparation du pouvoir judiciaire, par conséquent son indépendance, par conséquent son droit de prononcer contre le roi lui-même lorsque celui-ci est partie intéressée, prennent ainsi place parmi les traits et les caractères communs des constitutions européennes. L'auteur résume ces caractères communs en six articles.

« 1° Le roi est souverain ; personne ne partage

---

1) Catholicarum gentium hæc fuit sententia animis alte impressa supremam potestatem non posse committi nisi principi catholico, eamque esse legem ut principi populi fideles parerent, modo princeps ipse catholicæ religioni obsequeretur.

la souveraineté avec lui, et tous les pouvoirs émanent de lui ;

« 2° Sa personne est inviolable ; nul n'a le droit de le déposer ni de le juger ;

« 3° Il n'a pas le droit de condamner à mort, ni même à aucune peine corporelle ; le pouvoir qui punit vient de lui, et c'est assez ;

« 4° S'il inflige l'exil ou la prison dans des cas dont la raison d'État peut interdire l'examen aux tribunaux, il ne saurait être trop réservé, ni trop agir de l'avis d'un conseil éclairé :

« 5° Le roi ne peut juger au civil ; les magistrats seuls, au nom du souverain, peuvent prononcer sur la propriété et sur les conventions ;

« 6° Les sujets ont le droit, par le moyen de certains corps, conseils ou assemblées différemment composés, d'instruire le roi de leurs besoins, de lui dénoncer les abus, de lui faire passer légalement leurs doléances et leurs très humbles remontrances (1). »

A quoi il faut ajouter encore l'impuissance du roi à changer les lois fondamentales de la nation à laquelle il commande. Joseph de Maistre fait plusieurs fois remarquer qu'aucune force matérielle n'empêche le roi de tenter et de décréter de tels bouleversements, mais qu'un obstacle moral plus fort que ses caprices rend vaine sa tentative et nul son décret. Le caprice passe, la loi fondamentale demeure.

1) *Étude sur la souveraineté*, l. II, ch. II.

Tel est le portrait, fidèle à tout prendre, qu'il trace de la royauté européenne et des institutions qui, sous des formes diverses, l'accompagnaient partout (1). C'est un type évidemment nouveau, évidemment chrétien. Il n'a rien de commun avec ce césarisme qui, sous les empereurs romains, naturalisa pour quelques siècles en Europe les procédés du despotisme oriental, en y ajoutant un nouveau degré d'activité meurtrière. Joseph de Maistre considérait l'empire napoléonien comme un retour à cette forme païenne et avilissante de gouvernement. « Nous marchons droit au *droit romain* sous

---

1) Il y a cependant ici une lacune. L'auteur ne mentionne pas le droit de la nation de consentir les taxes nouvelles, droit dont on peut reconnaitre le germe dans la plupart des antiques constitutions européennes.

Mais on attribuerait à cette omission une gravité qu'elle n'a pas, si l'on voyait dans ce droit quelque chose de semblable au vote annuel de nos budgets.

Il dépend aujourd'hui d'une assemblée d'arrêter, par le refus *en bloc* de l'impôt, la *circulation du sang* dans les veines du corps social. Rien de semblable autrefois. La couronne avait en pleine propriété des revenus considérables, qui suffisaient aux dépenses publiques dans tout le territoire de son domaine direct; et chaque grand chef féodal avait, proportion gardée, des ressources pareilles pour supporter des charges analogues.

En second lieu, il n'y avait point de budget de la guerre, ni de budget du culte, ni de budget de l'instruction publique, la noblesse, le clergé, les universités faisant gratuitement et à leurs dépens le service militaire, religieux, scientifique.

En troisième lieu, il n'y avait pas le budget de la dette publique qui charge d'un poids si lourd nos impôts modernes. Le roi n'avait, en somme, à demander à la nation que le budget extraordinaire, et n'avait pas besoin de son vote pour la faire vivre de la vie quotidienne.

les empereurs » écrivait-il en 1810. « Je tue, tu tues, il tue, nous tuons, vous tuez... Je serai tué, tu seras tué, etc..., en un mot tout le verbe (1). » Et sa pensée se reportait avec une admiration et une tendresse mélancoliques vers cette royauté chrétienne que la Révolution venait de détruire en France, d'ébranler et d'altérer partout. « La monarchie européenne », disait-il dans la même lettre, « m'a toujours paru, en fait de gouvernement, le plus haut point de perfection que notre pauvre nature puisse atteindre. Elle est morte, et me paraît encore plus belle, comme le corps humain est bien plus admirable étendu et dépecé sur la table anatomique que dans les plus belles attitudes de la vie (2). »

Il disait qu'elle était morte, il ne disait pas qu'elle ne dût point revivre. Il constatait que le principe qui l'avait formée, qui la soutenait et la vivifiait, avait perdu son empire sur un grand nombre d'âmes et plus encore son empire sur les nations comme nations. Et il comprenait qu'on ne reverrait pas, — sans doute avec des développements et des modifications amenés par les besoins nouveaux, — cette grande institution altérée et disparue, tant que le principe n'en serait pas rétabli dans toute sa souveraineté sociale, tant que la sève qui la faisait vivre ne recommencerait pas à couler dans les veines de cette Europe qui fut jadis la *république chré-*

---

2) Lettre soixante et onzième, à M. le comte de ....
3) *Ib.*

tienne. Il savait avec quel art le parti destructeur s'était servi de la souveraineté elle-même pour retirer de dessous elle la base qui la portait. « On ne peut douter de l'existence d'une grande et formidable secte qui a juré depuis longtemps le renversement de tous les trônes ; et c'est des princes mêmes qu'elle se sert avec une habileté infernale pour les renverser. Voici la marche qui a toujours été invariable et très efficace. Le christianisme ayant épousé la souveraineté en Europe, point de succès si l'on n'amène pas un divorce entre ces deux puissances. Nous ne pouvons pas attaquer directement la souveraineté qui nous ferait pendre ; commençons donc par la religion, et faisons-la mépriser. Mais la chose n'est pas possible tant qu'elle est défendue par un sacerdoce riche et influent ; il faut avant tout l'avilir et l'appauvrir. Ce sacerdoce prêchant sans relâche l'origine divine de la souveraineté, l'obéissance passive (1), l'inviolabilité du souverain, etc., il est le *complice naturel du despotisme*. Comment faire pour le rendre suspect ? Il faut le présenter comme un ennemi, et pour cela, citer sans cesse de vieux combats entre les Papes et les rois… Le roi très chrétien a laissé prêcher ces doctrines dans ses propres États pendant un siècle ; il s'en est bien trouvé, et il l'a voulu. La

---

1) Expression visiblement inexacte et qui rend mal la pensée de l'auteur. Le sens est celui-ci : *l'obéissance qui, dans le cas où la conscience l'interdit, ne se permet qu'une résistance passive.*

première monarchie du monde, mise en l'air, est tombée par son propre poids, comme je tomberais si le fauteuil qui me soutient venait à s'engloutir sous moi (1). »

Or ce qui est dit ici du mariage du christianisme avec la souveraineté ne s'applique pas seulement à la royauté, mais à toute forme de gouvernement. L'avertissement vaut pour tous les pouvoirs humains qui se séparent du christianisme, combien plus pour ceux qui lui font la guerre ! Ils sont *en l'air*, et ils tomberont ; cette loi de la chute des pouvoirs a son effet infaillible comme la loi de la chute des corps.

V

J'aurais bien mal rendu la pensée du comte de Maistre, si l'on concluait de son admiration pour la royauté, telle que le christianisme l'a faite, qu'il en eût conseillé l'adoption à une république aristocratique comme celle de Berne, ou à une démocratie comme celles des petits cantons forestiers de la Suisse. La loi des constitutions naturelles domine tout dans sa politique, et les importations étrangères lui semblent, en cette matière, presque aussi dangereuses aux nations que les créations *a priori*. Pour le dire en passant, ce caractère exotique est

---

1) Lettre soixante-quatorzième, au chevalier de ***, 1811.

un de ses plus vifs griefs contre la Charte de 1814. Grand admirateur de la constitution anglaise, en Angleterre où elle a grandi avec la nation elle-même, il se sent humilié pour la France « qu'elle soit aller gueuser une constitution à l'étranger, comme si elle n'avait rien chez elle (1). »

1) Avait-elle encore quelque chose ? et le crime de la Révolution n'avait-il pas été d'y tout détruire, autant qu'elle l'avait pu ?
Deux choses seulement restaient : la royauté et l'Église.
En ce qui concerne la première, Louis XVIII fit le possible pour rattacher le présent au passé. Avec une fermeté qui l'honore et que les écrivains libéraux ou révolutionnaires ont fort sottement raillée, il tint à faire dater la Charte de la dix-neuvième année de son règne et à l'octroyer au lieu de la subir. La date ne supprimait pas l'histoire ; mais elle maintenait la continuité d'un droit que la royauté exilée n'avait jamais laissé prescrire. L'octroi ne posait point le principe du gouvernement absolu ; mais il contredisait courageusement le principe révolutionnaire du contrat social. — De leur côté, les conseillers auxquels le roi avait confié la rédaction de l'acte constitutionnel prirent soin de placer au-dessus du débat, par leur silence même, les lois fondamentales de la monarchie restaurée, et appliquèrent sagement en cela les principes du comte de Maistre, qui étaient aussi ceux de M. de Bonald. « On avait soigneusement évité » dit M. Thiers, « de parler, dans le projet, du retour des Bourbons au trône, des causes de ce retour, de la nature du principe monarchique, de ses conditions héréditaires de mâle en mâle et par ordre de primogéniture. M. Boissy d'Anglas s'étant plaint de cette omission comme d'une lacune regrettable dans l'intérêt même de la royauté, on lui répondit que ces omissions étaient volontaires, que le droit des Bourbons au trône n'avait pas besoin d'être énoncé, qu'il était préexistant à tout autre droit ; que même absents et matériellement remplacés en France par l'usurpation, ils n'avaient pas cessé d'y régner ; que le principe et le mode d'hérédité n'avaient pas

Mais après qu'on s'est imposé la règle de ne demander à chaque sol que ce qu'il peut produire, il est permis sans doute de comparer les productions, et de féliciter le climat favorisé qui porte les plus belles. C'est ainsi que ses préférences théoriques pour la monarchie s'accordent avec son respect pour les constitutions naturelles et qu'il juge heu-

besoin non plus d'être exprimés, car ils subsistaient avec l'ancienne constitution de la monarchie française; qu'il s'agissait seulement ici de modifier certaines parties de cette constitution, et d'accorder aux Français des droits qui autrefois ne leur étaient point reconnus; que par conséquent il suffisait d'énoncer les dispositions nouvelles, sans s'occuper de celles qui, au milieu des vicissitudes du temps, n'avaient pas cessé d'exister virtuellement. » — Quant à ces *droits nouveaux* octroyés en partie comme l'équivalent des droits anciens que la Révolution avait emportés sans retour, en partie comme un développement et comme une satisfaction à des besoins nouveaux aussi, il fallait bien les écrire; et on le pouvait sans tomber dans la folie des conceptions *a priori* et des constitutions sur le papier.

En ce qui concerne la religion, le comte de Maistre était sans doute trop sévère pour l'œuvre de Louis XVIII lorsqu'il écrivait à M. de Bonald : « Dieu n'y est pour rien, et c'est le grand anathème. » La France s'y reconnaissait catholique comme nation ; c'était la déclaration d'un principe et non pas seulement, comme plus tard dans la Charte de 1830, la constatation d'un fait matériel. Mais il fallait tirer les conséquences, dont la première était de rendre à l'Église de France sa pleine liberté, de lui donner carte blanche pour ses communications avec son chef suprême, pour l'épanouissement de ses ordres religieux, pour sa mission d'enseignement, de reconnaître son droit d'acquérir et de posséder, de lui restituer ses biens non vendus, d'ôter au budget de son culte toute apparence de salaire et de l'inscrire au grand livre comme l'acquittement d'une dette perpétuelle et d'une indemnité incomplète. C'est ce qui ne fut pas fait, et le préjugé gallican, très puissant encore parmi les royalistes,

reusos les grandes nations européennes, la France en particulier *sua si bona norit* — d'y avoir trouvé une autorité qui n'était point la tyrannie, une obéissance qui n'était point la servitude, une stabilité qui n'était point l'inertie, tous les germes d'une liberté qui n'eût point été la licence si la Révolution n'était venue les corrompre.

servit à merveille, en cette rencontre, le dessein révolutionnaire.

L'avenir devait effacer, par la loi de l'indemnité des émigrés, un troisième grief du comte de Maistre contre la Charte de 1814. Mais il en devait trop justifier un quatrième qui ressort de toute sa doctrine : le régime constitutionnel n'allait pas tarder à dériver vers le régime parlementaire ; les assemblées allaient absorber, puis briser le pouvoir royal qui avait généreusement appelé leur collaboration ; la Chambre haute allait être annulée par l'assemblée élective.

Ce fut d'ailleurs la faute des hommes encore plus que de l'institution. Et c'est une merveille que la Restauration, minée par une conspiration permanente, ait pu, pendant sa trop courte durée, donner à la France tant de prospérité et tant de grandeur.

Admirez ici la sagesse du comte de Maistre et son généreux esprit de discipline. Il connaît tous les défauts de la Charte de 1814, et lui en prête même plus qu'elle n'en a. Et cependant il écrit à M. de Blacas : « Je n'en combattrais pas moins pour elle jusqu'à la mort, si j'avais l'honneur de siéger dans l'une ou l'autre de vos deux Chambres, quoique je sois très certain qu'elle ne peut durer, parce qu'une chose peut être très bonne aujourd'hui quoiqu'elle ne doive plus l'être dans cinquante ans ou demain, et parce qu'il n'y a dans ce moment d'autre loi, d'autre salut, d'autre constitution que de marcher avec le roi, dût-il même se tromper en quelque chose. »

CHAPITRE V

L'ÉGLISE ET LA PAPAUTÉ

I

Lorsque Pie VII, déterminé par les considérations les plus élevées, les plus pressantes et les plus dégagées de tout intérêt temporel, se décida, trois ans après la signature du Concordat, à venir à Paris sacrer l'empereur Napoléon, le comte de Maistre, royaliste pour la France comme pour le Piémont, en conçut une vive irritation. Et, sa plume le démangeant, il écrivit à sa cour plusieurs lettres où le Pape était traité de la manière la plus dure.

Ces explosions de mauvaise humeur étaient demeurées inconnues, et les archives de Turin en avaient gardé le secret, lorsque, en 1858, M. de Cavour, dont l'habileté n'était gênée par aucun scrupule, les fit publier, avec commentaires, par M. Albert Blanc dans ce volume de *Mémoires et correspondance diplomatiques* que nous avons mentionné et qualifié dans un précédent chapitre. Au moyen de cet acte d'exquise indélicatesse, le ministre piémontais et son collaborateur espéraient engager le comte de Maistre dans le parti de la Révolution italienne par une apostasie d'outre-tombe, et mettre sous le patronage de ce grand nom et de ce grand caractère les entreprises qu'on méditait déjà contre le Saint-Siège.

Un si honnête dessein réussit mal.

Premièrement, les lettres ne prouvaient que deux choses : l'une, que le comte de Maistre avait eu le tort d'oublier un moment le respect que la plume, la parole et la pensée elle-même doivent toujours conserver pour la personne du vicaire de Jésus-Christ alors même qu'il est permis de ne point approuver tel ou tel de ses actes ; l'autre, que, n'étant pas dans le secret des négociations qui avaient précédé et déterminé le voyage de Pie VII en France, il appréciait sa conduite en juge mal informé (1). Mais c'était tout ; le sacre était une

1) Tout le détail de cette négociation est aujourd'hui bien connu. Napoléon demandait le voyage et le sacre en homme résolu à n'accepter aucune excuse. Un ajournement équivalait un refus, un refus à une rupture avec ses désastreuses conséquences pour l'Église de France à peine renaissante. « Le monarque qu'il s'agit de couronner », écrivait le cardinal Caprara, chargé de transmettre la demande, « trouverait très mauvais et regarderait comme une injure que Sa Sainteté élevât

démarche et non une encyclique, un acte de gouvernement et non un acte d'enseignement *ex cathedra;* et la foi la plus scrupuleuse à l'infaillibilité doctrinale du Saint-Siège laissait aux meilleurs catholiques le droit de considérer la conduite du pape en cette circonstance comme bonne et habile, ou comme inopportune et fâcheuse.

Secondement, cette même correspondance diplomatique d'où l'on avait extrait, pour les mettre en relief et les souligner par des commentaires, les pages irrespectueuses dont il s'agit contenaient autre chose encore, à savoir le petit passage que voici, qui allait, un demi-siècle d'avance, à l'adresse et sur la joue de M. de Cavour : « Il n'y a pas longtemps qu'un personnage anglais disait, dans une très bonne compagnie de cette partie du monde, *que tout homme qui parle d'ôter un pouce de terrain au Pape devrait être pendu.* Pour moi, je consens

---

des difficultés ou cherchât à temporiser ». Uniquement préoccupé du salut des âmes et du bien de la religion, Pie VII crut pouvoir, et qui oserait l'en blâmer? sacrifier tout à ces intérêts supérieurs, — tout excepté sa conscience. Et il tint absolument à ce que rien n'altérât la pureté de ce motif spirituel. Tandis que le cardinal Caprara, dans sa première dépêche, faisait remarquer « que c'était le moment favorable où il serait possible au nouvel empereur d'étendre les limites trop resserrées des États du Pape », tandis que le cardinal Fesch, ambassadeur de France à Rome, insistait pour que le Pape, en retour de sa condescendance, se fît rendre les Légations et obtînt une compensation pour Avignon, Pie VII déclara nettement qu'il ne voulait pas que rien de temporel (*nullo di temporale*) fût mêlé à cette affaire

volontiers, pour éviter le carnage, qu'on change *pendu* en *sifflé*. » (Saint-Pétersbourg, 28 avril — 10 mai 1815.)

D'ailleurs, nous pouvons dire de cette faute passagère contre le respect filial : *felix culpa*. Le comte de Maistre n'avait pas à désavouer publiquement des lettres confidentielles dont il ne savait pas que le secret dût être violé un jour. Il fit mieux ; il écrivit le livre *du Pape*. Suivant une opinion qui est presque une tradition de famille, c'est en grande partie à son généreux regret que nous devons ce puissant ouvrage. Et cette opinion devient une certitude à la lecture du passage suivant : « A l'époque des fameux débats qui eurent lieu en l'année 1801 au Parlement d'Angleterre sur l'émancipation des catholiques, un membre de la Chambre s'exprima ainsi : *Je pense et même je suis certain que le Pape n'est qu'une misérable marionnette entre les mains de l'usurpateur du trône des Bourbons ; qu'il n'ose pas faire le moindre mouvement sans l'ordre de Napoléon ; et que si ce dernier lui demandait une bulle pour animer les prêtres irlandais à soulever leurs troupeaux contre le gouvernement, il ne la refuserait point au despote.* — Mais l'encre qui nous transmit cette certitude curieuse était à peine sèche que le Pape, sommé avec tout l'ascendant de la terreur de se prêter aux vues générales de Buonaparte contre les Anglais, répond qu'étant le père commun de tous les chrétiens, il ne peut avoir d'ennemis parmi eux ; et plutôt que de plier sur la demande d'une fédération d'abord directe, ensuite indirecte contre l'Angleterre, il se laisse outrager, chasser, emprisonner, il commence enfin ce long martyre qui l'a rendu si recommandable à l'univers entier. Maintenant, si j'avais l'honneur d'entretenir ce noble sénateur de la Grande-Bretagne, *qui pense et qui est même certain* que le Pape n'est qu'une misérable marionnette aux mains des brigands qui veulent l'employer, je lui demanderais, avec la franchise et les égards qu'on doit à un homme de sa sorte, non pas ce qu'il pense du Pape, mais ce qu'il pense de lui-même en se rappelant son discours (1). »

Pour qui sait lire entre les lignes, le sens est clair. C'est lui-même que le comte de Maistre interroge sous le nom de l'orateur anglais ; c'est à lui-même qu'il demande (et qu'il dit dans le secret de sa conscience) *non ce qu'il pense du Pape, mais ce qu'il pense de lui-même en se rappelant ses lettres.*

II

Le livre *du Pape* et le livre *de l'Église gallicane* qui le complète parurent à une heure qui semblait merveilleusement opportune.

1) *Du Pape,* liv. II, ch. VI.

La Révolution avait emporté toute l'organisation religieuse et politique de la vieille société française. L'Église de France s'était retrempée dans la persécution et le martyre. Elle avait pu s'y instruire ; elle avait vu les maximes gallicanes aboutir, entre des mains révolutionnaires, à la constitution civile du clergé. Catholique par le fond de ses entrailles, elle avait repoussé le schisme avec horreur et s'était rangée, avec une docilité presque unanime, autour du Saint-Siège, qui condamnait cet énorme attentat. Plus tard, à l'époque du Concordat, elle s'était soumise de la façon la plus magnanime au plus grand acte de souveraineté gouvernementale que jamais Pape ait accompli de sa pleine puissance. Plus tard enfin, sous la rude main de Napoléon, elle avait achevé de connaître le poids des chaînes dorées que la protection oppressive du pouvoir civil faisait peser sur elle ; et elle avait pu juger si *les quatre articles* étaient une garantie de sa liberté ou un instrument de sa servitude. Placée maintenant dans des conditions meilleures, ayant affaire à une royauté évidemment bienveillante, qui voulait sincèrement la seconder dans sa grande tâche religieuse et sociale, l'occasion lui était favorable d'effacer toute trace des anciennes divisions et de ne plus invoquer sa tradition particulière contre la tradition générale de la catholicité.

De son côté, le pouvoir civil avait reçu la leçon des événements. Un interrègne de vingt-cinq ans lui permettait de choisir, parmi les traditions de l'ancienne monarchie, celles qu'il fallait reprendre et celles qu'il fallait oublier. Il devait lui être clair que si les couronnes étaient menacées, ce n'était guère par les Papes ; que le péril social et politique était ailleurs et plus près ; que l'Église de France, pour combattre ce péril et travailler efficacement au rétablissement de l'ordre dans les idées et dans les mœurs, avait également besoin de deux choses : de liberté vis-à-vis de l'État, de docilité vis-à-vis du Saint-Siège, qui est le foyer central de l'activité catholique ; que, d'ailleurs, l'esprit gallican était, tout au moins, voisin de l'esprit révolutionnaire, et qu'on ne pouvait, sans un vrai contre-sens, soutenir l'un dans l'ordre religieux alors qu'on combattait l'autre dans l'ordre politique. Il lui était donc facile de ne plus mettre la main dans les affaires de l'Église et de favoriser tout au contraire le retour de l'épiscopat français à sa pente naturelle vers son centre. Libre du côté de l'État, celui-ci n'aurait plus dès lors à vaincre qu'une tradition toujours contestée et toujours suspecte, même dans son propre sein. Et il était assez magnanime pour entendre le noble langage que le comte de Maistre lui tenait à la fin de son ouvrage :

« Le clergé de France, qui a donné au monde, pendant la tempête révolutionnaire, un spectacle si admirable, ne peut ajouter à sa gloire qu'en renonçant hautement à des erreurs fatales qui l'avaient placé si fort au-dessous de lui-même. Dispersé par une tourmente affreuse sur tous les points du globe, partout il a conquis l'estime et souvent l'admiration des peuples. Aucune gloire ne lui a manqué, pas même la palme des martyrs. Supérieur aux insultes, à la pauvreté, à l'exil, aux tourments et aux échafauds, il courut le dernier danger lorsque, sous la main du plus habile persécuteur, il se vit *exposé aux antichambres*, supplice à peu près semblable à celui dont les barbares proconsuls, du haut de leurs tribunaux, menaçaient quelquefois les vierges chrétiennes. Mais alors Dieu nous apparut et le sauva. Que manque-t-il à tant de gloire? Une victoire sur le préjugé. Pendant longtemps peut-être le clergé français sera privé de cet éclat extérieur qu'il tenait de quelques circonstances heureuses et qui le trompait sur lui-même. Aujourd'hui, il ne peut plus maintenir son rang que par la pureté et l'austérité de ses maximes. Tant que la grande pierre d'achoppement subsistera dans l'Église, il n'aura rien fait, et bientôt il sentira que la sève nourricière n'arrive plus du tronc jusqu'à lui. Que si quelque autorité, aveugle héritière d'un aveuglement ancien, osait encore lui demander un serment à la fois ridicule et coupable (1), qu'il réponde par les paroles que lui dictait Bossuet vivant : *Non possumus ! non possumus* (2) ! »

L'auteur du *Pape* et de l'*Église gallicane* ap-

---

1) Le serment de professer et d'enseigner les quatre articles de la déclaration de 1682.

2) *De l'Église gallicane*, ch. dernier.

portait d'ailleurs à l'Église de France autre chose que des adjurations éloquentes. Il apportait une œuvre de premier ordre, digne, malgré sa provenance laïque, d'être accueillie avec attention même par des théologiens. Il l'avait préparée par une vie d'assidus travaux et de méditations profondes. Il avait été préparé pour elle par les étapes successives de sa vie errante qui l'avaient initié de première main à toutes les objections contre sa thèse et lui permettaient d'apprécier les idées gallicanes en juge très bien informé. Il avait pleinement conscience de cette préparation qui lui avait coûté si cher. « Je ne sais, » écrivait-il au comte de Marcellus, « si j'ai tort ou raison ; personne n'a le droit de se juger lui-même. Mais je sais bien que nul homme peut-être n'a été placé dans des circonstances aussi favorables que moi pour juger la question sans préjugé. Né dans une maison de haute magistrature, élevé dans toute la sévérité antique, abîmé dès le berceau dans les études sérieuses, membre d'un sénat gallican pendant vingt ans, président d'un tribunal suprême en *pays d'obédience* (comme on dit) pendant trois ans, habitant pendant quatre ans d'une contrée protestante très instruite et livré sans relâche à l'examen de ses doctrines, puis transporté dans une région gréco-russe où, pendant quatorze ans de suite, je n'ai cessé d'entendre agiter les prétentions de Photius et de sa postérité religieuse, en possession des langues nécessaires pour consulter les originaux, profondément et systématiquement dévoué à la religion catholique, grand ami de votre nation que je touche par tant de points et surtout par la langue, très humble et très obéissant serviteur de l'auguste maison qui vous gouverne, je vous le demande, monsieur le comte, qu'est-ce donc qui me manque pour juger en connaissance et en conscience? » Et il ajoutait avec un peu de découragement : « Je ne sais comment cette petite apologie est tombée de ma plume. Je la confie à votre justice personnelle, car votre nation est trop préoccupée pour être juste. »

C'était vrai. Non seulement la France, mais l'Église de France était encore *préoccupée* (occupée d'avance) en la personne de plusieurs de ses chefs les plus vénérables, par ce qu'ils appelaient *nos maximes antiques*, par le prestige du grand nom de Bossuet, par le reste tenace d'un esprit non pas schismatique (à Dieu ne plaise!), mais séparatiste, dont ils ne voyaient ni l'origine très moderne et très peu glorieuse, ni les périls ; par une certaine habitude de se considérer comme formant dans l'Église universelle un corps privilégié et qui n'était pas comme les autres ; enfin, par un certain sentiment, noble en soi, mais fort mal appliqué, de fidélité monarchique qui prenait feu au souvenir des rois et des empereurs excommuniés par les Papes.

Aussi, tandis que le parti voltairien et libéral poussait les hauts cris à l'apparition d'un livre qui détruisait sa légende révolutionnaire, remettait en lumière le grand rôle civilisateur de la papauté et signalait chez Voltaire lui-même plus d'un hommage involontaire à ses bienfaits, l'accueil fait par les catholiques de France au puissant ouvrage de l'illustre catholique savoisien fut loin d'être partout favorable. Si le comte de Maistre rendait à l'Église de France, au génie de Bossuet, à l'esprit profondément catholique qui les avait arrêtés sur une mauvaise pente, les éloquents hommages dont nous avons rapporté quelque chose, il malmenait fort l'esprit gallican lui-même ; et son dessein avoué était de travailler à le détruire en mettant à nu son mauvais principe et ses conséquences funestes, ce qui ne pouvait sans doute se faire en lui disant des douceurs.

Une grande partie de l'Église de France, clergé et laïques, n'était pas encore préparée à la franchise de son langage. Il s'en aperçut avec plus de chagrin que de surprise ; et ces ombrages, loin de lui faire craindre que son œuvre ne fût inopportune, la lui faisaient juger plus nécessaire. « Je ne me plains pas du silence de vos journaux, » disait-il dans la même lettre ; « ils sont distraits par un grand crime (1), et d'ailleurs ils manquent de courage ; mais j'ai vu avec chagrin que des hommes de bon sens soient aveugles au point de me reprocher mes attaques contre l'Église gallicane. Certes, il faut avoir sur les yeux ce *quadruple bandeau* dont je parle quelque part pour déraisonner à ce point. J'ai dit

---

1) L'assassinat du duc de Berry.

que l'Église gallicane était un des foyers de la grande ellipse ; qu'elle avait été, pendant la Révolution, l'honneur du sacerdoce catholique ; qu'on ne pouvait rien sans elle, et que l'œuvre de la restauration commencerait par elle quand elle voudrait. Que veut-elle de plus ? Que j'adopte ses insupportables préjugés, et que je lui dise : Vous avez raison, Madame, quand ses erreurs arrêtent tout ? — Oh ! pour cela, non. Il faudra bien qu'elle avale le calice de la vérité. » Un mois avant, il avait dit d'une façon prophétique : « Ce livre me donnera peu de contentement dans les premiers temps ; peut-être me donnera-t-il beaucoup de désagrément ; mais il est écrit, et il fera son chemin en silence. Rodolphe peut-être en recevra les compliments. »

III

C'est un beau et grand livre, d'une unité très puissante, malgré les digressions que le libre esprit de l'auteur ne sait jamais s'interdire absolument, pas plus dans un volume que dans un salon. Il porte la trace d'un travail étendu et profond mis au service d'une pensée supérieure qui a le don d'élever et d'agrandir tout ce qu'elle touche ; et s'il n'épuise pas toute l'immensité du sujet, il l'embrasse du moins presque en entier. La plume sexagénaire qui l'a écrit ne laisse apercevoir aucun signe de fatigue ;

elle garde toute sa majesté et toute sa grâce, tout son piquant et toute sa fraîcheur, tout *le je ne sais quoi* qui est sa marque de fabrique. C'est un livre clair, malgré la résolution avec laquelle il s'engage dans les obscurités de la controverse ; composé à la fois pour les théologiens et pour les gens du monde, il a quelque chose à apprendre aux premiers, et il est accessible aux seconds par un certain art et un certain don d'adapter leur langage aux sujets les plus sévères et par l'attrait d'un style qui frappe chaque pensée comme une médaille. Surtout, c'est un livre vrai ; les grandes thèses qu'il défend avec sa vive dialectique, sa haute éloquence et sa science de bon aloi sont, sauf tel détail inexact ou hasardé, de la vraie histoire, de la vraie politique et de la vraie théologie. Pour tout homme impartial et clairvoyant qui en a achevé la lecture, les questions de la papauté, de sa haute magistrature sociale, de son incomparable action civilisatrice, de son infaillibilité doctrinale ne sont plus des questions.

IV

Cependant, ce livre vrai commence par l'*apparence* d'une confusion et d'une erreur. Je la signale dès le début, n'ayant pas plus le droit de la dissimuler que d'autres ne l'ont de la grossir.

« Quand nous disons », ainsi s'exprime Joseph de Maistre, « que l'*Église est infaillible,* nous ne demandons pour elle, il est bien essentiel de l'observer, aucun privilège particulier ; nous demandons seulement qu'elle jouisse du droit commun à toutes les souverainetés possibles, qui toutes agissent nécessairement comme infaillibles ; car tout gouvernement est absolu, et du moment où l'on peut lui résister sous prétexte d'erreur ou d'injustice, il n'existe plus. Dans l'ordre judiciaire, qui n'est qu'une pièce du gouvernement, ne voit-on pas qu'il faut absolument en venir à une puissance qui juge et n'est pas jugée, précisément parce qu'elle prononce au nom de la puissance suprême ? Qu'on s'y prenne comme on voudra, qu'on donne à ce haut pouvoir judiciaire le nom qu'on voudra, toujours il faudra qu'il y en ait un auquel on ne puisse dire : *Vous avez erré*. Bien entendu que celui qui est condamné est toujours mécontent de l'arrêt et ne doute jamais de l'iniquité du tribunal. Mais le politique désintéressé qui voit les choses de haut se rit de ces vaines plaintes. Il sait qu'il est un point où il faut s'arrêter ; il sait que les longueurs interminables, les appels sans fin et l'incertitude des propriétés sont, s'il est permis de s'exprimer ainsi, plus injustes que l'injustice. »

L'Église semble donc ici être considérée à la façon d'une société comme une autre, où la nécessité de terminer les contestations produit celle d'un tribunal sans appel. « L'erreur », continue-t-il en se plaçant plus expressément encore dans le même ordre d'idées, « l'erreur ne pourrait être opposée au Souverain Pontife quand même elle serait possible, comme elle ne peut être opposée aux souverains temporels qui n'ont jamais prétendu à l'infaillibilité. C'est, en effet, absolument la même chose dans la pratique de n'être pas sujet à l'erreur ou de ne pouvoir en être accusé. Ainsi, quand même on demeurerait d'accord qu'aucune promesse divine n'eût été faite au Pape, il ne serait pas moins infaillible, ou censé tel comme dernier tribunal (1). »

L'assimilation ne peut être acceptée, et la différence est radicale. La société civile, ayant pour objet de maintenir la paix extérieure et publique entre les prétentions rivales de ses membres, a pour moyen d'atteindre ce but des tribunaux auxquels on s'en remet comme à des arbitres, avec obligation non pas de croire qu'ils diront bien, mais de faire ce qu'ils diront quand même on croirait qu'ils ont mal dit. L'Église, société spirituelle qui a pour objet de maintenir l'unité de la doctrine et de la foi, a pour moyen d'atteindre ce but une autorité aux décisions de laquelle ses membres sont tenus de conformer leur croyance intérieure, ce qui exclut non seulement le droit de *dire*, mais de *penser* qu'elle s'est trompée. Dans la société civile, après l'arrêt rendu, on dit : *Il y a chose jugée*, et l'on *agit en conséquence ;* et pourvu que les actes extérieurs soient conformes à la décision, on reste libre de penser, sans cesser d'être un bon citoyen, qu'il y a *chose*

---

1) *Du Pape*, liv. I, ch. 1.

mal jugée. Dans l'Église, quiconque, en présence d'une décision doctrinale de l'autorité spirituelle, dirait : *Il y a chose jugée, je me soumets donc; mais je reste convaincu qu'il y a chose mal jugée*, se contredirait lui-même et ne se soumettrait en rien, puisque ce à quoi la décision l'oblige, c'est à croire qu'elle est vraie. En pensant qu'il y a *chose mal jugée*, on refuse donc de *croire*, et l'on se place en dehors d'une société dont la puissance essentielle consiste à ordonner de croire.

De là il suit que la société spirituelle est impossible si elle n'a pas (ou ne se fait pas accepter comme ayant) par-dessus la souveraineté, qui est le droit de commander l'action, l'infaillibilité, qui est le droit de commander la croyance. Si tous les membres de cette société ne tiennent pas pour certain que l'autorité qui décide a des lumières plus qu'humaines et que son jugement exprime une vérité absolue, il n'y a plus de lien spirituel, sinon le lien flottant qui existe entre les philosophes d'une même école et qui constate comme un fait l'accord actuel entre les opinions des disciples et les opinions du maître, mais n'impose aux premiers nul devoir de persister dans cet accord. Dès lors, en effet, les décisions de l'autorité ne sont plus, elles aussi, que des opinions, et chacun ne les acceptera qu'à condition de les faire siennes par un examen préalable.

Je ne recherche pas en ce moment s'il existe, en fait, une autorité ayant le droit d'imposer la croyance. Mais je constate que son existence vraie ou supposée est la condition *sine qua non* d'une société spirituelle. Sans elle, on peut avoir des *meetings* d'un caractère religieux et moral, des assemblées d'honnêtes gens qui se rapprochent pour prier, qui prient *en commun* quant à la juxtaposition des corps et aussi quant à la sympathie des cœurs, mais qui prient chacun à part quant à la foi que la prière suppose et traduit. On peut avoir cela ; mais on ne peut point avoir une société dont le premier fondement soit : *una fides.*

Cette impossibilité est l'évidence même. Les faits religieux dont l'Allemagne et l'Angleterre sont le théâtre depuis le XVI° siècle la démontrent par l'expérience ; et cette démonstration historique était déjà pleine au temps de Bossuet qui, sur ce terrain, est tout à fait inattaquable. Nous le voyons s'y placer et s'y tenir dans sa conférence avec le ministre Claude, à la suite de laquelle Mlle de Duras entra dans l'Église catholique. Le ministre eut beau se dérober, il fallut enfin reconnaître que la savante hiérarchie établie par la réforme calviniste, consistoire, colloque, synode provincial, synode national, n'était qu'une hiérarchie d'opinions superposées, de plus en plus considérables par la qualité des personnes, mais toujours humaines, partant toujours faillibles ; qu'en conséquence c'est le droit et le devoir de chacun de les contrôler avant de les accepter ; et qu'après comme avant leurs décisions, la liberté individuelle de croire ou de ne pas croire demeure entière, — ce qui est la propre formule de l'*indépendantisme* et la négation expresse de la société spirituelle, en tant que celle-ci a pour loi l'unité de croyance.

On voit en quoi consiste la faute que nous signalons dans les premières pages du livre : en consentant, ne fût-ce que pour un instant, à ne voir dans l'autorité spirituelle qu'une juridiction en dernier ressort, en nommant infaillibilité la souveraineté faillible du pouvoir politique ou judiciaire, l'auteur a confondu les deux choses les plus distinctes, celles dont il importait le plus de marquer la différence.

En même temps la faute s'explique, et l'on peut reconnaître qu'elle est surtout dans les mots et dans un désir louable d'amener de plain-pied à l'idée catholique les esprits accoutumés aux méditations politiques et au maniement des affaires. Joseph de Maistre est aussi persuadé qu'homme du monde de ce que nous venons de dire. Voyant que la souveraineté est la condition d'existence de toute société et que l'infaillibilité est l'essence de la souveraineté spirituelle, il dit *en ce sens*, et dit avec raison, que l'Église, en affirmant son infaillibilité, est aussi pleinement dans son droit que la société civile en affirmant sa souveraineté civile. *En ce sens*, il est bien vrai que l'Église ne réclame que le droit commun ; mais elle prétend qu'il lui soit appliqué de la manière qui convient à sa nature à elle. Et c'est précisément là que l'assimilation n'est plus juste. Puisque sa nature est d'obliger à croire, et puisqu'elle n'y peut légitimement obliger que parce qu'elle est divine, il suit que l'Église, dès là qu'elle s'affirme comme Église, s'affirme comme divine, et qu'elle n'est infaillible par droit commun qu'à condition d'être divine par privilège. La comparaison ne vaut donc que jusqu'à moitié chemin, et il y a là décidément une mauvaise entrée en matière.

Mais, ayant dit librement ce que j'en pense, je ne saurais admettre qu'on grossisse outre mesure cette faute de méthode qui se borne, après tout, à forcer une analogie. Et je ne puis laisser passer la critique absolument injuste que Villemain a faite de l'ouvrage entier, le jugeant sans doute d'après ses premières pages. « Que manque-t-il pour que ce soit un grand, un bel ouvrage ? Deux choses, je crois : une sérieuse conviction, une véritable foi. La conviction peut fort bien se trouver dans un ordre d'idées inapplicable ; mais quand elle manque, la violence même ne donne pas de sérieux aux paroles. Prenez-vous des raisons philosophiques ou faites-vous des calculs de sagesse mondaine pour appuyer l'autorité de Grégoire VII, pour la réclamer de nouveau ; vous êtes, à mes yeux, inconséquent et peu sincère. Vous demandez le despotisme de la foi en alléguant des raisons de prudence et d'utilité. Mais vous n'avez donc pas la foi, c'est-à-dire la seule chose qui pourrait rendre pour vous ce que vous demandez également juste et possible (1). » *Vous n'êtes pas sincère ! vous manquez de con-*

---

1) *Tableau de la littérature au XVIIIe siècle*, leçon LXII.

viction ! vous n'avez pas la foi ! ce sont là des choses un peu fortes à dire à un homme, et presque plaisantes quand l'homme s'appelle Joseph de Maistre. Pour expliquer de telles impertinences, il faut supposer que le critique ne savait rien de l'auteur, rien de ses autres ouvrages, rien de celui-ci au delà du premier chapitre.

Oui, sans doute, dans cet exorde, l'auteur, parlant aux hommes du monde et aux politiques, s'est trop placé sur leur terrain. Mais les premières lignes elles-mêmes montrent le chrétien avant l'homme d'État. Et, quelques chapitres plus loin, il donne, avec une explication qui faisait défaut à ses premières formules, le fond ou plutôt le total de sa pensée, parfaitement correcte et orthodoxe dès qu'elle est exprimée d'une manière complète. « Il ne peut y avoir de société humaine sans gouvernement, ni de gouvernement sans souveraineté, ni de souveraineté sans infaillibilité ; et ce dernier privilège est si nécessaire qu'on est forcé de supposer l'infaillibilité même dans les sociétés temporelles (où elle n'est pas), sous peine de voir l'association se dissoudre. L'Église ne demande rien de plus que les autres souverainetés, quoiqu'elle ait au-dessus d'elles une immense supériorité, puisque l'infaillibilité est, d'un côté, HUMAINEMENT SUPPOSÉE, ET, DE L'AUTRE, DIVINEMENT PROMISE (1). » Enfin, le livre tout entier est un grand acte de foi où

---

1) *Du Pape*, liv. I, ch. XIX.

toute l'histoire du christianisme et de la civilisation moderne, où les plus hautes considérations sociales et politiques, où les raisonnements philosophiques, où « les calculs de sagesse mondaine », dont l'austérité du critique s'effarouchait si fort, servent de cortège et de rempart à la grande vérité qu'il s'agit d'établir. On a coutume, parmi nos adversaires, de dénoncer le comte de Maistre comme un fougueux ennemi de la raison et de la science ; il est curieux qu'on tourne ici en grief contre lui son puissant et victorieux effort pour mettre en lumière l'accord de la raison philosophique et politique avec la foi religieuse.

Il faudrait donc, quand on juge un tel livre, se donner la peine de le lire jusqu'au bout ; ceci soit dit à l'adresse de Villemain, et aussi de Lamartine à qui on avait droit de demander non pas une compétence parfaite dans ses jugements sur le livre *du Pape*, mais du moins quelque attention à n'y pas voir le contraire précis de ce qui s'y trouve. Une page du *Cours familier de littérature* (1) nous fait savoir que « l'extinction de la liberté civile dans le monde » est une des doctrines que le comte de Maistre enseigne dans son ouvrage. Or, il y a, dans le livre III *du Pape*, un certain chapitre deuxième intitulé *Liberté civile des hommes*, et consacré tout entier à glorifier les Papes d'avoir « bien mérité de l'humanité par l'extinction de la

---

1) T. VIII, p. 47.

servitude qu'ils ont combattue sans relâche, et qu'ils éteindront infailliblement sans secousses, sans déchirements et sans dangers partout où on les laissera faire ». L'auteur y constate l'universalité de l'esclavage là où n'a pas pénétré cette civilisation chrétienne dont la papauté est le centre ; il déclare « qu'avec la servitude il n'y a pas de morale proprement dite » ; et il conclut ainsi : « Sans le christianisme point de liberté générale, et sans le Pape, point de véritable christianisme, c'est-à-dire point de christianisme convertissant, régénérant, conquérant. C'était donc au Souverain Pontife qu'il appartenait de proclamer la liberté universelle ; il l'a fait, et sa voix a retenti dans tout l'univers. Lui seul rendit cette liberté possible en sa qualité de chef unique de cette religion, seule capable d'assouplir les volontés, et qui ne pouvait déployer toute sa puissance que par lui. Il faut purifier les volontés ou les enchaîner, il n'y a pas de milieu. »

V

Laissons de côté ces imputations insoutenables et ces bévues prodigieuses, et revenons au livre lui-même.

Trois questions principales en fournissent la matière et la division : la question du Pape et des Conciles, à laquelle se rattache toute la controverse du gallicanisme ; la question du Pape et de la civilisation; la question du Pape et des souverainetés temporelles.

La première, qui est proprement celle de l'infaillibilité pontificale, n'a jamais été dans l'Église qu'une question théorique et spéculative, parce qu'elle a toujours été, en fait, pratiquement résolue.

Oui, en fait, selon la formule de saint François de Sales, *ç'a toujours été tout un du Pape et de l'Église.* Le Pape en concile, le Pape entouré des évêques dont chacun apporte la tradition de son Église, c'est le souverain qui s'entoure des lumières de ses conseillers, et qui, les convoquant comme juges de la foi, décide avec eux ce qu'il ne croit pas pouvoir décider seul. Les évêques délibérant avec le Pape et sous sa présidence, c'est le corps avec la tête. Mais les évêques sans le Pape ne sont plus qu'un corps décapité, et ne sont plus même un corps, puisque le principe d'unité leur manque; le concile n'est concile que par la convocation dont le Pape est l'auteur, et ne demeure concile que par sa présence ou celle de son représentant. La seule exception possible, et qui ne s'est présentée qu'une fois en dix-neuf siècles, c'est le cas où le monde catholique, étant divisé par un schisme, ne sait pas où est le vrai Pape. Le concile décide cette question incertaine soit en désignant ce vrai Pape, soit en procédant à une élection nouvelle. Mais cette application du principe *salus populi suprema lex* montre de la manière la plus éclatante que l'Église se considère comme n'étant constituée qu'à condition d'avoir un chef, puisque, quand ce chef est douteux, elle n'a rien de plus pressé que de le reconnaître. Quant au Pape seul, jamais, parlant sans contrainte et parlant *ex cathedra* comme docteur universel, *jamais* il n'a été démenti par un concile subséquent. Tous les Papes ont été des hommes, sujets comme tels à des faiblesses personnelles. Il y en a eu d'habiles, et il y en a eu de médiocres. Un très grand nombre ont été des saints ; quelques-uns ont été vicieux. Il n'y a point eu de Pape hérétique comme Pape. Libère, nous dit-on, a souscrit la condamnation de saint Athanase et signé une formule qui, dans l'intention de ses auteurs, était hérétique. Mais Libère agissait sous la contrainte ; son acte était nul de soi ; sa souscription même n'était pas une hérésie, car la formule qu'il signait était orthodoxe dans le sens qu'il expliquait lui-même. Honorius, dit-on encore, écrivit au patriarche Sergius une lettre dont celui-ci se servit en faveur du monothélisme ; mais Sergius avait trompé le pontife en lui posant la question d'une manière équivoque ; le monothélisme n'était point dans la réponse de celui-ci, et la faute pour laquelle il fut condamné par le concile était une faute de conduite et non pas de doctrine (1). Je ne rappelle ces misères que parce qu'elles ont fait du bruit. Un instant d'examen fait voler au vent cette

---

1) Ce point, que les controverses très approfondies de 1870 ont achevé de mettre en lumière, est explicitement reconnu par Bossuet lui-même dans le *Discours sur l'histoire universelle*.

poussière; et il reste absolument certain : 1° que le Pape enseignant *ex cathedra* a toujours enseigné *comme infaillible;* 2° que son enseignement a toujours été reçu *comme infaillible* par l'Église toute entière.

Grâce à Dieu, il n'y a plus de question. L'infaillibilité pontificale, déjà attestée en fait par toute l'histoire de l'Église, déjà théologiquement démontrée par les discussions les plus libres et les plus profondes, est désormais un dogme de notre foi. La Providence a choisi son heure, l'heure des périls suprêmes de la civilisation chrétienne, pour resserrer le lien de la grande unité catholique par la proclamation solennelle de ce qui fut toujours la croyance de l'Église. L'étude de la controverse sur l'infaillibilité n'est donc plus et ne peut plus être le spectacle plein d'angoisse d'une bataille dont l'issue resterait encore incertaine; son intérêt désormais est tout scientifique. Mais, ainsi envisagée, elle nous appelle à rendre justice à ceux qui furent les préparateurs humains de la grande manifestation divine et qui contribuèrent à faire la lumière sur cette question lorsqu'on pouvait croire que c'en était une.

Joseph de Maistre a été au premier rang de ces préparateurs, et cela en deux manières : publiquement, par ses deux livres *du Pape* et *de l'Église gallicane;* confidentiellement, par son action personnelle.

VI

Le livre *du Pape* eut un premier mérite, celui d'être écrit en français, comme l'auteur le fait remarquer lui-même à Pie VII, dans une belle lettre latine d'envoi et d'hommage, — j'oserai ajouter, d'être écrit par un laïque et un homme du monde : « Dieu, Très Saint Père, vous a fait naître dans des temps mauvais ; mais vous avez montré dans votre immortel pontificat ce que peut l'évêque des évêques, et ce n'est pas en vain que Dieu vous a donné en spectacle aux anges et aux hommes. Pour nous, c'est notre devoir de seconder vos efforts ; et c'est ce que j'ai fait selon mes forces dans ce livre pour lequel j'ai adopté, non sans dessein, l'idiome qui est pour moi une langue maternelle. J'ai toujours pensé qu'à notre époque, rien ne pouvait rendre un meilleur service à la religion que de combattre l'impiété en français, afin que la langue qui avait été pour la détestable philosophie du dernier siècle l'instrument de sa victoire devînt l'instrument de sa défaite, et qu'ainsi ceux qui, pendant cent ans, avaient versé au monde d'une main prodigue et scélérate leurs funestes poisons devinssent, à leur tour, la fable et l'opprobre de l'univers (1). »

1) Incidimus in mala tempora. Verum macte animo, Summe Pontifex ; quid possit episcopus episcoporum immortali ponti-

L'entreprise semblait audacieuse, surtout de la part d'un laïque. Aussi l'auteur avoue-t-il au pontife que, « traitant un sujet jusque-là réservé à la milice sacrée, il avait craint d'avoir laissé échapper de sa plume si peu autorisée quelques mots qui ne parussent pas assez corrects aux oreilles romaines à bon droit délicates, et qu'il n'avait été rassuré que par les graves et nombreux témoignages venus des deux côtés des monts (1). »

De fait, je ne voudrais pas jurer qu'à vouloir tout examiner dans ce livre selon la rigueur logique et théologique, quelques mots ou quelques passages n'y pussent point être critiqués. J'y ai moi-même relevé quelque erreur, plus précisément quelque confusion et quelque abus de l'analogie, au point

---

ficatu tuo ostendisti, nec in vanum Deus te dedit spectaculum hominibus et angelis. Nostrum est adjuvare conatus tuos; idque pro viribus effeci libro quem non sine consilio scripsi illa lingua quæ mihi materna est. Semper enim sic censui nihil his nostris temporibus excogitari posse Religioni utilius quam cum impietate res agatur gallice, ut in quo sermone teterrima sæculi nuper elapsi philosophia vincebat, *in eo quoque vinceretur*, et qui per ætatem integram mala pharmaca tam larga et nefanda manu orbi propinaverant, ipsi quoque traderentur in opprobrium et in parabolam et in proverbium et in maledictionem omnibus regnis terræ. (*Inédit.*)

1) Timebam ne, in tractandis rebus militiæ sacræ hucusque quasi sepositis, aliquid e pagano calamo excidisset quod Romanorum auris, jure suo superba, velut absonum respueret. — Nunc vero, S. P., quum et iteratis editionibus et censuris a me conquisitis et elicitis et innumeris epistolis ad me ex Italia et Gallia datis certus mihi videar diatribam meam viris se et doctis et probis adprobavisse, etc. (*Même lettre.*)

de départ. Mais cette inexactitude et les autres, s'il y en a, se corrigent d'elles-mêmes ou par d'autres passages. Et il reste un vigoureux et victorieux combat, livré avec des armes qui portent juste et loin, un combat dont la marche et l'issue sont aisément suivies, sous la condition d'être attentif, par tout lecteur homme du monde, parce qu'on lui parle non seulement sa langue, mais son langage, je veux dire non seulement avec des mots français, mais avec une allure française. Le mérite propre de l'auteur est donc ici d'avoir transformé la grosse artillerie de siège, celle des in-folios latins, en une artillerie de campagne maniable et mobile, d'avoir condensé, pour en donner la fleur, le suc et la substance, l'énorme masse des témoignages patrologiques et historiques qui établissent l'universalité et la perpétuité de la doctrine, d'avoir résumé et résolu en mots clairs et décisifs les objections prétendues invincibles qu'on oppose à ces témoignages, en sorte que la grande vérité, vue de haut et dans son point juste de perspective, apparaît avec l'ampleur de ses proportions, dominant tout, réduisant les contradictions à leur néant, bien plus, les transformant en assises qui rendent sa base plus large et plus solide ; absolument comme ces collines basses qui cachent, quand on s'arrête à leur pied, la haute montagne placée derrière elles, mais qui, vues d'où il faut les voir, n'en sont que les premiers plans et contribuent à sa masse (1).

1) L'histoire des controverses qui ont précédé la décision du

A ces arguments classiques qu'il n'a pas découverts (1), mais qu'il a disposés avec un choix savant et un art nouveau, l'auteur ajoute quelque chose qui est plus à lui et qui est la substance même de son argumentation sur le terrain du droit et des principes, comme les témoignages sont la substance de la controverse sur le terrain du fait et de l'histoire.

Les gallicans et les ultramontains étaient pleinement d'accord sur la nécessité et sur l'existence dans l'Église catholique d'une autorité finale et infaillible en matière de doctrine. Les uns comme les autres remontraient au protestantisme que, faute d'une telle autorité, ses Églises ne sont pas des Églises, puisque l'unité de foi, qui est l'essence même de l'Église, n'y peut absolument pas subsister. Et c'est dans

concile du Vatican en offre deux mémorables exemples. 1° L'objection tirée de l'affaire d'Honorius a abouti à montrer le concile œcuménique de Constantinople, celui même qui condamna la *faute de conduite* de ce Pape, acclamant la lettre du Pape Agathon où la doctrine de l'infaillibilité pontificale est nettement professée. 2° L'objection tirée des fausses décrétales a conduit à reconnaître que ceux de leurs textes qui sont décisifs en faveur de l'infaillibilité sont authentiquement des documents souscrits par des conciles généraux, et qu'ils ont ainsi une valeur réelle très supérieure à celle que leur prête la collection du pseudo-Isidore. (Voir mes « Lettres au P. Gratry ».)

1) Il faut cependant accorder une mention spéciale au curieux chapitre intitulé *Témoignages de l'Église russe*, qui, s'il n'est point une découverte, est presque une révélation. Son long séjour à Saint-Pétersbourg avait permis à l'auteur de faire une riche moisson dans ce champ assez peu exploré par les Occidentaux.

cet ordre d'idées que le comte de Maistre se place, lorsqu'il fait remarquer que le besoin de cette autorité finale est reconnu dans toute société quelconque, par exemple dans l'ordre judiciaire ; qu'en effet partout où la justice est organisée, on trouve un tribunal suprême ; et que ce tribunal, autorité faillible en soi puisqu'elle est humaine, n'est suprême qu'en vertu d'une fiction légale qui le suppose infaillible et ne laisse à personne le droit de lui dire : *Vous vous êtes trompé.*

Mais où réside, dans l'Église catholique, cette autorité infaillible, infaillible non en fiction humaine, mais en réalité divine, cette autorité que Bossuet y reconnaît et y adore, et qu'il oppose si victorieusement à toute la hiérarchie prétendue doctrinale des prétendues *Églises* protestantes ? Selon le gallicanisme, elle ne réside que dans le corps de l'Église. En vain Bossuet essaye-t-il de parer ici à une difficulté, — à une impossibilité, — qui n'avait pu échapper à son grand esprit, et de laisser au Pape, selon la doctrine gallicane, une fonction véritablement directive, la fonction de confirmer ses frères, de paître les brebis avec les agneaux, c'est-à-dire les évêques avec les fidèles. En vain imagine-t-il une *indéfectibilité* qu'il accorde au Saint-Siège pour être comme la monnaie et l'équivalent pratique de l'infaillibilité qu'il lui refuse. En vain dit-il magnifiquement dans ce sermon sur l'Unité de l'Église qui ouvrit l'Assemblée de 1682 : « Les hérésies ont pu passer dans cette Église de Rome, mais non pas y prendre racine. Que, contre la coutume de leurs prédécesseurs, un ou deux souverains pontifes, ou par violence, ou par surprise, n'aient pas assez constamment soutenu ou assez pleinement expliqué la doctrine de la foi ; consultés de toute la terre et répondant pendant tant de siècles à toute sorte de questions de doctrine, de discipline, de cérémonies, qu'une seule de leurs réponses se trouve notée par la souveraine rigueur d'un concile œcuménique ; ces fautes particulières n'ont pu faire aucune impression dans la chaire de Pierre. Un vaisseau qui fend les eaux n'y laisse pas moins de vestiges de son passage. » Aucune éloquence n'a le pouvoir de mettre dans une doctrine ce qui n'y est pas ni d'en ôter ce qui y est ; et la victorieuse argumentation de Bossuet contre Claude se retourne ici contre lui-même. A Claude qui donnait le synode calviniste comme une autorité doctrinale effective capable de maintenir l'unité de la foi, Bossuet demandait, le tenant au pied du mur : Ce synode est-il infaillible ? Et il fallait bien répondre : *Non.* A Bossuet qui veut, quoique gallican, maintenir dans l'Église catholique la chaire de Pierre comme un vrai centre doctrinal, on demande : *Cette chaire est-elle infaillible ?* Et il est, lui aussi, contraint par sa doctrine de répondre : *Non,* de confesser qu'on peut se tromper en suivant l'enseignement donné *du haut de cette chaire* (*ex cathedra*), par conséquent que ce guide est un guide peu sûr et qui a besoin d'être guidé lui-même, que ce tribunal est un tribunal subordonné duquel il y a toujours appel. Et telle est bien, en effet, la doctrine expresse de la déclaration de 1682, dont Bossuet a été le rédacteur : « Quoique le Pape ait la part principale dans les questions de la foi et que ses décrets regardent toutes les églises et chacune d'elles, son jugement n'est pas cependant irréformable à moins que le consentement de l'Église n'intervienne. »

Or, c'est ici que Joseph de Maistre attend le gallicanisme. Quoi ! l'Église est une société vivante, une société qui a pour base l'unité de foi, une société autour de laquelle l'erreur rôde nuit et jour afin de s'y glisser et d'y faire son ravage, une société où, par conséquent, il est nécessaire que l'erreur puisse être signalée sur l'heure, sans quoi elle étendrait indéfiniment sa contagion, signalée avec une certitude absolue, sans quoi les fidèles pourraient croire de bonne foi qu'elle n'est pas l'erreur et qu'il y a chose mal jugée ; et pour répondre à ce besoin continu, vous nous offrez, quoi ? des assemblées non permanentes, des assemblées qui, par la nature même des éléments qui les composent, doivent être rares sous peine de porter le trouble dans la vie religieuse des diocèses par l'absence fréquente des évêques ; des assemblées qui l'ont toujours été, même au temps où l'Église n'avait pas toute son expansion, qui le sont devenues de plus en plus, jusqu'à être séparées les unes des autres par plusieurs siècles de distance ! Qui donc, pendant ces intervalles séculaires, fera le triage certain du vrai et du faux? La vie de l'Eglise demeurera-t-elle suspendue? cette assurance infaillible d'être dans la vérité et dans la lumière, qui est la consolation, la force, l'incommunicable privilège et le juste orgueil des fils de l'Église catholique, fera-t-elle défaut à ceux que le bonheur de la naissance n'aura pas faits contemporains d'un concile général? Ou bien, pour corriger cette intermittence, vous contenterez-vous du consentement de l'Église dispersée? Quel consentement? exprès? tacite? qui comptera les voix? qui dira quelle majorité est nécessaire? Faudra-t-il qu'après une décision du Pape, chaque fidèle recueille toutes les lettres pastorales pour et contre et procède lui-même au scrutin? ou bien qu'il s'assure, par une enquête suivie dans tous les diocèses, de ce consentement qui consiste à ne dire mot? Visiblement tout cela est chimérique; tout cela par conséquent est l'anéantissement pratique de cette infaillibilité qui est la seule garantie de l'unité doctrinale et la vraie marque à quoi l'Église divinement instituée, l'Église contre laquelle les portes de l'enfer ne prévaudront point, se distingue des pseudo-églises construites par les hommes.

Lorsqu'on prend la question par ce côté, qui est le vrai, on ne comprend même plus que ce soit une question, tant il est manifeste que la négation de l'infaillibilité dans le Pape est la négation de l'infaillibilité dans l'Église. Ce terrain est bien celui de Joseph de Maistre; et nous pouvons maintenant pénétrer la vérité profonde de cette parole de son livre qu'on ne critiquerait que faute de la comprendre : « Il ne s'agit pas seulement de savoir si le Souverain Pontife *est*, mais s'il *doit être* infaillible (1). » Oui, car s'il doit l'être il l'est, tout dans l'Église de Jésus-Christ étant comme il doit être. Or, il doit l'être. « Une souveraineté (2) périodique ou intermittente est une contradiction dans les termes ; car la souveraineté doit toujours vivre, toujours travailler, toujours agir. Il n'y a pour elle aucune différence entre le sommeil et la mort. Or, les conciles étant des pouvoirs intermittents dans l'Église, et non seulement intermittents, mais de plus extrêmement rares et purement accidentels, sans aucun retour périodique et légal, le gouvernement de l'Église ne saurait leur appartenir. Les conciles d'ailleurs ne décident rien sans appel s'ils ne sont pas universels ; et ces sortes de conciles entraînent de si grands inconvénients qu'il ne peut être entré dans les vues de la Providence de leur confier le gouvernement de son Église (3). »

Tout l'édifice gallican tombe devant ces fortes paroles, si l'on consent à juger avec le bon sens chrétien une question d'ailleurs résolue par l'his-

1) *Du Pape*, liv. I, ch. 1.
2) Le mot souveraineté doit être pris ici dans le sens de souveraineté doctrinale, c'est-à-dire d'infaillibilité. Pareillement le mot gouvernement employé plus loin indique le pouvoir de fixer la vraie doctrine. L'auteur ne traite ici que ce point.
3) *Du Pape*, liv. I, ch. 1.

toire. Ce bon sens ne peut admettre que la société modèle soit la plus mal organisée de toutes, et que, dans ce mécanisme divin, la pièce principale, celle qui doit être toujours en jeu, celle dont l'action continue nous est nécessaire pour garantir la vérité de nos croyances, pour nous défendre contre toute erreur au moment même où elle nous attaque, que cette pièce ou ne marche que par accident tous les cent cinquante ans, ou soit habituellement découpée en morceaux dont chaque fidèle doive faire deux sommes pour se ranger du côté de la plus grosse. La première hypothèse paralyse l'infaillibilité et en fait une sorte de Belle-au-Bois-dormant ; la seconde la brise en fragments qui ne se rejoignent pas, et n'est pas moins chimérique que l'autre.

Or, cette seconde hypothèse est celle que la déclaration de 1682 adopte sans oser le dire nettement. Rien de plus obscur, — volontairement, je le crois, — que tout son quatrième article ; et rien de plus juste et de plus fin que la critique qu'en fait notre auteur. « Que veulent dire ces paroles: *Le Pape jouit de l'autorité principale dans les questions de la foi* (1) ? Et celles-ci: *Ses décrets s'adressent à toutes*

---

1) Elles sont surtout obscures dans l'original latin : *præcipua Summi Pontificis esse partes*. Le comte de Maistre traduit : *jouit de l'autorité principale*. Le cardinal de Bausset, dans son *Histoire de Bossuet*, traduit : *a la principale part*. Je traduirais, selon le sens habituel du pluriel *partes* : *a le principal rôle*. Mais, de quelque façon qu'on traduise, c'est une *obscurité visible*.

les Églises en général et en particulier? Il est impossible de donner à ces expressions aucun sens déterminé. Mais qu'on ne s'en étonne point; on voit ici l'éternel anathème qui pèse sur tout ouvrage, sur tout écrit parti d'une assemblée quelconque (non inspirée). Chacun y veut mettre son mot; mais tous ces mots, voulant passer à la fois, s'embarrassent et se heurtent. Nul ne veut céder. (Et pourquoi céderaient-ils?) Enfin ils se fait entre tous les orgueils délibérants un accord tacite qui consiste, sans même qu'ils s'en aperçoivent, à n'employer que des expressions qui n'en choquent aucun, c'est-à-dire qui n'aient qu'un sens vague ou qui n'en aient point du tout. »

Il est en vérité trop facile d'avoir raison contre une doctrine qui n'ose s'affirmer qu'en s'enveloppant ainsi. A mesure qu'on s'éloignera du temps où des catholiques se croyaient en droit de dénier au chef de l'Église catholique sa prérogative centrale, celle qui est la principale raison d'être de la Papauté, on s'étonnera davantage que le doute, — bien plus, que la négation — ait pu naître sur une vérité si nécessaire en droit et si solidement établie en fait, qu'une si énorme erreur ait pu durer si longtemps, et qu'elle ait pu survivre, en des âmes droites et mêmes saintes, à la dure leçon de la Révolution. Mais surtout on admirera la conduite de la Providence qui a employé pour la détruire la seule force devant laquelle il lui était absolument impossible de ne pas rendre les armes. Le comte de Maistre, effrayé outre mesure par les difficultés matérielles de la convocation et de la réunion d'un concile œcuménique où s'assembleraient les évêques de toutes les parties du monde, pensait que le temps de ces grandes assemblées était passé sans retour, et qu'ainsi le combat qu'on rêvait entre le Pape et le Concile finirait par la disparition définitive d'un des deux prétendus combattants. Il se trompait; la vapeur et l'électricité ont placé dans des conditions toutes nouvelles les communications entre les hommes; et, dans le siècle même où fut écrit le livre *du Pape*, le monde a revu un concile général. Et ce concile, autorité infaillible pour tous les catholiques, seule autorité infaillible pour les gallicans, a dit au gallicanisme : Tu es une erreur. Ceux qui avaient opposé l'infaillibilité du Concile à l'infaillibilité du Pape ont dû accepter la seconde sur l'autorité de la première et renoncer à leur doctrine sous peine de renoncer à la règle de foi qu'ils avaient posée. On peut dire que leurs maximes elles-mêmes les ont mis en demeure d'abandonner leurs maximes. Et l'on peut dire aussi que cet immense événement, en démentant, quant au moyen, les prévisions de Joseph de Maistre, les a réalisées et dépassées quant au résultat. Il avait dit qu'il n'y aurait plus de concile général; et il s'était trompé. Il avait dit que la papauté et le sacerdoce étoufferaient dans un embrassement sacré les maximes gallicanes; et nous avons vu cet embrassement, et il n'y a plus de gallicanisme (1).

1) On se tromperait d'ailleurs grandement si l'on prêtait au

Mais la main divine n'est pas moins visible dans l'histoire de cette longue crise que dans son issue merveilleuse. Dieu voulait montrer jusqu'à l'évidence que le gallicanisme plaçait l'Église de France sur la pente d'un schisme qui l'asservissait misérablement au pouvoir temporel ; et il voulait en même temps la retenir sur cette pente.

Elle y était sans doute. Qu'on lise dans le livre de Joseph de Maistre la triste histoire de l'assemblée de 1682 ; ou, si on le récuse comme suspect de partialité, qu'on la lise dans le livre du cardinal de Bausset, œuvre absolument gallicane. Qu'on mette en regard l'un de l'autre le langage abaissé de cette assemblée vis-à-vis de Louis XIV et son langage hautain vis-à-vis du Pape. Qu'on la voie, prenant *intrépidement* la défense des canons et des conciles contre Rome, sommer le Saint-Siège de rester ou de rentrer *dans les bornes posées par nos pères*. Et qu'on la voie en même temps souffrir avec toute la soumission imaginable que le roi étende *la régale*

---

comte de Maistre, à l'égard des conciles généraux, d'autres sentiments que ceux d'un vrai catholique, et si l'on croyait qu'impatienté des résistances gallicanes à l'autorité pontificale, il cède à la tentation de contester par représailles, l'autorité conciliaire. Sans doute le parlementarisme religieux lui déplaît autant que le parlementarisme politique ; mais ce qu'il appellerait parlementaire dans l'Église, ce n'est pas le pouvoir sacré des assemblées œcuméniques unies au Vicaire de Jésus-Christ, c'est le pouvoir des assemblées opposé au pouvoir pontifical. Les conciles qu'il maltraite sont les conciles séparés du Pape, par conséquent non œcuméniques et, comme il le dit lui-même, non inspirés.

à toute la France par une usurpation manifeste des droits de l'Église et par une violation sans prétexte non pas seulement des canons particuliers de l'Église de France, mais d'un décret rendu par le concile œcuménique de Lyon (1). Qu'on la voie enfin se fâcher contre le Pape et lui écrire la longue et incroyable lettre dont on voudrait que Bossuet n'eût point été le rédacteur ; se fâcher et écrire, pourquoi ? parce que le Pape avait reproché aux évêques d'avoir laissé passer sans un mot de remontrance ce mépris des canons et des conciles. « La crainte dont vous êtes saisis, » leur disait Innocent XI, « ne permet jamais à des prêtres, lorsqu'elle les domine, d'entreprendre avec zèle, pour le bien de la religion et le maintien de l'autorité ecclésiastique, des choses difficiles et grandes, ou de les maintenir

---

1) « La régale, en France, était un droit par lequel nos rois jouissaient du revenu des archevêchés et des évêchés pendant leur vacance, et même conféraient des bénéfices dépendant de leur collation jusqu'à ce que les nouveaux pourvus eussent prêté serment de fidélité. Il est certain que l'exercice de ce droit ne s'étendait pas sur toutes les Églises du royaume. Le second concile général de Lyon (1274) fit un décret par lequel la régale fut autorisée dans les Églises où elle était établie, avec défense de l'introduire dans celles où elle n'était pas encore reçue. Ce fut ainsi que les Églises du Languedoc, de la Guyenne, du Dauphiné et de la Provence se maintinrent dans leur exemption. En 1673, Louis XIV rendit une déclaration par laquelle il déclara le droit de régale inaliénable et imprescriptible dans tous les archevêchés et évêchés du royaume. » (Bausset, *Histoire de Bossuet*, liv. VI, ch. v.) C'était la plus parfaite usurpation. Presque tous les évêques se soumirent sans réclamation. Le bon cardinal trouve leur conduite *sage et respectueuse!*

avec constance... Qui d'entre vous a parlé devant le roi pour une cause si importante, si juste, si sainte ? Qui d'entre vous est descendu dans l'arène, afin de s'opposer comme un mur pour la maison d'Israël ? Qui a seulement proféré une parole qui ressentît l'ancienne liberté ? » Le vieux Pape avait parlé comme un Pape. Les évêques, ayant agi comme des courtisans, réservèrent toute leur vigueur contre leur chef qui venait de les rappeler à leur devoir et de faire le sien. Ils lui dirent qu'il faisait bien du bruit pour une misère, pour *un sujet léger*, de peu *d'importance et de conséquence* (il ne s'agissait en effet que de la liberté de l'Église). Et, pour sauver une apparence de respect, ils feignirent de croire que le Pape avait été trompé, qu'il ne connaissait pas la question, qu'il n'avait pas vu le dossier, que sa lettre, d'une empreinte si personnelle, n'était pas son œuvre et avait été dictée par son entourage ; absolument comme, pendant tout le pontificat de Pie IX, on a dit et redit que le digne homme n'y entendait rien, qu'il se laissait conduire et n'était qu'un mannequin ou une marionnette dont les Jésuites tenaient la ficelle. Qu'on repasse, dis-je, tous ces incidents d'après les pièces authentiques, et qu'on dise s'il est vrai ou non que par une telle attitude et un tel langage l'Église de France faisait des pas vers un de ces schismes qui sont à la fois une insurrection contre la papauté et un asservissement à la puissance séculière. C'est un prodige qu'on se soit arrêté sur cette pente.

Ce prodige a fixé l'attention du comte de Maistre qui y voit avec raison un dessein particulier de Dieu sur la France, mais ne se croit pas dispensé par cette réponse générale de chercher les causes particulières, dont la Providence se servit comme d'instruments pour atteindre ses fins miséricordieuses. Son analyse est un chef-d'œuvre de justesse et d'élévation ; nous en citerons quelques passages.

« Trois raisons empêchèrent que la France se trouvât enfin soustraite à l'obéissance du Saint-Siège. Et premièrement la modération du Saint-Siège lui-même. Si le Pape se pressait de censurer, de condamner, d'anathématiser, si l'on se permettait à Rome des coups de tête semblables à ceux qu'on a vus en d'autres pays, il y a longtemps que la France serait séparée. Mais les Papes marchent avec une circonspection scrupuleuse et ne condamnent qu'à la dernière extrémité. Ils savent sans doute ce qu'ils doivent penser des quatre articles et de la défense qui en a été publiée (1) ; mais ils savent aussi ce que l'Église doit à l'illustre Bossuet ; comment auraient-ils sévi contre un homme tel que lui, pour un livre publié quarante ans après sa mort et qu'il n'avait pas avoué (2) ? Qu'on n'argumente donc

---

1) Il s'agit ici de la *Defensio declarationis cleri gallicani* que Bossuet laissa manuscrite après l'avoir plusieurs fois remaniée, et dont il change a même le titre pour celui de *Gallia orthodoxa*.

2) « Les Papes, au reste, ont parlé assez clair sur la Déclaration. Elle a été condamnée trois fois avec la mesure convenable. Plus de solennité aurait supposé moins de sagesse. » (Note de Joseph de Maistre.)

point du silence de Rome pour établir que le Souverain Pontife ne voit rien de répréhensible dans tel homme ou dans tel livre. Le chef de la religion doit être extrêmement réservé dans ces condamnations qui peuvent avoir de si funestes suites; et, même en frappant, il doit mesurer ses coups...

« Une autre cause, c'est le caractère droit et noble, c'est la conscience savante, c'est le tact sûr et délicat du sacerdoce français. Qu'on examine attentivement les luttes du Saint-Siège et de l'épiscopat de France; si quelquefois la faiblesse humaine les commence, la conscience ne manque jamais de les terminer. Une faute énorme fut sans doute commise en 1682, mais bientôt elle fut reconnue et réparée. Que si le *Grand Roi* présuma trop dans cette occasion des moindres actes de sa volonté, et si des parlements philosophes ou demi-protestants parvinrent, en profitant surtout d'un règne déplorable, à changer en loi de l'État une page insensée écrite dans un moment d'incandescence, il faut encore louer le clergé français qui a constamment refusé de tirer les conséquences des principes qu'il avait adoptés; et l'on ne saurait lui reprocher qu'un défaut de résistance qu'il est toujours temps de réparer. »

Enfin, « la France doit aussi le bonheur d'être restée catholique à une cause trop grande, trop précieuse, pour être passée sous silence; c'est l'esprit vraiment royal de son auguste maison. Cet esprit peut s'affaiblir, varier, sommeiller quelquefois, puisqu'il habite des formes humaines ; cependant il est toujours le même. Cette maison *appartient à l'Europe*. Une vocation sublime fut déléguée dès l'origine à cette grande dynastie qui ne peut subsister que pour la remplir. Nous avons vu tout ce que l'unité catholique doit à la maison de France ; nous avons vu les plus abolus de ses princes, même dans ces moments de fougue et d'irritation inévitables de temps à autre au milieu du tourbillon des affaires et des passions, se montrer plus sages que leurs tribunaux, quelquefois même plus sages que le sacerdoce ; et lorsqu'ils se sont trompés, on a toujours pu montrer à côté d'eux l'homme qui les trompait. Aujourd'hui encore, battu par une mer toujours mugissante, et contrarié par des oppositions formidables, nous voyons le souverain de la France mettre la restauration de l'Église à la tête de ses devoirs les plus sacrés. »

VII

Ces dernières paroles nous conduisent à ce que j'ai appelé l'action personnelle du comte de Maistre en faveur de la bonne cause qu'il défend dans ses livres.

Il avait toujours cru, nous le savons, à la restauration de la maison de France ; et il avait toujours pensé que, pour être efficace et relever l'ordre moral dans notre pays, elle ne devait pas se borner à remettre à leur place un homme et une famille, mais rétablir un principe là où avait régné sous diverses formes la Révolution, c'est-à-dire la négation de tout principe. En un mot, la vraie restauration, à ses yeux, c'était la royauté chrétienne reprenant possession de cette France qu'il tenait pour le centre moral de l'Europe, la royauté raffermie sur sa base antique, mais corrigée de sa vieille défiance pour l'Église et de ses vieilles tentations de l'opprimer en la protégeant, corrigée, pour tout dire, du gallicanisme parlementaire et disposée à laisser carte blanche au clergé pour se corriger du gallicanisme épiscopal.

En homme qui s'y prend d'avance et qui, *nesciens diem neque horam*, veut être toujours prêt, le comte de Maistre, fidèle serviteur de l'Église catholique, fidèle ami de la France et de la maison de France, s'était mis à l'œuvre sous l'Empire comme un négociateur qui tient son mandat de son dévouement, et avait commencé une pacifique campagne auprès du roi exilé dont l'Europe ignorait presque l'existence. Le secret de cette croisade intime nous est révélé par un curieux passage de la correspondance diplomatique : « J'ai eu l'honneur d'informer Sa Majesté (1), dans le temps, que je m'étais trouvé engagé, sans trop savoir comment, dans une longue correspondance sur les matières ecclésiastiques avec

---

1) Le roi de Sardaigne.

la cour de France, alors en Angleterre, — c'est-à-dire, cependant, avec un ami attaché au maître (1). Je suis amèrement fâché de n'avoir pu retenir une copie de tout ce que j'ai écrit ; ce serait un volume intéressant ; mais en cela le défaut de secrétaire de confiance m'a nui. J'ai bien redemandé mes lettres sur ma parole d'honneur de les restituer en original ; mais elles sont tombées dans une cassette auguste qu'on ne peut forcer ni même solliciter deux fois (2). »

Il y a lieu, en effet, d'être *amèrement fâché* que cette correspondance soit perdue ou inaccessible. Nous y retrouverions le livre *du Pape*, mais dans la spontanéité de son premier jet et dans l'intimité de la correspondance, avec ce je ne sais quoi d'excellemment *réel* qu'offre toujours un écrit adressé non plus à cette grande abstraction qui est le public, mais à un homme vivant, surtout quand cet homme est un ami, et qu'il s'agit de le convertir à une cause, et que cette cause est grande autant que bonne, et que l'écrivain est digne d'elle, et qu'il lui donne toute sa conviction, tout son cœur, toute sa sainte passion.

Ce regret sera en partie consolé, mais beaucoup plus accru quand on saura que dans le naufrage de cette longue correspondance une épave a surnagé.

---

1) Le comte de Blacas, qui avait succédé dans la confiance de Louis XVIII au comte d'Avaray, autre ami et correspondant du comte de Maistre.

2) 21 janvier 1815.

Le comte de Maistre avait pris copie d'une seule de ses lettres à M. de Blacas, la dernière (1) et probablement la plus longue. J'ai lu avec la plus vive admiration ce document encore inédit, qui est un véritable mémoire ; et j'ai senti ma sympathie pour son auteur grandir encore à ce nouveau témoignage de son amour ardent et pur pour les vérités dont il s'était fait le soldat. Jamais solliciteur mendiant une place n'a pressé et supplié le protecteur qui dispose de son sort avec de plus obstinées instances que ce gentilhomme de Savoie n'en adresse au roi de France pour le mettre dans le droit chemin de la royauté chrétienne, pour le décider à rétablir entre l'Eglise mère et la fille aînée ces relations pleinement maternelles et filiales qui rendraient tout facile, et à créer ainsi contre la Révolution une force invincible au lieu de cette neutralité lamentable qui résulte de leur hostilité ou seulement de leur froideur. Et nulle part aussi le style de l'auteur, déjà sexagénaire, n'a plus de fermeté et de souplesse, plus d'éclat et de chaleur, plus de cette transparence qui est la signature des âmes absolument limpides et sincères.

Il commence par se référer à toute la correspondance antérieure. « Vous ne sauriez croire, mon cher comte, quelles grandes choses j'attends de ce

---

1) Cette lettre finale est datée du 22 mai 1814. Le roi de France était remonté sur son trône ; dans ces conditions nouvelles, le comte de Maistre jugea le moment opportun pour gagner la bataille par une charge décisive.

grand et excellent prince. Et je ne puis m'empêcher de rappeler à votre mémoire, à votre droiture, à votre bon sens que j'ai toujours estimé, à votre religion surtout, tout ce que je vous ai écrit avec tant de chaleur et d'intérêt. Vous êtes à même maintenant de donner de bons conseils au prince qui les aime le mieux.

« La France a fait des maux énormes au monde. C'est au roi de les guérir, et ce sera le plus beau rôle de l'univers. Rappelez-vous cette chaîne de raisonnements : *Point de morale publique ni de caractère national sans religion ; point de religion européenne sans le christianisme ; point de véritable christianisme sans le catholicisme ; point de catholicisme sans le Pape ; point de Pape sans la suprématie qui lui appartient.* »

Il énumère ensuite et décrit à grands traits les causes qui ont produit en France les tenaces et funestes préjugés qui y règnent contre le Saint-Siége : calvinisme, orgueil parlementaire, jansénisme. Leur coalition « avait mis la France dans un état dont les Français ne jugeaient pas eux-mêmes parce que l'œil ne voit pas ce qui le touche, mais qui était tout à fait anticatholique », comme les protestants n'ont pas manqué de le remarquer et de le dire.

« Aujourd'hui, » continue-t-il, « bien d'autres raisons encore me feraient trembler si la haute sagesse de votre maître ne me rassurait. Cependant, mon cher comte, je ne crois pas inutile de vous prier, de vous supplier, de vous conjurer d'aider encore cette sagesse par vos bons conseils. Vous auriez rendu un grand service à l'État, à la religion et à l'Église gallicane en particulier si vous pouviez seulement parvenir à faire envisager dans son vrai point de vue cette fatale Déclaration de 1682 qui fut en vérité un solécisme monstrueux contre la logique, contre la politique, contre le catholicisme. Que les parlements aient eu droit non seulement sans l'aveu, mais contre l'aveu du souverain, de convertir en lois de l'État et de faire jurer comme telles par tout le sacerdoce gallican des propositions que le Pape et tout le reste de l'Église catholique jugent absurdes et anticatholiques, c'est en conscience un *monstre* que le XVIII° siècle seul a pu enfanter, nourrir et aimer. »

Il supplie donc le roi, par l'intermédiaire de son conseiller, de faire disparaître de la législation d'un peuple chrétien cette prodigieuse et désastreuse anomalie, de se tenir en garde contre les influences nullement éteintes de l'esprit parlementaire et de l'esprit janséniste, d'ouvrir les yeux sur « la position tout à fait funeste et tout à fait indigne d'elles où les deux puissances avaient été placées durant le dernier siècle ; c'étaient deux ennemis toujours aux aguets pour s'attaquer, tandis que par nature elles sont amies intimes et s'embrasseront toujours dès que des brouillons ne se mettront pas entre deux. Qui osera attaquer la souveraineté soutenue par l'Église ? qui osera attaquer l'Église défendue par la souveraineté ? »

N'est-il pas temps que les malentendus cessent, et que des explications loyales déjouent enfin la tactique des « sophistes enragés » qui ont réussi pendant tout le siècle dernier à faire haïr l'Église par les peuples comme éternelle complice du despotisme, par les souverains comme la plus mortelle ennemie du pouvoir? « Que le roi de France envoie à Rome un de ces cœurs purs, étrangers à toute haine et à toute duplicité, un de ces fronts sereins qui appellent la confiance ; on décidera avec le Pape sur un carré de papier des questions qui faisaient barbouiller des in-quartos à Paris. Le Pape était défiant parce qu'on se défiait de lui. Il ne sera *que père* lorsqu'on ne sera *que fils*. » Mais tout d'abord, que l'on renonce à imposer à l'église de France l'enseignement officiel de la fatale Déclaration *devenue loi de par je ne sais qui.* « Si j'avais l'honneur d'approcher l'excellent roi, je me jetterais à ses genoux pour lui demander cette grâce. Y aurait-il par hasard quelque ressentiment dans le cœur du roi (1)? C'est un grand bonheur ; car le plaisir de l'oublier est le plus grand et le plus digne de ce cœur. »

VIII

Joseph de Maistre n'a consacré que la plus courte des quatre parties de son ouvrage à étudier

---

1) Il ne faut point oublier que Pie VII, encore Pape à cette date, avait sacré Napoléon.

l'action civilisatrice de l'Église et de la papauté, ou plutôt de l'Église par la papauté. Mais il y a tracé son sillon à une grande profondeur, et il a contribué plus que personne à préparer la moisson magnifique qui devait éclore après lui.

Tout le monde sait que les travaux apologétiques de notre siècle se sont dirigés avec une prédilection particulière vers l'établissement d'une vérité que le paganisme de la Renaissance avait étrangement obscurcie : à savoir, que l'Église catholique est la grande civilisatrice ; qu'ayant les promesses de la vie à venir, elle a aussi celles de la vie présente, *promissum habens vitæ quæ nunc est et futuræ*; qu'en transformant les âmes elle a transformé aussi les institutions et les mœurs ; et qu'en somme la société chrétienne, gardée par un sacerdoce qui lui-même est gardé par la papauté, est divinement supérieure aux plus brillantes d'entre les sociétés païennes. Quand j'évoque les grands souvenirs des conférences de Notre-Dame, j'y vois le P. de Ravignan et le P. Lacordaire, — pour ne parler que des morts, — répandre la lumière et la flamme de leur éloquence sur cette vérité capitale sans laquelle on ne comprend rien à l'histoire du monde. Si je passe en revue une bibliothèque catholique contemporaine, j'y rencontre Montalembert, Ozanam, Donoso Cortès, etc., défrichant, partie après partie, ce vaste champ où il reste toujours des découvertes à faire. Et l'on n'a pas oublié avec quel éclat, quelle autorité, quelle puissance de synthèse le grand archevêque de Pérouse qui s'appelle aujourd'hui Léon XIII, présentait, il y a quelques années, le tableau des obligations immenses du monde moderne envers sa grande bienfaitrice.

Ce que l'on ne sait pas assez, c'est que tout ce mouvement procède très principalement du comte de Maistre et du livre du *Pape*. Chateaubriand y contribua sans doute par le *Génie du christianisme*, mais pour une part incomparablement moindre, parce qu'il reste un peu trop à la surface et que, dans cette intelligence d'artiste plutôt que de penseur, le côté social du christianisme reste sur le second plan derrière son côté esthétique. Le livre du *Pape*, dans les grandes questions de l'esclavage et de la liberté, du sacerdoce, de la virginité, de la sainteté des mariages, du pouvoir politique, de la propagation de l'Évangile, va à la racine des choses ; il fait penser le lecteur, il lui suggère tout un programme de recherches, il ouvre la voie féconde où tant de généreux et savants chrétiens devaient marcher après lui. Lorsqu'on lit ces chapitres courts et pleins, il convient donc de multiplier leur valeur propre, qui est grande, par leur influence et leur postérité. A cette condition seulement on pourra mesurer l'importance du service qu'ils ont rendu à la vérité historique et à la vérité religieuse.

IX

Les premiers lecteurs du livre *du Pape* paraissent s'être étonnés beaucoup, les uns avec admiration, les autres avec colère, de la hardiesse de l'auteur dans la question des rapports de la papauté avec les souverainetés temporelles. Nous nous étonnerions plutôt de sa prudence et de ses précautions oratoires. On sent qu'il s'avance *per ignes suppositos cineri doloso*, et qu'il a devant lui des préjugés très ombrageux. Il présente discrètement, comme une simple thèse, la théorie catholique sur l'excommunication et ses suites, sur le pouvoir que les Papes ont parfois exercé de délier les sujets du serment de fidélité et de déposer les rois. Il « n'entend nullement prêcher le droit indirect des Papes ; » il « dit seulement que ces idées n'ont rien d'absurde ; il argumente *ad homines ;* il prend la liberté de dire à son siècle qu'il y a contradiction manifeste entre son enthousiasme constitutionnel et son déchaînement contre les Papes » à l'occasion d'un pouvoir qui restreignait la toute-puissance des rois et offrait aux peuples une garantie contre l'oppression.

On peut, on doit, on ose parler plus net aujourd'hui. Mais ici encore, Joseph de Maistre a été le grand préparateur. En montrant combien l'exercice de cette haute magistrature avait été bienfaisant pour les princes et pour les peuples, combien cette intervention de la puissance spirituelle dans les choses temporelles était raisonnable en droit et discrète en fait, combien le *grand problème européen*, qui est de restreindre la souveraineté sans la détruire, est devenu insoluble depuis qu'on ne veut plus demander sa solution à la papauté, il a merveilleusement disposé les âmes catholiques à entendre sur ce point la vérité tout entière, à accepter en principe les conséquences temporelles qui découlent pour les nations chrétiennes de l'autorité dont le Saint-Siége est investi pour le gouvernement de la société spirituelle, à comprendre aussi que l'application de ce principe est subordonnée à un ensemble de conditions qui se rencontrent à certaines époques et non à certaines autres, enfin à ne pas confondre cet exercice de l'autorité pontificale avec l'*infaillibilité*, prérogative doctrinale dont l'usage ne peut jamais être un moment suspendu.

Le livre *du Pape* a donc été une très utile préface au *Syllabus* et à ces paroles de Pie IX qui fixent avec une précision suprême le droit dont il s'agit, son fondement, ses conditions d'exercice : « Sans doute le droit de déposer les souverains et de délier les peuples de leur obligation de fidélité a été employé quelquefois par des Papes dans des circonstances extrêmes, lorsque le bien de la société l'exigeait. Mais l'origine de ce droit n'est nullement l'*infaillibilité du Pape;* c'est l'*autorité ponti-*

ficale. Et puis, l'exercice de ce droit, dans ces siècles de foi qui respectaient dans le Pape ce qu'ils devaient respecter, c'est-à-dire le juge suprême de la chrétienté, et reconnaissaient les avantages de son tribunal dans les grandes questions entre les peuples et les souverains, l'exercice de ce droit, dis-je, s'étendait librement (secondé, comme il devait l'être, par le *droit public* et par le consentement des peuples) aux plus graves intérêts des États et de ceux qui les gouvernaient. Les temps où nous vivons sont bien changés (1). »

Bien que présentée d'un ton un peu timide, la doctrine du grand apologiste est fort exactement d'accord avec les explications du grand Pape. Il n'a garde de tomber dans la confusion que Pie IX condamne; et en même temps il fait voir que la puissance « dont il s'agit est toute spirituelle puisque les Papes ne se sont jamais rien attribué qu'en vertu de la puissance spirituelle; que la question se réduit absolument à la légitimité et à l'étendue de cette puissance; et que, si l'exercice de ce pouvoir, reconnu légitime amène des conséquences temporelles, les Papes n'en sauraient répondre, puisque les conséquences d'un principe vrai ne sauraient être des torts (2). »

Cela posé, il transporte la question sur le terrain

---

1) Discours de Pie IX, recueillis par le P. de Franciscis. (Disc. XCVI, à l'Académie *della religione cattolica*, 20 juillet 1871. T. I, p. 202-203.)

2) *Du Pape*, liv. III, ch. VIII.

social et politique, et s'attache à établir que l'exercice de ce pouvoir, *secondé par le droit public et par le consentement de la chrétienté,* dirigé d'ailleurs vers la défense des plus sacrés intérêts de la civilisation : sainteté des mariages, intégrité des mœurs sacerdotales, liberté de l'Église et du Saint-Siége, avait pour résultat excellent de compléter la grande œuvre catholique qu'il a décrite ailleurs, je veux dire la fondation de la monarchie chrétienne. Nous avons dit plus haut qu'à ses yeux la beauté particulière de cette noble forme de gouvernement, c'est *qu'elle restreint la souveraineté sans la détruire,* qu'elle lui conserve toute sa plénitude dans son cercle légitime, et qu'en même temps elle ne lui permet pas de sortir de ce cercle. C'est par là que la royauté européenne se distingue des royautés païennes ou musulmanes de l'Orient, et qu'à la différence de celles-ci, elle n'est ni le despotisme chez les princes, ni la servitude chez les sujets. Toutefois, cette grande institution, même soutenue par l'esprit chrétien qui a transformé le monde, même garantie par les lois fondamentales de chaque pays, « n'est point à l'abri des excès de l'énorme prérogative » que la souveraineté met aux mains qui l'exercent ; et le roi chrétien peut succomber à la tentation de devenir un despote asiatique. Qui défendra les peuples contre ces excès, les princes contre cette tentation ? Si on proclame le droit de résistance, laissant chaque peuple juge des cas où son exercice est légitime, la porte est ouverte toute grande aux révolutions. Si on enseigne sans restriction ni dispense le devoir de non-résistance, tout frein est ôté aux caprices fous ou féroces des mauvais princes. Des deux façons, le bel édifice de la royauté chrétienne tombe par terre, « et l'on se trouve placé entre deux abîmes (1) ».

La soumission au pouvoir est la loi générale; « elle est bonne, juste et nécessaire *en général*. Mais il n'est pas au pouvoir de l'homme de créer une loi qui n'ait besoin d'aucune exception ; cette impossibilité résulte également et de la faiblesse humaine qui ne peut pas tout prévoir, et de la nature même des choses. De là la nécessité, dans toute législation, d'une puissance dispensante; car partout où il n'y a pas dispense, il y a violation. Mais toute violation de la loi est dangereuse ou mortelle pour la loi, au lieu que toute dispense la fortifie ; car l'on ne peut demander d'en être dispensé sans lui rendre hommage et sans avouer que, de soi-même, on n'a point de force contre elle. Pourquoi donc n'y aurait-il point ici dispense de la loi générale, fondée sur les circonstances absolument supérieures ? Ne vaut-il pas mieux agir avec connaissance de cause et au nom de l'autorité que de se précipiter sur le tyran avec une impétuosité aveugle qui a tous les symptômes du crime ? Mais à qui s'adresser pour cette dispense ? La souveraineté étant pour nous une chose sacrée, une émanation de la puissance divine que les nations de tous les temps ont toujours mise

1) *Du Pape*, liv. III, ch. II.

sous la garde de la religion, mais que le christianisme surtout a prise sous sa protection particulière en nous prescrivant de voir dans le souverain un représentant et une image de Dieu même, il n'était pas absurde de penser que, pour être délié du serment de fidélité, il n'y avait pas d'autre autorité compétente que celle de ce haut pouvoir spirituel unique sur la terre et dont les prérogatives sublimes forment une portion de la révélation (1). Le serment de fidélité sans restriction exposant les hommes à toutes les horreurs de la tyrannie, et la résistance sans règle les exposant à toutes celles de l'anarchie, la dispense de ce serment prononcée par la souveraineté spirituelle pouvait très bien se présenter à la pensée humaine comme l'unique moyen de contenir l'autorité temporelle sans effacer son caractère (2). »

Oui, certes, cette idée *n'était pas absurde* et *pouvait très bien* se *présenter*. Entendez bien que, selon la pensée de l'auteur, cela veut dire qu'elle était la conséquence très salutaire d'un principe très véritable, la solution excellente d'une difficulté autrement insoluble. Qu'on nous permette

---

1) Si quandoque contingat temere et ultra modum publicam a Principibus potestatem exerceri, catholicæ Ecclesiæ doctrina eos insurgere *proprio motu* non sinit, ne ordinis tranquillitas magis magisque turbetur, neve societas majus exinde detrimentum capiat. (Encyclique *Quod Apostolici*, de S. S. Léon XIII, 28 décembre 1878.)

2) *Du Pape*, liv. III, ch. ix.

de montrer, en insistant un peu, à quel point il avait raison.

Suivant le principe révolutionnaire, chaque nation garde toujours le droit de renverser son gouvernement. Elle n'a pas besoin de dire ses raisons, elle n'a pas besoin d'en avoir; étant inaliénablement souveraine, sa fantaisie est une raison suffisante. Il n'y a pas à discuter cette doctrine, il y a seulement à montrer qu'elle est purement antisociale, qu'elle est la négation de la société, puisqu'elle est la négation du pouvoir qui est la condition d'existence de la société. Elle est incompatible avec l'idée d'une durée quelconque des magistratures, et les républicains révolutionnaires se moquent quand ils parlent d'instituer des présidents, des sénateurs ou des députés pour un an, pour un mois, pour une semaine; car une heure après l'institution, la nation a le droit de dire aux institués : « Allez-vous-en, j'ai changé d'avis, et vous avez cessé de me plaire. »

Les grands penseurs chrétiens du moyen âge ont traité avec le dédain qu'elle mérite cette théorie puérile d'écoliers en révolte. Ils ont unanimement affirmé le droit divin du pouvoir, parce que le pouvoir est un organe vital de la société politique qui, elle-même, est de droit divin puisqu'elle se superpose à la société domestique comme une condition de perfectionnement et de civilisation pour l'humanité. Par une corrélation nécessaire, ils ont affirmé que les citoyens ont le devoir d'obéir *non tantum propter iram, sed propter conscientiam*, comme l'avait enseigné saint Paul. Le serment de fidélité n'est, à leurs yeux, que la consécration de ce devoir de conscience ; il est dû et implicitement prêté par tous les sujets à tout prince légitime.

D'un autre côté, ils n'ont jamais admis ce principe de l'absolue inamissibilité du pouvoir où se complaît la théologie anglicane de Jacques Ier argumentant contre Bellarmin. Selon leur sentiment unanime, quand un prince, par une tyrannie persévérante, incorrigible, énorme, abuse, contre la société dont il est le chef, du pouvoir qu'il a reçu pour la défendre et la faire prospérer, il perd son droit à l'obéissance de ses sujets ; quand un peuple est dans cette alternative ou de périr, ou de reprendre sa liberté, la limite jusqu'où son serment de fidélité l'engageait est dépassée.

Mais, pratiquement, qui sera juge de la limite ? Ne savons-nous pas les bandeaux que les passions populaires et les passions personnelles mettent sur la conscience des hommes ? N'avons-nous pas vu tels ambitieux ou tels mécontents transformer en oppression de la nation leurs petits griefs personnels ? telle bande armée, que les populations voyaient passer avec stupeur, soutenir qu'elle avait la nation derrière elle ? tels princes, les plus honnêtes du monde, être dénoncés comme les plus incorrigibles des tyrans ? Ne l'a-t-on pas dit de Louis XVI ? ne l'a-t-on pas dit de Charles X ? ne l'a-t-on pas dit de Pie IX ? Encore une fois, qui sera juge ? Je vois bien les deux plaideurs ; mais le débat est sans issue régulière s'il n'y a point un tribunal qui *dise le droit* et qui, ajoutant sa force morale à celui des deux qui a la bonne cause, contribue par là à son succès.

Essayons de trouver ce tribunal.

Pourquoi pas un arbitre *ad hoc* librement accepté des deux parts ? — La solution serait belle et n'est pas absolument chimérique, car nous voyons que Henri III d'Angleterre et ses barons ont plaidé ainsi devant saint Louis ; mais elle est sans application *dans l'espèce*. Si on était de part et d'autre assez raisonnable pour accepter l'arbitrage, ce serait la meilleure preuve que le cas extrême ne se présente pas et que la querelle de ménage ne doit pas aboutir à la séparation. Un souverain qui s'en remet, par un libre consentement, à la décision d'un juge choisi pour son renom d'équité n'est point de ces tyrans avec qui il n'y a pas moyen de vivre ; voyez-vous d'ici Caligula acceptant saint Louis pour arbitre, ou le Comité de salut public plaidant contre la France devant quelque prince d'une impartialité proverbiale ?. Non, l'arbitrage *ad hoc* est possible dans les questions de limite de pouvoirs ; manifestement, il ne l'est pas dans les questions de déchéance.

Cherchons autre chose. Peut-être un congrès permanent, une haute cour européenne ? Il est douteux que les congrès puissent inspirer beaucoup de confiance pour l'exercice de cette fonction nouvelle, à en juger par les résultats qu'ils obtiennent dans leur tâche habituelle. Ils sont institués pour le maintien et le rétablissement de l'équilibre ; mais, en dépit de l'habileté des équilibristes, nous voyons la corde tantôt casser et tantôt se détendre, et tout l'effort tenté contre une prépondérance aboutir à en faire naître une autre. Puis, si l'on comprend qu'un peuple et un roi s'en rapportent à la sentence d'un juge en qui tous deux verront l'incarnation de la justice et du désintéressement, que dire de la candeur dont un grand État fait preuve lorsqu'il remet le règlement de ses difficultés intérieures aux nations étrangères qui le voient avec défiance ? Qu'il fasse bon marché, s'il lui plaît, de sa dignité nationale. Mais croit-il la diplomatie à ce point immaculée qu'il en espère un jugement fondé sur la justice abstraite ? Ignore-t-il les tentations auxquelles un patriotisme sans scrupule rend les hommes d'État accessibles ? S'ils tombent d'accord que leur intérêt commun est de vous tenir en bride, cet intérêt, non le vôtre ou celui de la justice, dictera leur sentence, et les chances sont pour que, de dessein formé, ils prononcent en faveur de la mauvaise cause, parce que son triomphe vous laissera, fort utilement pour eux, embourbés dans une ornière.

Tournons-nous de quelque autre côté. Les Constitutions modernes ont essayé de rendre les révolutions impossibles en les rendant inutiles. A cet effet elles ont proclamé l'inviolabilité du prince et la responsabilité de ses ministres.

Certes l'inviolabilité est un beau principe, mais à

condition qu'elle repose elle-même sur le principe des principes, sur la foi à Dieu et au caractère sacré du pouvoir. C'est dans ces conditions qu'elle a été une vérité dans notre histoire, sans avoir besoin d'être écrite ailleurs que *ès cœurs des Français*. La Révolution lui a dérobé son fondement et ne lui laisse plus pour base que la fiction parlementaire. Le pouvoir royal étant annulé au profit des Assemblées, le roi reste là comme un décor, mais ne fait plus rien, si ce n'est signer ce qui lui est imposé par les ministres que les Assemblées lui imposent. On comprend qu'il soit inviolable parce qu'il est irresponsable, et qu'il ne réponde de rien parce qu'il ne fait rien. Et pourtant, même dans ces conditions, la fiction est inefficace. Le pouvoir inviolable est violé ; et la Révolution, à laquelle on ouvrait la soupape de sûreté de la responsabilité ministérielle, dédaigne cette petite porte pour enfoncer la grande porte de l'irresponsabilité royale. Cela s'est fait chez nous deux fois en dix-huit ans. Et à propos de quoi ? d'une tyrannie extrême, invétérée, intolérable ? Non, mais à propos de l'interprétation d'un texte controversable. Les deux fois, selon son humeur coutumière, la Révolution a mis le feu au logis parce qu'il y avait peut-être une réparation à y faire.

Nous voici donc dans une impasse. Pratiquement et actuellement, nous sommes réduits à confesser que le procès n'a pas d'issue, à souhaiter que les cas extrêmes où il naît ne se produisent pas, à baisser la tête s'ils se produisent, et à subir le passage de la tyrannie comme on subit celui des fléaux qui déconcertent les forces humaines ; car, faute de cette résignation, l'impossibilité de l'arbitrage livre la place sans défense à la Révolution.

Oui, nous en sommes là, et c'est une de nos misères. Sortirons-nous de cette impasse ? Je l'ignore. Mais ce que je sais bien, c'est que l'Europe n'y était point enfermée au temps où elle était chrétienne, et que le droit public catholique du moyen âge donnait au problème aujourd'hui insoluble une solution pleinement conforme à la justice et à l'intérêt social.

Qu'est-ce en effet que ce problème ? Tout à la fois un cas de conscience qui, pour être éclairci, veut un juge compétent dans les questions de morale, et une question d'intérêt national qui veut un juge non suspect, n'ayant pas lui-même d'intérêt à ce que telle nation succombe sous la tyrannie d'un homme ou sous l'anarchie révolutionnaire, mais ayant intérêt, s'il se peut, à ce que toutes les nations soient prospères. Enfin, comme il s'agit des droits du pouvoir et des droits de la liberté et de la dignité humaine, il faut, pour les peser dans une balance exacte, un juge qui ait le sentiment le plus élevé et le respect le plus religieux des uns et des autres.

Ce juge, le moyen âge catholique l'a connu et reconnu. C'est le Pape.

De sa compétence pour la solution du cas de

conscience, je ne dirai qu'un mot. Pasteur universel des âmes, le Pape est dans son domaine toutes les fois qu'il donne une direction aux fidèles sur une question morale. Je ne réponds point à ceux qui nient cela et traitent d'usurpation toute parole pontificale enseignant le devoir. Je note seulement que ceux qui le prennent de si haut avec les consultations du Pape ne manquent point l'occasion d'en donner eux-mêmes dans leurs livres, leurs journaux ou leurs clubs. Mais leur mauvaise humeur contre une parole qui les gêne ne change point la nature des choses, et ne réussit pas à supprimer l'Evangile où le successeur de Pierre trouve son mandat perpétuel. Que si on reconnaît au Pape le droit de résoudre les cas de conscience, sous quel prétexte exclurait-on de ce domaine légitime les cas qui touchent à la politique? A moins toutefois qu'on n'ose dire tout haut que la politique n'a rien à démêler avec la conscience.

Donc, quand une nation est en présence du plus grave de ces cas de conscience, et qu'elle demande si son devoir de fidélité envers le pouvoir existe encore ou a pris fin, le Pape est absolument compétent pour répondre. En répondant, il ne fera point un pas hors de son domaine ; car la morale, qui fait partie de ce domaine, n'a point cessé d'être la morale lorsqu'elle règle les rapports des princes et des peuples, et non plus seulement les rapports des citoyens entre eux.

Son désintéressement, d'ailleurs, égale sa compétence, ou plutôt un seul intérêt s'impose à lui, l'intérêt de la prospérité de chaque nation chrétienne, d'où résultera la prospérité de la chrétienté tout entière. Le bon sens indique qu'il en doit être ainsi ; et l'histoire, à chaque page, crie qu'il en fut ainsi. Aucun doute n'est possible à cet égard quand on voit, pendant tout le moyen âge, les Papes travailler avec ardeur au maintien ou au rétablissement de la concorde entre les princes chrétiens, et tendre tous les ressorts de leur politique vers la consolidation d'une intime et fraternelle alliance qui unisse toutes les forces des nations chrétiennes contre les infidèles.

Enfin, pour quiconque a des yeux et des oreilles, il est certain que l'Église catholique a toujours maintenu à une égale hauteur le principe du respect dû au pouvoir et le principe du respect dû au droit des faibles ; qu'elle a toujours condamné l'anarchie jusqu'à se faire accuser par les révolutionnaires de complicité avec les tyrans, l'oppression jusqu'à être traitée de factieuse par les césariens et leurs légistes.

C'est avec cette compétence, cette hauteur de vues, ce désintéressement, que les Papes ont usé de leur droit de résoudre les cas de conscience des nations chrétiennes.

Et c'est ce que n'ont compris ni Bossuet, ni l'Assemblée de 1682, fascinés qu'ils étaient par leur demi-idolâtrie pour le pouvoir civil, et ne se doutant guère que la juridiction qu'ils contestaient à la papauté n'était pas moins une barrière contre la révolution d'en bas que contre la tyrannie d'en haut.

Mais quand on sait voir les choses et lire l'histoire à cette lumière, on se prend d'une admiration sans bornes pour cette partie du rôle de saint Grégoire VII, et d'une tristesse non moindre à voir à quel point ce rôle sauveur a été méconnu et travesti.

Ses ennemis ne veulent considérer ni avec quelles instances il fut imploré par les peuples allemands qu'accablait le joug de l'empereur Henri IV, ni avec quelle charité, quelle maturité, quelle mesure, quelle attention à ne point éteindre la mèche encore fumante, quelle facile acceptation des promesses d'amendement il procéda à l'égard de l'empereur. Ils ne veulent pas voir davantage qu'en appliquant leur haute juridiction morale à ces redoutables questions, les Papes n'ont fait que céder au vœu de toute la chrétienté ; que la légitimité de leur intervention a été, dans le droit public du moyen âge, un article fondamental, incontesté en principe de ceux mêmes que son exercice frappait, incontesté des peuples et des rois qui, les uns et les autres, y voyaient une garantie contre leur principal péril. Mais la chose est telle, en dépit de ceux qui en détournent leurs yeux ; et le progrès des sciences historiques, s'il n'empêche pas la fable inepte des empiétements du pouvoir pontifical de continuer par en bas son action malfaisante, a du moins amené ce résultat, qu'on ne peut plus la reproduire sans se donner à soi-même un certificat d'ignorance.

Mais la condition d'exercice de ce droit était qu'il y eût une Europe catholique. La grande idée, si pauvrement remplacée depuis, de la république chrétienne et de la solidarité européenne était vivante alors, parce que cette république avait une tête et un cœur, un cœur aimant et une tête agissante, un centre où s'entretenait son unité, une grande magistrature morale travaillant partout et toujours à étendre l'empire de la justice et de la paix. Et de ce que la situation est autre aujourd'hui, il résulte qu'il n'y a plus que des révolutions violentes, et que la force est le seul recours des peuples contre l'oppression, des princes contre la rébellion. *Le droit primant la force*, c'était la civilisation chrétienne telle que la concevait saint Grégoire VII. *La force primant le droit*, c'est la civilisation moderne, telle que la Révolution la réalise parmi nous.

Et parce que la Révolution est le pire des maux et qu'il ne faut même pas lui entr'ouvrir la porte, les peuples chrétiens opprimés n'ont plus, faute de recours à ce tribunal pacifique, d'autre ressource que la prière. Celle-là, du moins, personne ne peut la leur ravir (1).

1. Cumque res eo devenerit ut nulla alia spes salutis affulgeat, Ecclesia catholica docet christianæ patientiæ meritis et instantibus ad Deum precibus remedium esse maturandum. (Encyclique *Quod Apostolici*.)

CHAPITRE VI

LES SOIRÉES DE SAINT-PÉTERSBOURG

Pourquoi y a-t-il des gens de bien sur lesquels le malheur s'acharne et, à côté d'eux, des coquins à qui tout réussit? Pourquoi les triomphes insolents de la force? Pourquoi les lamentables désastres des bonnes causes? Faut-il absolument attendre l'autre vie pour que Dieu et la justice aient raison? Ou bien sous ces apparences de désordre moral y a-t-il, dès cette vie, un ordre maintenu par le gouvernement temporel de la Providence, une action rémunératrice déjà commencée sur la terre, pas assez complète sans doute pour que nous cessions d'en chercher l'achèvement ailleurs, assez reconnaissable cependant pour que le plan divin ne soit pas caché tout entier?

Cette idée du plan divin est, on l'a déjà pu voir, le grand objet des préoccupations et de la foi de Joseph de Maistre. Elle est vraiment le point central de sa pensée. C'est elle qui, sous sa plume, élève à la hauteur d'une question de philosophie religieuse toute question d'histoire ou de politique. C'est grâce à elle qu'il voit de si haut et de si loin, que toutes ses grandes prévisions sont justes et que les événements ne les démentent guère dans le détail sans leur donner raison dans l'ensemble.

Il était naturel qu'une fois dans sa vie il considérât dans toute sa généralité ce grand objet que le spectacle des événements contemporains lui présentait tantôt sous une face et tantôt sous une autre. De cette considération sont nées les *Soirées de Saint Pétersbourg*.

Ces Soirées ne sont point un traité, au sens didactique du mot. Elles sont des entretiens vivants qui permettent tantôt l'abandon, la grâce et le sourire de la causerie parlée ou écrite, tantôt la sévérité ou la haute éloquence de développements plus suivis. La question principale, posée dès le début, y avance à travers des digressions à la fois naturelles et voulues que l'auteur ne se résignait pas à sacrifier, et qu'un traité *ex professo* l'eût contraint d'élaguer au grand chagrin du lecteur et au grand détriment du sujet lui-même. Outre que ces épisodes forment par leur réunion un système *d'ouvrages avancés* autour de la place qu'il s'agit de défendre, ils offrent à l'infatigable penseur autant d'occasions de dire aux hommes de son temps sa pensée sur mille choses et d'introduire dans un cadre flexible tout le détail de sa doctrine sur les questions de métaphysique sociale et religieuse. La forme du dialogue s'adaptait d'ailleurs à merveille au ton communicatif et *conversationnel* de son esprit; et je ne crois pas que, depuis Platon, personne y ait mieux réussi. Cette forme en outre était *vraie* dans le grand sens du mot; car on peut bien deviner qu'un tel homme, trouvant à qui parler, devait, par un mouvement naturel, porter sa conversation comme sa correspondance sur le terrain élevé dont il avait fait son domaine. Enfin, étant homme du monde, et du meilleur, ayant pour les bavards et les pédants autant de dédain qu'il avait d'estime pour les vrais savants, c'est à des gens du monde, et de son monde, qu'il s'adresse. Et comme il vient à la fin d'une génération où les sophismes, avant de descendre dans la rue, dans la boue et dans le sang, avaient fait leur chemin dans les salons et par eux, il conserve, à la frivolité et à la licence près, ce ton des salons et de la bonne compagnie qui lui est encore une *marque de fabrique* impossible à contrefaire.

Il indique lui-même avec une grâce savante et charmante ce caractère de ses entretiens :

« J'ai grand regret à ces *symposiaques* dont l'antiquité nous a laissé quelques monuments précieux. Les dames sont aimables sans doute; il faut vivre avec elles pour ne pas devenir sauvages. Les sociétés nombreuses ont leur prix, il faut même savoir s'y prêter de bonne grâce. Mais quand on a satisfait à tous les devoirs imposés par l'usage, je trouve bon que les hommes s'assemblent quelquefois pour raisonner, même à table. Croyez-vous que l'examen d'une question intéressante n'occupât pas le temps d'un repas d'une manière plus utile, et plus agréable même, que les discours légers ou répréhensibles qui animent les nôtres? C'était, à ce qu'il me semble, une assez belle idée que celle de faire asseoir Bacchus et Minerve à la même table, pour défendre à l'un d'être libertin et à l'autre d'être pédante. Nous n'avons plus de Bacchus; et d'ailleurs notre petite symposie le rejette expressément. Mais nous avons une Minerve bien meilleure que celle des anciens; invitons-la à prendre le thé avec nous; elle est aimable et n'aime pas le bruit : j'espère qu'elle viendra. »

Puisqu'il s'agit d'entretien, il faut présenter les personnages.

Le premier est *le comte*, — le comte de Maistre en personne, tel que vous le connaissez. J'aurais bien mal réussi s'il était nécessaire de le décrire à nouveau.

Le second est un sénateur russe, homme d'un esprit très cultivé et tout ensemble très spontané et très primesautier. Il a au plus haut degré ce ressort intérieur qui pousse les intelligences de famille platonicienne vers les grandes conceptions et les intuitions soudaines; il a l'élan vers le divin et l'invisible, non sans quelque témérité et sans quelque teinte de cet illuminisme à quoi l'esprit russe est étrangement enclin, témoin le czar Alexandre. On peut dire qu'il représente l'extrême limite où « le comte » irait parfois lui-même sans le grand bon sens et la parfaite soumission catholique qui lui sont un double garde-fou. Il juge *a priori*, il résoud très affirmativement, et presque dédaigneusement, les questions de physique par des considérations et des analogies métaphysiques; et j'imagine qu'en une ou deux rencontres, Joseph de Maistre fait passer sous ce pavillon étranger quelque idée un peu aventureuse pour laquelle il se sent une faiblesse de cœur, mais dont sa raison ne veut pas prendre la responsabilité.

Au travers de ces deux graves personnages se jette, comme, à Fontenoy, la *maison du roi* au travers de la colonne anglaise, un jeune émigré français, que le malheur a guéri de la frivolité sans lui rien retirer de sa grâce brillante, — type charmant d'enjouement sérieux, de vieille foi chrétienne légèrement atteinte à la surface par le scepticisme du siècle passé, de franchise, d'ardeur généreuse à la bataille des idées. Il est *pour les gens qui disent leur pensée*. « Ce qu'on croit vrai, il faut le dire et le dire hardiment; je voudrais, m'en coutât-il grand chose, découvrir une vérité faite pour choquer le genre humain; je la lui dirais à brûle-pourpoint. » Et l'une des deux barbes grises lui répond : « Si vous êtes jamais enrôlé dans une armée que la Providence lève en ce moment en Europe, vous serez placé parmi les grenadiers » (1). Il y aurait plaisir à le voir dans certaines assemblées législatives.

1) *Soirées*, 3ᵉ Entretien.

C'est lui qui est chargé d'ouvrir le feu et de poser la question, non pas sous sa vraie forme, mais *comme on la pose*. Les trois amis sont assis dans une barque qui remonte la Néva par une de ces incomparables soirées pour lesquelles le court été du nord réserve tous ses enchantements (1). Ils jouissent avec délices de la beauté du spectacle lorsque le chevalier, rompant brusquement le silence, s'écrie : « Je voudrais bien voir ici, sur cette même barque où nous sommes, un de ces hommes pervers nés pour le malheur de la société ; un de ces monstres qui fatiguent la terre...

« Et qu'en feriez-vous, s'il vous plaît (ce fut la question de ses deux amis parlant à la fois) ? — Je lui demanderais, reprit le chevalier, si cette nuit lui paraît aussi belle qu'à nous.

LE COMTE

« Mon cher chevalier, les cœurs pervers n'ont jamais de belles nuits ni de beaux jours. Ils peuvent s'amuser ou plutôt s'étourdir ; jamais ils n'ont de jouissances réelles. Au demeurant, Dieu veuille les écarter de notre barque.

---

1) La description, enchanteresse aussi, de cette soirée et de ce paysage sert de portique au monument, je veux dire au livre. Et ce portique est élevé par des mains fraternelles ; ces premières pages sont l'œuvre du comte Xavier.

LE CHEVALIER

« Vous croyez donc que les méchants ne sont pas heureux ? Je voudrais le croire aussi ; cependant j'entends dire chaque jour que tout leur réussit. S'il en était ainsi réellement, je serais un peu fâché que la Providence eût réservé entièrement pour un autre monde la punition des méchants et la récompense des justes ; il me semble qu'un petit acompte de part et d'autre, dès cette vie même, n'aurait rien gâté. »

II

C'est ainsi que la discussion s'engage sur une question dont la difficulté semble augmentée par les arguments mêmes qu'emploient les défenseurs de la bonne cause.

Ces arguments, en effet, n'ont-ils pas l'air de se contredire ? Ouvrez un traité de philosophie spiritualiste, au chapitre de *la vie future;* on y insiste sur le scandale de la prospérité des méchants et du malheur des justes, pour démontrer que la vie présente est une énigme dont le mot est ailleurs, et qu'au delà de ce monde il y en a un autre où sont réparés les désordres terrestres par l'association définitive du bonheur avec la vertu, du malheur avec le vice.

Entendez, au sortir de cette lecture, les moralistes et les prédicateurs exhorter les hommes à la pratique du devoir; ils ne s'attachent à rien tant qu'à prouver que, même ici-bas, et même au milieu des épreuves, la condition de l'homme de bien est préférable à celle du méchant, et que la vertu est le plus sûr chemin et le principal élément du bonheur sur la terre.

Ainsi chacune des deux démonstrations semble fournir un argument contre l'autre. Qu'en faut-il penser? Sommes-nous condamnés, pour croire à la vie future, à considérer les gens de bien comme les plus malheureux des hommes ici-bas? Faudra-t-il, pour accepter la peinture encourageante du bonheur présent de la vertu, renoncer à la plus sensible et à la plus décisive des preuves de l'autre vie?

Ni l'un ni l'autre. Les deux thèses sont également vraies pour qui sait les bien entendre, et l'apparente contradiction s'évanouit dès que nous remontons aux principes. C'est ce qu'on nous permettra de faire avant d'aller plus loin.

Le premier regard jeté sur le monde physique apporte à tout esprit juste et à tout cœur droit une révélation de la Providence. L'action du gouvernement divin est visible dans cette merveilleuse structure et dans ce grand spectacle d'universelle harmonie. L'objection ne vient qu'après coup, et ne peut se réfugier que dans les détails.

Le premier regard jeté sur le monde moral, sur les sociétés humaines, apporte, au contraire, une objection contre la Providence. Le désordre semble y régner, non pas accidentellement, mais en permanence.

Ce regard est trompeur autant que l'autre est juste. L'ordre est plus admirable encore et le gouvernement divin plus savant, si on l'ose dire, dans le monde des âmes que dans l'univers matériel. Il est nécessaire qu'il en soit ainsi, car la beauté, et l'ordre qui en est l'élément principal, doivent croître en proportion de la hiérarchie des êtres et des règnes. Si donc les traces de Dieu et l'action de Dieu sont reconnaissables dans les choses visibles qui sont faites pour le service des invisibles, combien doivent-elles être plus profondes en celles-ci !

Or, voici en quoi le gouvernement du monde des âmes est en effet le chef-d'œuvre de l'administration divine.

Les anciens s'étaient imaginé qu'il y a dans la matière un principe de désordre qui oppose une résistance à l'action organisatrice de Dieu ; ils la croyaient éternelle et pensaient que la puissance divine avait à lutter contre elle pour la tirer du chaos primitif. Le dogme de la création est venu dissiper cette erreur qui, d'ailleurs, ne saurait tenir contre l'idée que la science moderne nous donne de la matière. Essentiellement inerte, la matière ne saurait opposer aucune résistance à l'action divine. Elle ne sait pas ce que c'est que désobéir ; elle suit fatalement les lois qui lui sont imposées ; elle ne peut sortir de l'ordre, puisque l'ordre est la conformité à la loi. Elle n'en sort pas plus dans le cas particulier et exceptionnel du miracle que dans son cours ordinaire. Soit qu'elle suive son impulsion initiale, soit que les forces qui sont en elle soient neutralisées par l'intervention directe de la puissance souveraine, elle est toujours docile.

Il en est tout autrement dans le monde moral. Ici il y avait vraiment des résistances à vaincre, et le problème à résoudre était de faire que l'ordre ne cessât pas d'être souverain dans une cité d'êtres libres qui peuvent à leur gré violer la loi, bien plus, d'obliger cette violation elle-même à concourir malgré elle à l'ordre contre lequel elle s'insurge.

La sagesse divine a résolu le problème en deux manières : d'une manière finale et pleine par les sanctions de la vie future, d'une manière anticipée et surérogatoire par la condition des bons et des méchants dans la vie présente.

Cette anticipation n'était pas nécessaire. On pouvait concevoir que Dieu, ayant créé les hommes, leur dît : « Je vous appelle tous à une félicité qu'il faut acheter par une épreuve dont la condition est celle-ci : peines et misères pour ceux qui observeront ma loi, jouissances et douceurs pour ceux qui la violeront. La raison des méchants leur apprendra qu'ils pèchent et leur annoncera le châtiment futur; mais aucune douleur sensible, aucune angoisse, aucune terreur n'ajouteront une peine présente à celles de l'avenir. Pareillement les bons sauront qu'ils agissent bien et qu'ils seront récompensés; mais aucune jouissance actuelle ne leur donnera

l'avant-goût du bonheur qui les attend un jour. »
En rigueur, qu'y aurait-il eu à reprendre dans une telle condition de la vie présente? Rien, sans doute, pourvu que l'épreuve de la vertu n'excédât point ses forces, et pourvu que les séductions du mal n'entraînassent point la volonté par une fatalité irrésistible.

Mais Dieu n'a point réglé ainsi les choses, même à supposer vraie cette opinion pessimiste que, sur la terre, les prospérités sont en général pour les méchants, les calamités pour les bons.

Tout d'abord, l'âme, ici-bas, ne vit pas seulement dans le monde des intérêts visibles et palpables; elle vit aussi dans le monde de la conscience. Et là, sur cette scène intérieure, chaque sacrifice courageux de la passion au devoir commence à être rémunéré, chaque délit à être châtié. C'est le premier rétablissement de l'équilibre.

Toutefois ce rétablissement ne suffit pas, pour bien des raisons dont la principale est que la conscience délicate de l'homme très vertueux n'est jamais satisfaite et le récompense mal, tandis que la conscience endurcie de l'homme tout à fait pervers cesse de le punir par le remords. Mais l'homme vit aussi d'avance dans le monde de l'avenir; et l'état intérieur qui résulte de ses prévisions consolantes ou sinistres est un fait actuel dont il faut tenir grand compte dans l'appréciation du bonheur ou du malheur terrestre. Or ce fait ne se borne pas à rétablir l'équilibre qui semblait pencher en faveur des méchants ; il le rompt dans le sens opposé et emporte la balance à d'immenses profondeurs du côté de la vertu. Je marche par des chemins escarpés, sous la pluie, sous la neige, sous un soleil qui me dévore ; mais je vais à un trône radieux, et je sais que j'y vais. Mon voisin s'avance sur des chemins de gazon, sous des ombrages parfumés, dans une atmosphère caressante et tiède ; mais il va au supplice, et il sait qu'il y va. Non seulement j'aime mieux mon but que le sien ; mais j'aime mieux mon voyage, et je suis plus heureux sur ma route que lui sur la sienne. Mon but projette sur mes douleurs une espérance qui me soutient, qui colore tout d'une lumière non trompeuse, qui se fortifie à mesure que je me rapproche du terme. Son but projette sur ses délices une menace grandissante qui les empoisonne.

Ainsi se concilient les deux aspects sous lesquels la condition des bons dans la vie terrestre est présentée tour à tour par les moralistes chrétiens. Ils peuvent, sans contradiction et sans scrupule, tantôt prouver la vie future en insistant sur les souffrances de la vertu, tantôt animer les hommes à la vertu en leur montrant qu'elle est, dès ce monde, le principal élément du bonheur. Oui, s'il n'y avait pas *un au delà*, la vertu n'aurait pas sa récompense ; et, la loi du mérite étant violée, l'ordre ne régnerait pas dans la cité des âmes. Mais parce qu'il y a un au delà, parce que notre foi en lui découle nécessairement de notre foi en un Dieu juste, l'éternité réagit sur le temps ; et la certitude de la vie future avec ses sanctions rend la vie présente des bons plus heureuse et plus douce que celle des méchants. En un mot, la vue du désordre présent conduit la raison à affirmer le rétablissement futur de l'ordre ; et la certitude de son rétablissement futur opère, partiellement et par anticipation, son rétablissement présent. Et ainsi il est vrai en toute rigueur que le désordre librement introduit par l'homme dans le monde moral devient, entre les mains de Dieu, un moyen indirect, mais infaillible, de faire triompher l'ordre dès ici-bas.

C'est là ce que j'ai appelé le chef-d'œuvre de l'administration divine.

Peut-être les *Soirées*, obéissant à la louable préoccupation de retrouver, *dans l'ordre temporel,* les *acomptes* de la justice divine, ont-elles trop négligé cette considération qui est, hors de toute comparaison, la principale et la plus décisive, mais qui n'influe sur le temps que par une sorte de rétroaction de l'éternité. C'est pour remplir cette lacune que j'ai dû y insister avant de suivre les trois interlocuteurs dans le libre mouvement de leur savante causerie.

III

Le comte commence par faire justice des termes inexacts dans lesquels la question (ou l'objection) est le plus souvent posée. Il semble, à entendre ceux qui l'énoncent que la prospérité soit, en règle générale, le privilège des méchants, la misère le sort des bons. Or c'est là un contraste imaginaire. Permis à Platon d'opposer, dans un célèbre parallèle, l'homme de bien accablé d'opprobres et de souffrances au scélérat rayonnant de gloire et inondé de délices. Son très noble but est de montrer que, même alors, les âmes généreuses ne désertent pas le drapeau de la vertu. Mais le philosophe, qui raisonne sur les faits généraux et non sur des exceptions, ne saurait prendre ces peintures pour l'expression fidèle de ce qui se passe en ce monde; et Platon lui-même ne leur a pas donné ce caractère. « Avez-vous jamais entendu un militaire se plaindre qu'à la guerre les coups ne tombent que sur les honnêtes gens, et qu'il suffit d'être un scélérat pour être invulnérable? Je suis sûr que non, parce qu'en effet chacun sait que les balles ne choisissent personne. J'aurais bien le droit d'établir au moins une parité parfaite entre les maux de la guerre par rapport aux militaires, et les maux de la vie en général par rapport à tous les hommes; et cette parité suffirait seule pour faire disparaître une difficulté fondée sur une fausseté manifeste; car il est non seulement faux, mais évidemment faux *que le crime soit en général heureux et la vertu malheureuse dans le monde* (1). Il faudrait donc changer la question, et

---

1) L'auteur ajoute ici : « Il est au contraire de la plus grande évidence que les biens et les maux sont une espèce de loterie où chacun, sans distinction, peut tirer un billet blanc ou noir. »

demander pourquoi, dans l'ordre temporel, le juste, n'est pas exempt des maux qui peuvent affliger le coupable, et pourquoi le méchant n'est pas privé des biens dont le juste peut jouir. Mais cette question est tout à fait différente de l'autre. »

Comment donc les choses sont-elles réglées en ce qui concerne le partage des biens et des maux de l'ordre temporel et physique? Par les lois générales qui régissent ce monde matériel dans lequel nous sommes descendus et qui ne peuvent être suspendues que par le miracle. « Si l'homme de bien souffrait parce qu'il est homme de bien et si le méchant prospérait parce qu'il est méchant, l'argument serait insoluble. Il tombe à terre si l'on suppose seulement que le bien et le mal sont distribués indifféremment à tous les hommes (1). »

Demande-t-on pourquoi l'*homme en général* souffre? C'est encore une autre question à laquelle les traditions presque unanimes du genre humain et le témoignage de notre propre conscience donnent la même réponse que la Genèse. Mais, la loi de la souffrance étant donnée, *on ne sait ce qu'on dit*

Entendons bien que le mot de loterie ne doit point ici être pris à la rigueur; aucun philosophe n'a plus soigneusement exclu de sa doctrine l'idée absurde du hasard que l'auteur des *Soirées*. Il est de ceux qu'on ne doit point chicaner sur un mot. Celui-ci, d'ailleurs, sera expliqué plus tard.

1) *Soirées*, 1er entretien. — *Indifféremment* a ici son sens étymologique et signifie *sans différence*. Que Dieu soit *indifférent* aux bons et aux méchants, c'est précisément l'erreur impie que l'auteur combat.

lorsqu'on se plaint qu'elle soit appliquée aux hommes vertueux ; et on ne le sait pas davantage lorsqu'on se plaint que les lois générales de la nature laissent beaucoup de scélérats impunis. Car ce qu'on demande c'est le miracle en permanence. « Le monde étant gouverné par des lois générales, vous n'avez pas, » dit le comte à ses deux amis, « la prétention que, si les fondements de la terrasse où nous parlons étaient mis subitement en l'air par quelque ébranlement soudain, Dieu fût obligé de suspendre en notre faveur les lois de la gravité parce que cette terrasse porte en ce moment trois hommes qui n'ont jamais tué ni volé. Nous tomberions certainement, et nous serions écrasés. Il en serait de même si nous avions été membres de la loge des Illuminés de Bavière ou du Comité de salut public. Voudriez-vous, lorsqu'il grêle, que le champ du juste soit épargné? Voilà donc un miracle. Mais si, par hasard, ce juste venait à commettre un crime après la récolte, il faudrait encore qu'elle pourrît dans ses greniers. Voilà un second miracle (1). »

On ne saurait répondre avec une plus spirituelle justesse. Il est à peine besoin de dire que cette belle doctrine des lois générales n'a rien de commun avec la thèse, chère au déisme, des *lois invariables*, qui annule la puissance de Dieu sur son ouvrage, change l'ordre du monde en une fatalité inflexible et rend la prière inutile. Le sénateur, sous lequel,

1) *Soirées*, 1er entretien.

cette fois, *se cachera visiblement* Joseph de Maistre lui-même, protestera ailleurs, avec une raison éloquente, contre cette théorie funeste et philosophiquement absurde qui supprime les relations de l'homme avec son auteur. Ce que les *Soirées* enseignent, et ce qui est la vérité même, c'est que demander le miracle en permanence c'est demander la suppression des lois générales qui sont la forme habituelle, régulière et belle du gouvernement divin; et c'est, de plus, se contredire, puisque c'est demander que l'exception devienne règle tout en demeurant exception (1).

Faisons maintenant un pas de plus. Il est évidemment faux que, dans la distribution des biens et des maux d'ici-bas, les méchants aient la meilleure part. Est-il vrai que les parts soient égales? Cela est faux encore, et c'est l'art divin de la Providence d'avoir réglé les choses de telle sorte que sa justice apparût dans le spectacle général du monde moral, et que cependant le mérite de l'épreuve subsistât tout entier pour les individus dans chaque cas particulier. « La loi générale, visible et visiblement juste, est que la plus grande masse de bonheur même temporel appartient non pas à l'homme vertueux, mais à la vertu. S'il en était autrement, il n'y aurait plus ni vice ni vertu, ni mérite ni démérite, par conséquent plus d'ordre moral. Supposez que chaque action vertueuse soit *payée* pour ainsi

---

1) *Soirées* 1er entretien.

dire, par quelque avantage temporel ; l'acte, n'ayant plus rien de surnaturel (1), ne pourrait plus mériter une récompense de ce genre. Supposez, d'un autre côté, qu'en vertu d'une loi divine la main d'un voleur doive tomber au moment où il commet un vol, on s'abstiendra de voler comme on s'abstiendrait de porter la main sur la hache d'un boucher; l'ordre moral disparaîtrait entièrement. Pour accorder donc cet ordre avec les lois de la justice, il fallait que la vertu fût récompensée et le vice puni, même temporellement, mais non toujours, ni sur-le-champ; il fallait que le lot incomparablement plus grand de bonheur temporel fût attribué à la vertu, et le lot proportionnel de malheur dévolu au vice, mais que l'individu ne fût jamais sûr de rien, et c'est ce qui est établi (2). »

Ce qui fausse nos jugements en cette matière, ce qui donne naissance à l'objection, c'est notre pente mauvaise et frivole à juger des choses et de leur influence sur le bonheur par l'éclat extérieur qu'elles répandent, et non par le contentement intérieur qu'elles produisent. C'est ainsi que le succès d'un méchant, le triomphe d'un usurpateur nous sont des scandales et nous font murmurer contre la Providence comme si succès et bonheur étaient même chose. « Si quelquefois la vertu paraît avoir moins de talent que le vice pour obtenir les richesses et

---

1. Entendez *de désintéressé, de supérieur à l'intérêt actuel.*
2. *Soirées*, 1er entretien.

les emplois, si elle est gauche pour toute espèce d'intrigues, c'est tant mieux pour elle, même temporellement ; il n'y a pas d'erreur plus commune que de prendre une bénédiction pour une disgrâce : n'envions rien au crime, laissons-lui ses tristes succès. La vertu en a d'autres, elle a tous ceux qu'il lui est permis de désirer, et quand elle en aurait moins, rien ne manquerait encore à l'homme juste, puisqu'il lui resterait la paix (1). »

Nous nous sentons cependant troublés lorsque nous voyons des maux d'un caractère manifestement pénal tomber sur un innocent ou se détourner d'un coupable, par exemple, lorsque la justice humaine s'égare dans ses condamnations. Mais, outre que ces cas particuliers rentrent sous l'empire d'une loi générale, qui est la faillibilité de l'esprit humain et de la justice humaine, outre qu'ici le mal est visiblement le fait de l'homme et non pas le fait de Dieu, il faut considérer que par ce désordre humain c'est bien souvent l'ordre divin qui se réalise. « Il est possible qu'un homme envoyé au supplice pour un crime qu'il n'a pas commis l'ait réellement mérité pour un autre crime absolument inconnu. *Heureusement* et *malheureusement*, il y a plusieurs exemples de ce genre prouvés par l'aveu des coupables (2). »

C'est ainsi que souvent l'injustice de l'homme opère la justice de Dieu. « Quoique dans ce cas les

---

1) *Soirées*, 3e entretien.
2) *Ib.*, 1er entretien.

juges soient grandement coupables ou malheureux, la Providence, pour qui tout est moyen, même l'obstacle, ne s'est pas moins servie du crime ou de l'ignorance pour exécuter cette justice temporelle que nous demandons (1). »

Cette analyse est d'une profondeur, d'une vérité et d'une précision admirables. Sur le terrain très circonscrit qu'elle a choisi, elle met en pleine lumière l'action invisible de la Providence et la toute-puissance de cet art divin qui tire le bien du mal lui-même. Du même coup elle laisse à l'homme la plénitude de sa responsabilité redoutable et dégage entièrement la responsabilité divine.

Il était invraisemblable, — impossible ce semble, — que la critique la plus superficielle ou la plus malveillante pût trouver quoi que ce fût à reprendre ou à travestir dans une doctrine si claire et si évidemment vraie. Et pourtant Villemain qui, je ne sais comment, est toujours injuste quand il s'agit de Joseph de Maistre, a pris texte du passage que nous venons de citer pour lancer contre lui l'une des plus injurieuses imputations qui puissent atteindre un honnête homme. Il faut absolument citer, pour montrer jusqu'où peut aller le parti pris de trouver un adversaire en faute : « M. de Maistre en vient jusqu'à justifier toute espèce de condamnation, fût-elle inique. Tandis que le bon sens grossier disait qu'il valait mieux sauver dix coupables que de

---

1) *Soirées*, 1ᵉʳ entretien.

faire périr un innocent, l'auteur des *Soirées de Saint-Pétersbourg* raisonne autrement. *Il croit tellement à l'infaillibilité des condamnations* qu'elles lui semblent justes dans leur iniquité même. En cas d'incertitude, *une condamnation lui paraît le meilleur et le plus court.* Je cite pour me justifier. » Et il ose citer ! Il est vrai qu'il tronque, et que ces mots décisifs, « les juges dans ce cas sont grandement coupables ou malheureux » sont laissés de côté. Mais il transcrit ceux-ci qui ne le sont pas moins : *heureusement* et *malheureusement,* malheureusement pour la justice humaine *criminelle* ou *aveugle*, heureusement pour la justice de Dieu pour qui « tout a été moyen, même l'obstacle. » Et avec ces mots sous les yeux, avec la page à sa disposition, il prend à son compte cette calomnie et cette indignité, que *le comte de Maistre, catholique et magistrat, engage les juges, en cas d'incertitude, à prononcer des condamnations même capitales.* Et aujourd'hui encore, sous le nom de Villemain, presque illustre et d'ailleurs honorable, sous l'autorité de sa critique qui passe pour équitable, l'immense majorité des lecteurs français croit que Joseph de Maistre, égaré par je ne sais quel fanatisme sombre, a enseigné cette abominable doctrine.

On nous pardonnera cette parenthèse, et on nous pardonnera aussi la chaleur de notre langage ; il y a des mensonges historiques à côté desquels il n'est pas permis de passer sans les détruire et sans les flétrir. Ici d'ailleurs l'indignation ne fait que traverser l'homme; elle va aux passions révolutionnaires qui le dominaient alors et dont il sut depuis s'affranchir; ce sont elles qui lui ôtaient tout sentiment de justice; ce sont elles que j'accuse d'une des plus flagrantes violations de la probité littéraire dont jamais écrivain se soit rendu coupable.

IV

Laissons cela, et continuons de suivre le comte de Maistre. Il reste encore quelques pas à faire pour arriver au terme.

Et d'abord est-on dans la vérité vraie lorsqu'on parle d'innocents qui souffrent ? Les maux temporels, dont nous pouvons faire autant de bénédictions par une acceptation volontaire, peuvent-ils jamais tomber sur une tête qui n'ait rien à expier ? Formidable question à laquelle Joseph de Maistre, nous nous en souvenons, répondait par ces mots : « Je ne sais ce qu'est la vie d'un coquin, je ne l'ai jamais été; mais celle d'un honnête homme est abominable. »

Les *Soirées* donnent le développement magnifique de cette grande et sincère parole; et jamais peut-être la conscience des gens de bien n'a été fouillée avec un si rude courage. « Ce qui me paraît l'excès de la déraison, c'est l'inconcevable folie qui ose fonder des arguments contre la Providence sur les malheurs de l'innocence *qui n'existe pas*. Où donc est l'innocence, je vous en prie ? où est le juste ?

est-il ici, autour de cette table ? Souvent je songe à cet endroit de la Bible où il est dit : *Je visiterai Jérusalem avec des lampes.* Ayons nous-mêmes le courage de visiter nos cœurs avec des lampes, et nous n'oserons plus prononcer qu'en rougissant les mots de *vertu,* de *justice* et d'*innocence*. Commençons par examiner le mal qui est en nous, et pâlissons en plongeant un regard courageux au fond de cet abîme ; car il est impossible de connaître le nombre de nos transgressions, et il ne l'est pas moins de savoir jusqu'à quel point tel ou tel acte coupable a blessé l'ordre général et contrarié les plans du législateur éternel. Songeons ensuite à cette épouvantable communication de crimes qui existe entre les hommes, *complicité, conseil, exemple, approbation,* mots terribles qu'il faudrait méditer sans cesse ! Rarement l'homme se rend coupable seul ; rarement un crime n'en produit aucun autre. Où sont les bornes de la responsabilité ? De là ce trait lumineux qui étincelle entre mille autres dans les psaumes : *Quel homme peut connaître toute l'étendue de ses prévarications ? O Dieu, purifiez-moi de celles que j'ignore, et pardonnez-moi même celles d'autrui.*

« Après avoir ainsi médité sur nos crimes, il se présente à nous un autre examen encore plus triste peut-être, celui de nos vertus. Quelle effrayante recherche que celle qui aurait pour objet le petit nombre, la fausseté et l'inconstance de ces vertus ! Il faudrait avant tout en sonder les bases : hélas ! elles sont bien plutôt déterminées par le préjugé que par les considérations de l'ordre général fondé sur la volonté divine. Une action nous révolte bien moins parce qu'elle est mauvaise que parce qu'elle est honteuse. Ce n'est pas le crime que nous craignons, c'est le déshonneur ; et pourvu que l'opinion écarte la honte ou même y substitue la gloire, comme elle en est bien la maîtresse, nous commettons le crime hardiment, et l'homme ainsi disposé s'appelle sans façon *juste* ou tout au moins *honnête homme*; et qui sait s'il ne remercie pas Dieu *de n'être pas comme un de ceux-là ?* Otons de nos misérables vertus ce que nous devons au tempérament, à l'honneur, à l'opinion, à l'orgueil, à l'impuissance et aux circonstances, que nous restera-t-il ? Hélas ! bien peu de chose. Je ne crains pas de vous le confesser, jamais je ne médite cet épouvantable sujet sans être tenté de me jeter à terre comme un coupable qui demande grâce, sans accepter d'avance tous les maux qui pourraient tomber sur ma tête comme une légère compensation de la dette immense que j'ai contractée envers l'éternelle justice. Cependant vous ne sauriez croire combien de gens, dans ma vie, m'ont dit que j'étais un fort honnête homme (1). »

C'est ainsi que la vraie vertu se confesse. Et ces nobles aveux amènent la plus belle, la plus pratique et la plus touchante réponse qu'on puisse faire à ces plaidoiries d'office que la philosophie sceptique re-

1) *Soirées*, 3ᵉ entretien.

commence sans cesse contre la Providence au nom de la vertu malheureuse : c'est que la vertu les désavoue. C'est, en effet, une admirable loi du monde moral qu'avec les progrès de la vertu, — de la vertu qui devrait, dit-on, exempter de la souffrance, — croît aussi la patience à souffrir, non pas la patience morose et la résignation fataliste, mais la patience sereine et joyeuse. Joseph de Maistre en cite un touchant exemple qu'il prend à Saint-Pétersbourg même, à portée et comme sous les yeux de ses interlocuteurs : « Je vous le demande, qui a le droit de se plaindre ? C'est le juste apparemment. Mais c'est précisément ce qui n'arrivera jamais. Je ne puis m'empêcher de penser en ce moment à cette jeune fille devenue célèbre dans cette grande cité parmi les personnes bienfaisantes qui se font un devoir sacré de chercher le malheur pour le secourir. Elle a dix-huit ans ; il y en a cinq qu'elle est tourmentée par un affreux cancer qui lui ronge la tête. Déjà les yeux, le nez ont disparu, et le mal s'avance sur ses chairs virginales comme un incendie qui dévore un palais. En proie aux souffrances les plus aiguës, une piété tendre et presque céleste la détache entièrement de la terre et semble la rendre impassible ou indifférente à la douleur. Jamais il n'est sorti de sa bouche que des paroles d'amour, de soumission et de reconnaissance ; et comme, dans les premiers siècles du christianisme, on se rendait au cirque par simple curiosité pour y voir Blandine, Agathe, Perpétue livrées aux lions ou aux taureaux sauvages, et que plus d'un spectateur s'en retourna tout surpris d'être chrétien, des curieux viennent aussi dans notre bruyante cité contempler la jeune martyre *livrée au cancer*. Comme elle a perdu la vue, ils peuvent s'approcher d'elle sans la troubler, et plusieurs en ont rapporté de meilleures pensées. Un jour qu'on lui témoignait une compassion particulière sur ses longues et cruelles insomnies : *Je ne suis pas*, dit-elle, *aussi malheureuse que vous croyez; Dieu me fait la grâce de ne penser qu'à lui.* Et lorsqu'un homme de bien, que vous connaissez, monsieur le sénateur, lui dit un jour : *Quelle est la première grâce que vous demanderez à Dieu, ma chère enfant, lorsque vous serez devant lui?* elle répondit avec une naïveté angélique : *Je lui demanderai pour mes bienfaiteurs la grâce de l'aimer autant que je l'aime* (1). »

Tout le débat finit donc par un acte d'amour, fruit lui-même d'un acte de foi en la bonté divine. Mais c'est par là aussi que tout devrait commencer, je ne dis pas entre cœurs pieux, je dis entre esprits raisonnables. La Providence n'est pas un problème à résoudre et qu'il faille aborder avec un esprit suspendu entre le oui et le non ; c'est une vérité dont le genre humain est légitime propriétaire et que nous avons à défendre contre les tentations du doute. L'idée de Dieu est le fond même de notre raison ; l'existence de Dieu, instinctivement évidente, est démontrée de

1) *Soirées*, 3ᵉ entretien.

toutes les manières dont une vérité peut l'être. Or, si Dieu est, nous sommes absolument certains qu'il est Providence, c'est-à-dire qu'il est souverainement sage, juste et bon dans le gouvernement de l'Univers soit physique soit moral. Nous sommes donc assurés d'avance que toute assertion contraire, que toute objection de fait contre la justice ou la bonté de Dieu est nécessairement fausse, qu'elle emprunte toute sa force à notre ignorance, qu'elle disparaîtrait si nous savions ce que nous ne savons pas, qu'elle disparaîtra quand nous le saurons, quand la *vision* aura remplacé la *foi*. C'est là la vraie méthode; et toute autre est encore moins impie qu'elle n'est déraisonnable. En la suivant on réduit les objections à leur valeur de *tentations;* et comme on est toujours libre, avec la grâce de Dieu, de ne point se laisser inquiéter par la tentation, on n'attend pas la solution pour être rassuré. On la cherche cependant, parce qu'elle apportera à l'esprit une lumière toujours bonne à recueillir; mais on la cherche sans cette angoisse et sans cet excès d'empressement des gens qui veulent être calmés à tout prix; et, parce qu'on peut provisoirement se passer de réponse, on juge avec une entière liberté d'esprit celles que l'on trouve, et l'on aime mieux ajourner l'espoir de la solution tout à fait décisive, qui certainement existe, que se contenter d'une solution insuffisante.

Joseph de Maistre emprunte, par un ingénieux et profond commentaire, cette méthode à un psaume où le Roi-Prophète, prêt à confesser quelques doutes qui s'étaient élevés jadis dans son âme, les condamne d'avance par un élan d'amour. Essayons de traduire ce psaume « qui dit tout » et qui joint au mouvement lyrique la marche sévère de la discussion philosophique :

O combien le Seigneur est bon pour Israël,
Pour ceux qui d'un cœur pur montent vers son autel !
　Mes pieds ont cependant fléchi dans la carrière ;
J'ai pensé du vrai Dieu déserter la bannière,
Et, voyant dans la paix fleurir l'impiété,
Je portais presque envie à sa félicité.
　Car des hommes pervers la mort est sans tristesse ;
Aucune infirmité ne hâte leur vieillesse ;
Ils n'ont point des mortels partagé les travaux,
Et Dieu de leurs champs même écarte ses fléaux.
Aussi de son orgueil et de sa fange impure
Leur cœur gâté s'est fait une horrible parure ;
Leur visage est gonflé par leurs mets somptueux,
Et leurs prospérités ont dépassé leurs vœux.
Ils déchirent les saints dans leurs discours frivoles ;
Ils font tomber d'en haut leurs superbes paroles ;
Versant à flots pressés dans leurs propos moqueurs
La noire iniquité qu'ils portent dans leurs cœurs,
Ils insultent le ciel, ils bravent le tonnerre,
Et leur langue homicide a ravagé la terre.
　Alors parmi mon peuple on entend ces discours :
Quoi donc ? les scélérats goûtent seuls de longs jours !
Dieu ne connaît donc rien aux affaires des hommes ?
Si haut, si loin de nous, sait-il ce que nous sommes ?
Voyez, tout réussit en ce monde aux pécheurs :
Seuls ils ont à foison la gloire et les honneurs !
　Et j'ai dit : J'étais donc dans une erreur profonde
Quand je gardais mon âme aussi pure que l'onde,
Quand je lavais mes mains avec les innocents !
Car moi, je suis en proie à des chagrins cuisants ;
Parmi des pleurs amers se passent mes journées,
Et c'est par mes douleurs que comptent mes années.

Pourtant si je disais imitons les méchants,
J'insulterais, Seigneur, tes fidèles enfants.
 Je m'épuisais en vain à sonder ce mystère,
Lorsqu'enfin le Seigneur, m'ouvrant son sanctuaire,
D'un mot a dissipé les troubles de mon cœur
Et m'a montré comment finira le pécheur.
 Oui, sur un sol trompeur ta main plaça le crime.
Dès qu'il touche au sommet, il roule dans l'abîme.
Comment sont-ils tombés ? et quel effroi soudain
Sous le poids du péché courbe leur front hautain ?
Comme on voit un vain songe au matin disparaître,
Tel, dans la cité sainte où tu règnes en maître,
Quand tu viens dissiper les rêves de la nuit
L'impie épouvanté comme une ombre s'enfuit.
 Mon Dieu, quand ma raison, dupe de l'apparence,
Murmurait sourdement contre ta Providence,
Quand, ne comprenant rien au bonheur des méchants,
Je devenais semblable à la bête des champs,
A ta loi cependant je demeurai fidèle.
Tu mis ma faible main dans ta main paternelle,
Tu dirigeas mes pas selon tes volontés,
Et tu me couronnas d'éternelles clartés.
Tu sais ce que je veux, Seigneur, sur cette terre,
Et quels biens dans les cieux implore ma prière.
C'est pour toi que ma chair se consume d'amour,
C'est à toi que mon cœur se donne sans retour.

Le comte a raison. *Ce psaume dit tout;* il offre la belle, consolante et complète histoire des troubles passagers que le monde moral avec ses apparents désordres produit souvent dans les âmes les plus droites et les plus religieuses.

Leur état habituel est une foi pleine d'amour en la bonté et en la justice divines. Mais la tentation vient. Voici que le spectacle de certaines prospérités insolentes et de certains malheurs immérités se dresse devant leurs yeux. Voici qu'à leurs oreilles retentit le murmure des foules irréfléchies, grossissant, selon l'ordinaire, les proportions du scandale et le présentant comme une loi générale de la société humaine. Aux méchants le succès et les jouissances ! aux bons les désastres et les douleurs ! il n'y a donc pas de Providence dans l'ordre moral; et Dieu, qui règle avec tant d'harmonie les mouvements de l'univers matériel, abandonne à l'anarchie toute la cité des âmes ! A ce murmure, qui devient bien vite un blasphème, répond une voix intérieure, la voix de notre lâcheté qui se révolte contre la douleur et trouve que la vertu coûte trop cher. Mais, au milieu de ces obscurités du dehors et du dedans, l'âme religieuse sent bien qu'après tout Dieu ne peut pas avoir tort, que l'objection n'est qu'une tentative de l'ennemi pour lui faire déserter le drapeau de la vertu, et que porter envie au bonheur des méchants c'est insulter les enfants de Dieu. Dans la nuit où sa raison tâtonne avec angoisse, sa volonté ne se détache point de la loi du devoir; plus que jamais elle tient *sa faible main* dans la *main paternelle* de ce Dieu dont on veut la séparer. Et alors le nuage se dissipe, la lumière se fait, le sens vrai de la vie se dévoile, la raison se remet d'accord avec la foi; et la crise se termine, comme elle a commencé, par un acte d'amour.

Et le cœur alors devient digne d'entendre le dernier mot que la philosophie chrétienne ait à dire à l'innocent qui souffre. Elle lui dit que ses souffrances, qui lui sont devenues un mérite par la sérénité de leur acceptation, sont un mérite reversible sur d'autres âmes. Comme le Sauveur a, par sa passion, racheté le genre humain tout entier en payant la dette de ce grand insolvable, ainsi les épreuves que le chrétien endure peuvent devenir, en union avec ces mérites infinis, le prix d'une autre âme, ou la rançon d'un peuple tout entier, ou la force invisible qui assure le triomphe de quelque sainte cause. Ainsi les larmes de Monique ont préparé la conversion d'Augustin avec une efficacité qu'un saint évêque d'Afrique avait osé garantir d'avance. Ainsi Jeanne d'Arc a plus fait peut-être pour nos aïeux par son supplice que par ses victoires. « Ainsi, » dit de Joseph Maistre, qui a creusé jusqu'à ses dernières profondeurs ce magnifique mystère du dévouement expliquant le douloureux mystère de la souffrance, « ainsi il peut y avoir eu dans le cœur de Louis XVI, ou dans celui de Mme Elisabeth, sa céleste sœur, tel mouvement, telle acceptation capables de sauver la France. »

Ces acceptations qui transfigurent la souffrance sont le secret de Dieu. Mais souvent, quand le sacrifice a été consommé par la mort, Dieu permet que ce sublime secret transpire et que le problème de la douleur reçoive par des révélations d'outre-tombe sa solution dernière et splendide. Le peu qu'on apprend ainsi permet d'en deviner beaucoup plus; il nous fait toucher du doigt le *substratum* mystérieux de dévouements et de sacrifices sur lequel reposent tels grands effets qui semblent et qui sont hors de toute proportion avec leurs causes visibles. Combien d'immolations volontairement cherchées ou héroïquement acceptées dans tous les siècles de l'Église, pour sauver les grandes œuvres catholiques d'une destruction qui semblait inévitable ! De nos jours, combien de vies joyeusement offertes, combien de souffrances du corps ou de l'âme embrassées avec amour pour la prolongation de ce pontificat de Pie IX qui a passé de si loin les années de Pierre ! Et quand on regarde les choses par ce côté, qui est le vrai, comme on comprend que si le sacrifice du Calvaire est le chef-d'œuvre de l'amour de Dieu pour le monde, la volontaire oblation que l'homme fait du sang de son cœur en union avec le sang divin est le chef-d'œuvre de l'amour qui monte de l'homme à Dieu !

V

Onze chapitres de cette étude ne suffiraient pas pour épuiser les sujets abordés dans les onze entretiens dont se composent les *Soirées de Saint-Pétersbourg.*

Par exemple, sur la question de l'origine du langage, il faudrait reprendre toute la théorie enfantine du XVIIIe siècle, qui nous représente les hommes d'abord dépourvus de langage, puis convenant par une délibération au moins *tacite* (je le crois bien, puisqu'ils ne parlaient pas !) d'en établir un, puis, comme le disent spirituellement les *Soirées*, « chacun y mettant du sien, une génération disant BA et une autre BE, les Assyriens inventant le nominatif et les Mèdes le génitif. » Il faudrait opposer à cette hypothèse grossière toute la théorie de M. de Bonald, discuter toute la doctrine traditionaliste et montrer, à côté des vérités sur lesquelles elle s'appuie, les distinctions qu'elle n'a pas su faire et les graves inexactitudes qui lui ont attiré les justes censures de l'Église. Il faudrait indiquer les données nouvelles que les progrès de la philologie ont apportées à la solution du problème, et montrer que, jusqu'à ces dernières années, la science moderne, même antichrétienne, arrivait, à travers toute sorte de circonlocutions, à reconnaître équivalemment l'impossibilité de l'*invention humaine* et de l'établissement artificiel du langage. Enfin il faudrait signaler le retour offensif de cette théorie qui, abandonnée et discréditée hier encore, essaye de rentrer dans la science sans pavillon évolutionniste, mais ne réussira pas à donner autre chose que l'*étiquette* scientifique à ses gratuites hypothèses.

Il faudrait traiter la question de l'*état sauvage*, si cher à Rousseau et sur lequel Joseph de Maistre dit des choses si profondes, si pensées, si instructives même dans ce que tel détail ou telle conclusion peut avoir de contestable. Ici encore on rencontre-

1) *Soirées*, 5ᵉ entretien.

rait la théorie de l'évolution qui, reprenant et *aggravant* l'hypothèse favorite du XVIIIᵉ siècle, voit dans le sauvage non pas seulement l'homme primitif, mais le produit lentement élaboré de je ne sais quel ancêtre commun de l'homme et du singe. Et contre cette généalogie qui multiplie à son gré les siècles pendant lesquels l'homme a dû se dégager peu à peu de l'animalité, puis les siècles qu'il lui a fallu pour arriver à se créer artificiellement ses premières et grossières notions religieuses, fétichistes, puis polythéistes ou panthéistes, il faudrait apporter tous les enseignements de l'histoire naturelle, toutes les traditions et tous les monuments religieux du genre humain, attestant que l'humanité a partout commencé par le monothéisme, et que les grossières superstitions qu'on place à son berceau ne sont, tout au contraire, comme Joseph de Maistre l'avait très bien vu, que des décadences et des végétations parasites couvrant le fond primitif sans réussir à le faire entièrement disparaître.

Il y aurait encore la question de Bacon, que les Soirées saisissent *au vol*. L'auteur a discuté, dans un ouvrage spécial qui mérite une étude à part, le rôle et la doctrine du célèbre réformateur sur lequel je me permets de penser à peu près comme lui quoique pour des raisons un peu différentes. Le comte de Maistre a très bien vu que le dédain de Bacon pour la scolastique qui avait été la forme de la grande philosophie catholique du moyen âge, que sa malveilllance pour la métaphysique qui est la science de l'invisible, que sa pente vers le sensualisme qui est le grand chemin du matérialisme, avaient été les causes principales de son immense popularité auprès de la philosophie incrédule du dernier siècle. Il a constaté qu'en même temps les adorateurs de sa réforme et de sa méthode « refusaient de lui rendre justice pour ce qu'il a de bon et même d'excellent. » Les dates à la main, il a contesté que ses travaux et son impulsion « aient influé sur la marche des sciences : car tous les véritables fondateurs de la science le précédèrent ou ne le connurent point. » Et résumant son jugement dans une de ces images où il est vraiment créateur : « Bacon, » dit-il, « fut un baromètre qui annonça le beau temps; et parce qu'il l'annonçait, on crut qu'il l'avait fait. Un contemporain l'a nommé *prophète de la science*, c'est tout ce qu'on peut lui accorder. Une médaille frappée en son honneur représente un soleil levant avec la légende *Exortus uti œthereus sol*. Rien n'est plus évidemment faux; je passerais plutôt une aurore avec l'inscription : *Nuntia solis*, et même il y aurait de l'exagération; car quand Bacon *se leva*, il était au moins dix heures du matin. »

Il y aurait encore la question de Locke et de son célèbre *Essai sur l'entendement humain*, si plaisamment habillé dans le sixième entretien et si bien jugé quant à l'ensemble, quoique non sans quelques injustices de détail. Il y en aurait beaucoup d'autres que je ne veux même pas indiquer, ne pouvant les approfondir. Plusieurs, ainsi qu'il arrive dans de vraies conversations, apparaissent comme des éclairs et disparaissent de même, après quelque remarque étincelante (1).

Puisqu'il faut choisir entre tant de richesses, arrêtons-nous à deux des principales et des plus célèbres digressions, l'une sur la guerre, l'autre sur les pénalités.

VI

Mon admiration très avouée pour le comte de Maistre et pour son grand esprit, ma sympathie respectueuse pour son grand cœur et son grand caractère, ma reconnaissance profonde pour les services que ses livres ont rendus à la vérité religieuse et à la vérité sociale ne me retirent point le droit et le devoir d'apprécier librement ce qui, dans sa doctrine, offre un caractère d'opinion personnelle et n'engage d'autre responsabilité que la sienne.

J'userai de cette liberté à propos de ses vues sur la guerre. Il me paraît s'y être trompé en forçant la mesure d'une vérité qu'il avait saisie avec sa vigueur habituelle. « L'exagération, » dit le sénateur dans une des *Soirées*, « est le mensonge des

---

1) Quelques-unes de ces questions seront examinées dans le chapitre suivant, que j'ai dû mettre à part, avec un titre spécial, à l'usage de ceux de mes lecteurs qui sont plus familiers qu'on ne l'est d'ordinaire avec la philosophie et son histoire.

honnêtes gens ». Je crains qu'il n'ait ici commis ce péché, « dont il avait horreur » comme d'une tentation qui ne lui était pas inconnue. Pour donner une base à ma critique, j'analyserai d'abord tout le fragment, véritable discours que l'auteur (peut-être pour nous avertir qu'il laissait sa pensée courir un peu les aventures), a mis tout entier dans la bouche du sénateur.

L'homme étant donné tel qu'il est, il n'y a pas moyen d'expliquer comment la guerre est possible humainement.

Car la guerre est une folie. Et pour comprendre comment cette folie peut devenir une réalité, il ne suffit pas de dire qu'elle entre dans la tête des chefs, et « qu'il faut marcher parce que les rois commandent. » Les rois ne peuvent pas tout, même les plus absolus. « Ils ne commandent efficacement et d'une manière durable que dans le cercle des choses avouées par l'opinion ; et ce cercle ce n'est pas eux qui le tracent. »

Or, ce qui est inexplicable (on remarquera ici un changement dans les termes, qui restreint notablement la thèse elle-même), ce n'est pas la *possibilité* de la guerre, c'est sa prodigieuse facilité. Il fallut à Pierre le Grand des années de rigueur pour décider ses sujets à couper leur barbe ; au temps de ses défaites, il ne lui fallait qu'un mot pour amener des milliers d'hommes sur le champ de bataille.

Contraste étrange ! Aucun sentiment n'est plus naturel à l'homme que la compassion. La guerre commence ; il se dépouille de cette *nature*, sans hésitation, sans scrupule, avec allégresse, et se précipite comme un furieux contre des inconnus qui ne lui ont jamais fait de mal, avec le dessein exprès d'en tuer le plus qu'il pourra. Si on explique cette transformation par l'amour de la gloire, premièrement c'est oublier que la gloire n'est que pour les chefs et non pour le soldat obscur. Et secondement c'est ne rien dire, car il s'agit justement d'expliquer comment la gloire s'attache à cette folie. Supposez qu'un habitant d'une planète lointaine débarque sur notre globe et qu'on lui décrive les deux métiers homicides qui ont leur place dans notre organisation sociale, celui de l'exécuteur et celui du soldat, l'un donnant la mort à de rares coupables que la justice de leur pays a condamnés après une enquête solennelle, l'autre tuant sans mesure et tuant le plus souvent de fort honnêtes gens. Supposez qu'on lui dise que des deux métiers il y en a un qui est universellement honoré, l'autre universellement abhorré, et qu'on lui donne à deviner pour qui l'honneur, il désignera sans nul doute le bourreau ; pour qui le mépris, il désignera le soldat. On sait s'il aura deviné juste. Comment entendre cela ?

Veut-on à toute force expliquer la facilité de la guerre par l'obéissance des peuples soumis à un régime servile et dressés à marcher sous le bâton ? La réponse s'évanouit devant le spectacle des peuples libres qui *se portent* à la guerre aussi aisément que les premiers *y sont portés*. Et le problème prend cette forme plus énigmatique encore que la première : comment se fait-il que ce qu'il y a de plus honorable dans le monde, au jugement de tout le genre humain, est le droit de verser innocemment le sang innocent ?

Mais, dit-on, les nations sont les unes à l'égard des autres dans l'état de nature ; et la guerre est pour elles l'unique moyen de vider leurs querelles. Soit ; mais pourquoi sont-elles restées dans cet état misérable ? pourquoi les unes n'ont-elles pas songé à faire effort pour en sortir ? pourquoi les autres, après l'avoir bien des fois tenté, n'y ont elles jamais réussi ? comment Dieu, auteur de la société, a-t-il permis que les nations ne s'élevassent pas à l'état social ?

Mais voici quelque chose de plus étrange. Ce métier, qui a pour objet unique *de tuer*, devrait, ce semble, rendre cruels les hommes qui l'exercent. Tout au contraire, les vertus les plus douces et les plus sociables, les sentiments les plus humains et les plus généreux sont dans une alliance habituelle avec la profession des armes ; ces vertus réagissent sur la guerre elle-même et s'y déploient avec éclat dès que le moment de l'action est passé, souvent pendant l'action elle-même.

Tous ces contrastes et toutes ces énigmes montrent assez que ce redoutable phénomène de la guerre n'est point explicable par les seules passions et les seules volontés de l'homme. « Coupables mortels, et malheureux parce que nous sommes coupables, c'est nous qui rendons nécessaires les maux physiques, mais surtout la guerre. La destruction violente est la loi générale qui pèse sur l'univers. » Cette loi étend son empire à toute la nature vivante. « Mais s'arrêtera-t-elle à l'homme? non, sans doute. Cependant quel être exterminera celui qui les extermine tous? Lui. C'est l'homme qui est chargé d'égorger l'homme. Mais comment pourra-t-il accomplir la loi, lui qui est un être moral et miséricordieux, lui qui est né pour aimer, lui qui pleure sur les autres comme sur lui-même, qui trouve du plaisir à pleurer et qui finit par inventer des fictions pour se faire pleurer? C'est la guerre qui accomplira le décret. N'entendez-vous pas *la terre qui crie et demande du sang?*... La terre n'a pas crié en vain; la guerre s'allume. L'homme, saisi tout à coup d'une fureur *divine* étrangère à la haine et à la colère, s'avance sur le champ de bataille sans savoir ce qu'il veut, ni même ce qu'il fait... Ainsi s'accomplit sans cesse la grande loi, depuis le ciron jusqu'à l'homme. La terre entière, continuellement imbibée de sang, n'est qu'un autel immense où tout ce qui vit doit être immolé sans fin, sans relâche, sans mesure jusqu'à la consommation des choses, jusqu'à l'extinction du mal, jusqu'à la mort de la mort. »

La guerre ne peut donc s'expliquer que par un décret spécial de Dieu qui en a fait une loi générale du monde. A ce titre elle est divine. Elle est divine encore dans la gloire mystérieuse qui l'environne et dans l'attrait non moins inexplicable qui nous y porte. Elle est divine dans la protection accordée aux grands capitaines qui rarement sont frappés dans les combats. Elle est divine par l'enchaînement imprévu des circonstances qui l'amènent et par l'indéfinissable force qui en détermine le succès en dehors et souvent même à l'encontre des calculs humains. Elle est divine surtout dans ses résultats, qui échappent absolument aux spéculations de notre raison, tantôt avilissant les nations pour des siècles ou les blessant à mort, eussent-elles été victorieuses, tantôt les exaltant et les perfectionnant de toute manière, eussent-elles été vaincues.

Telle est l'esquisse de ce célèbre tableau d'un dessin si vigoureux et d'un coloris tout à la fois si brillant et si sombre. C'est une grande œuvre d'art; c'est aussi une œuvre profondément pensée où les vérités de détail abondent et dont la visée générale est vraie et légitime, à savoir de montrer l'action de la Providence, la loi, l'ordre, là où on ne voit, au premier abord, que le règne de la pure violence. Ajoutons tout de suite que si le sénateur n'a voulu que mettre en évidence un des signes et un des effets de la chute primitive, il est resté dans la vérité psychologique comme dans la vérité chrétienne. Oui, s'il n'y avait pas de péché originel, il n'y aurait pas de guerre, parce que ni l'attaque injuste, ni par conséquent la juste défense qui la repousse n'auraient de place dans l'humanité. La guerre, et toutes les formes de la violence et de la fraude, et tous les maux, et la loi de la mort sont entrés dans le monde à la suite du péché. Il faut suivre le sénateur jusque-là ; mais il ne paraît pas nécessaire de le suivre plus loin, ni de supposer pour expliquer la guerre un décret spécial surajouté au décret général qui a été la suite de la déchéance de nos premiers parents.

Ce que je lui conteste le plus, c'est son commencement. Il juge la guerre naturellement inexplicable, *étant donné l'homme tel qu'il est*. Étant donné l'homme tel qu'il est, je la trouve, hélas! trop naturellement explicable. Oui, un sentiment de sympathie le porte vers ses semblables par ce qu'il a de meilleur. Mais en même temps, un immense égoïsme des sens, un immense appétit de jouissances, le porte à chercher son bien être *tout fait* à leurs dépens, et un immense égoïsme d'orgueil le porte à les dominer. C'est pourquoi, lorsqu'aucune force sociale ne tient en bride les convoitises individuelles, l'homme paresseux, violent et robuste se jette sur ses voisins paisibles et industrieux, s'empare du fruit de leur travail, et fait de chacun d'eux sa chose ; de là l'esclavage. C'est pourquoi les races barbares, préférant l'émigration au travail et attirées vers les régions civilisées comme par l'odeur d'une proie, se mettent en marche non pas vers des terres désertes pour y établir par le droit de premier occupant, mais vers des terres déjà fertilisées par la culture pour s'y installer par la force après avoir expulsé ou asservi les propriétaires. C'est pourquoi Rome, après avoir lutté pour s'arrondir et se donner une banlieue, lutte pour conquérir l'Italie et lutte ensuite pour conquérir le monde.

Il paraît donc que la guerre s'explique par des causes naturelles, j'entends par des causes qui tiennent à notre nature déchue. Et il est moins difficile encore d'expliquer la gloire qui s'attache à la profession des armes. Partout où il y a un grand déploiement d'activité, un grand péril bravé, un grand effort accompli, un grand ascendant exercé sur les hommes, il est impossible que la gloire ne naisse pas. Il est légitime qu'elle naisse lorsque cet ascendant est conquis par des voies légitimes et que le péril est bravé au service d'une cause juste. Et c'est un pur jeu d'esprit d'établir un parallèle entre le soldat qui expose chaque jour sa poitrine aux coups de l'ennemi, qui tantôt court au-devant de la mort et tantôt l'attend dans une immobilité héroïque, et l'exécuteur qui, sans risque et pour de l'argent, fait métier de torturer, de pendre ou de décapiter.

Que si l'on s'étonne de rencontrer si souvent chez les hommes de guerre la courtoisie la plus chevaleresque et la plus aimable douceur de mœurs, si l'on admire comme une inexplicable merveille leur humanité après la victoire et jusque sur le champ de bataille, il faut remarquer d'abord que cette alliance des vertus douces et des actions officiellement violentes n'est pas de tous les temps et de tous les lieux. Là où elle se rencontre, la main divine est visible, mais d'une autre façon que ne l'entend le sénateur; car elle est un des fruits privilégiés de la civilisation chrétienne, et ce serait une belle étude que de comparer la guerre telle que les passions de l'homme tombé l'ont faite chez les peuples les plus civilisés du paganisme, et la guerre telle que le christianisme l'a transformée. En second lieu, il faut remarquer que l'esprit militaire, lorsque le sentiment du devoir et la pratique de la discipline en ont fait une vertu, est un esprit de dévouement, de mutuelle assistance, de fraternité généreuse, de patience à souffrir autant que d'élan à agir, en un mot, un esprit *de sacrifice*. Or ce qui rend la vie sociale difficile, c'est justement qu'elle aussi exige des sacrifices, insignifiants sans doute à les regarder isolément, mais assez lourds par leur continuité, et d'autant plus lourds et plus impatientants que le *moi* de chacun de nous y voit une exigence tyrannique du *moi* de son prochain. Pour se plier de bonne grâce à ces exigences, il faut une disposition habituelle à l'oubli de soi-même. L'homme qui a pris l'habitude de s'oublier, voilà le bon soldat, et voilà aussi le bon mari et le bon père, le bon ami et le bon maître de maison.

Enfin si nous voyons que la vie militaire, malgré ses tentations inévitables, favorise à tout prendre les aspirations et même les vertus religieuses, faut-il s'en étonner? Sans parler de cette solennelle méditation de la mort qui, à chaque veille de bataille, met l'âme du soldat en face de l'éternité, la pratique de l'obéissance, de l'obéissance dans l'épreuve, dans les privations, dans la souffrance, dans le péril de mort, n'est-elle pas pour l'homme tout entier, esprit, volonté, corps, un *ascétisme* qui s'accorde merveilleusement avec toute la discipline morale de la religion?

Voilà comment un fléau qui a sa racine dans le mauvais côté de la nature humaine, qui, par conséquent, n'a pas Dieu pour auteur direct, devient, comme la pauvreté et la maladie, une occasion et une source de progrès moral. Je reconnais là cette industrie divine qui tire le bien du mal, et qui, mettant la justice d'accord avec la bonté, tourne le châtiment en épreuve, afin que de l'épreuve naisse le mérite, et du mérite la récompense.

Ajoutons une autre fonction providentielle de la guerre. Dans ces crises suprêmes où le monde ne peut durer qu'à condition d'être renouvelé, la guerre passe comme une tempête qui assainit le sol et l'atmosphère, emportant ce qui est vermoulu, apportant des germes nouveaux pour l'avenir. Nous nous retrouvons ici d'accord avec le sénateur, et nous reconnaissons avec lui que ses issues, si souvent déconcertantes pour les prévisions humaines, attestent l'intervention directe d'une puissance supérieure. En ce sens elle est divine non comme une vertu qui, par essence, vienne de Dieu et aille à Dieu, mais comme une maladie qui ouvre carrière au dévouement et au génie du médecin, comme un remède d'où la guérison peut sortir. Elle est divine comme châtiment pour les peuples qui ont abusé des dons de la paix, comme secousse salutaire et traitement héroïque, comme préparation à une paix meilleure pour ceux qui savent profiter de la leçon. Et ainsi le panégyrique de la guerre, en ce qu'il a de légitime, aboutit à la glorification de la paix véritable; c'est-à-dire de la paix fondée sur la justice et consacrée au progrès de la vérité et de la vertu, — paix sans doute infiniment précieuse, puisque l'abus de ce don attire des châtiments si sévères et que son retour n'est pas payé trop cher par de si rudes épreuves.

Une telle paix, garantie moins par des combinaisons politiques que par une attitude fermement défensive et par le respect de tous pour la justice, est-elle l'état normal des sociétés humaines? Cela est trop évident pour qu'on le démontre. Dieu, sans doute, est le Dieu des armées, mais des armées qui combattent pour le droit. Et il est aussi, il est surtout le Dieu de la paix. L'Église prie pour la victoire de la justice, elle ne prie jamais pour que la guerre s'allume et pour qu'elle dure. Tout au contraire elle prie pour que la guerre soit partout éteinte et pour que la paix soit universelle : *ut Deus auferat bella usque ad finem terræ*. Quand l'Écriture annonce le règne de Dieu sur la terre, le signe qu'elle en donne n'est pas seulement le triomphe du bien sur le mal, mais le triomphe de la paix sur la guerre. « Quand la montagne de la maison de Dieu sera fondée sur le sommet des montagnes, » c'est-à-dire quand tout sera prêt pour la royauté universelle et suprême du Christ ; « quand les peuples viendront en foule se disant les uns aux autres : Venez, et montons à la montagne du Seigneur et à la maison du Dieu de Jacob, et il nous enseignera ses voies, et nous marcherons dans ses sentiers ; quand Dieu aura convaincu d'erreur la multitude des nations, que, dissipant leurs ténèbres, il les aura appelées à son adorable lumière, ».... que se produira-t-il, et à quoi reconnaîtra-t-on que son règne est arrivé ? A ceci : « Ils forgeront leurs épées en socs de charrues et leurs lances en faucilles ; une nation ne lèvera plus le glaive contre une nation, et les peuples ne marcheront plus au combat les uns contre les autres. »

VII

De la question de la guerre passons à la question des pénalités infligées par le pouvoir social. Un lien sanglant les rattache l'une à l'autre. Et c'est à propos du droit de punir que Joseph de Maistre a écrit cette description célèbre du bourreau qui, par un certain excès de coloris, lui a fait une réputation presque légendaire de théoricien sauvage, possédé de l'enthousiasme du supplice. Or, il se trouve que personne n'a parlé du bourreau et de sa tâche avec un tel frisson d'horreur ; et tout l'argument que l'existence du bourreau lui fournit en faveur de la peine de mort, c'est qu'il doit y avoir en celle-ci quelque nécessité mystérieuse et profonde de conservation et de justice sociale, puisqu'elle subsiste malgré la répugnance qu'elle inspire en la personne de ses ministres.

Il commence par citer, d'après la traduction anglaise de William Jones, un beau passage des lois de Manou sur les peines, sur leur justice et leur rôle nécessaire dans la société humaine. Puis il montre comment ce droit de punir, privilège redoutable du pouvoir social, a pour conséquence l'existence d'un homme chargé d'exécuter les arrêts de la justice, existence inexplicable, dit-il, « car la raison ne découvre dans la nature de l'homme aucun motif capable de déterminer le choix de cette profession. Qu'est-ce donc que le bourreau, que cet être qui a préféré à tous les métiers agréables, lucratifs et même honorables, celui de tourmenter ses semblables? Cette tête, ce cœur sont-ils faits comme les nôtres? ne contiennent-ils rien de particulier et d'étranger à notre nature? Pour moi, je n'en saurais douter. C'est un être extraordinaire; et, pour qu'il existe dans la famille humaine, il faut un décret particulier, un *fiat* de la puissance créatrice. Il est créé comme un monde. Voyez ce qu'il est dans l'opinion des hommes, et comprenez, si vous pouvez, comment il peut ignorer cette opinion ou l'affronter. » L'auteur montre ensuite toutes les habitations s'éloignant de la sienne et la laissant dans un désert. Avec un détail en vérité trop réaliste, il le représente faisant son métier de tourmenteur et de tueur, puis, quand il a fini, « s'applaudissant et disant dans son cœur : *Nul ne roue mieux que moi,* » puis, son salaire reçu, s'en retournant dans sa tanière à travers une double haie d'hommes écartés par l'horreur. Est-ce un homme? Oui : Dieu le reçoit dans ses temples, et lui permet de prier. Il n'est pas criminel; cependant aucune langue ne consent à dire *qu'il est vertueux, qu'il est honnête homme, qu'il est estimable.* — Et cependant, continue-t-il, « toute grandeur, toute puissance, toute subordination repose sur l'exécuteur; il est l'horreur et le lien de l'association humaine. Otez du monde cet agent incompréhensible ; dans l'instant même l'ordre fait place au chaos; les trônes s'abîment et la société disparaît. »

On voit la conclusion, et le mot de cette redoutable énigme : c'est que Dieu, qui est l'auteur de la souveraineté, l'est aussi du châtiment; c'est que la justice s'exerce dès ici-bas, que les pouvoirs sociaux, dans la mesure nécessairement imparfaite où ils peuvent connaître les crimes, deviennent, par leur répression, les instruments humains du gouvernement temporel de la Providence, et que, tout balancé, le châtiment, en somme, va à son adresse ; c'est enfin que cette institution divine qui s'appelle la société est, en vertu de son origine, armée pour punir. Voilà ce qui reste quand on a ôté l'exagération oratoire, et la fougue du pinceau, et une certaine disposition à forcer les contrastes. Non, le bourreau n'est pas *créé comme un monde*, et l'on ferait quelque tort au bon sens et même à l'orthodoxie de Joseph de Maistre d'entendre ces mots au sens littéral; mais, admettant que le droit de punir s'étende jusqu'à la peine de mort, sa redoutable fonction est divine en ce qu'elle a sa place légitime dans un mécanisme social dont l'établissement est réellement voulu de Dieu. Non, la suppression du bourreau ne ferait pas « à l'instant même disparaître la société »; mais presque toutes les législations du monde ont cru et croient encore que cette suppression mettrait la société en péril, et c'est pour cela sans doute qu'elles ne l'ont pas prononcée.

Ces pages se ramènent donc, si on les dépouille de l'exagération oratoire, à l'affirmation énergique de la légitimité de la peine de mort. La question est trop grave pour qu'on la puisse discuter en passant. Mais je tiens à dire que, dans ces limites, je suis pleinement de l'avis des *Soirées*. J'estime premièrement que le pouvoir social n'excède pas son droit en frappant de cette peine extrême certains crimes extrêmes; et secondement, qu'il fait bien d'user de ce droit lorsque ces crimes l'y forcent, quoique sans doute il fasse encore mieux de ne rien négliger pour n'être pas dans le cas d'en user.

Mais en même temps j'avertis les partisans de la peine de mort que le terrain manque absolument sous leurs pieds, s'ils n'ont pas placé Dieu à la base de la société. Car si la société n'est pas de droit divin, si le pouvoir social n'exerce pas une délégation de l'autorité divine, son droit de punir ne peut plus être qu'un droit de défense. Le voleur ou l'assassin n'est plus un coupable vis-à-vis de la société envers laquelle il n'a pris aucun engagement personnel, envers laquelle il n'est obligé par aucun devoir supérieur à sa volonté ; il est simplement *un ennemi (hostis)*, que l'on peut frapper sur le champ de bataille et pendant le combat, mais dont la vie, comme celle du soldat prisonnier, doit être respectée dès qu'il est vaincu, désarmé et enchaîné..., à moins qu'on ne veuille revenir à la guerre païenne et au massacre des captifs.

Et j'avertis encore ceux qui combattent la peine de mort comme contraire à la justice et reproduisent contre elle l'argumentation de Beccaria, qu'ils doivent aller résolument jusqu'où cette argumentation les engage, et qu'il sera trop tard pour admettre des exceptions quand ils auront posé une règle qui, par essence, les exclut. Si l'infliction de la peine de mort dépasse le droit de la justice humaine, il ne peut plus être question d'un *distinguo* entre la justice civile et la justice militaire ; et les conseils de guerre n'ont pas plus qualité pour faire fusiller le traître que les cours d'assises pour faire décapiter l'assassin. Je me persuade que quantité de gens n'y ont point songé ; et je ne crois pas que, dans les rares contrées où la peine de mort a disparu de la législation civile, elle ait été du même coup rayée du code des cours martiales. Cependant la première suppression, si elle était prononcée au nom du droit, avait la seconde pour conséquence nécessaire ; ou plutôt il ne pouvait y avoir deux suppressions, mais une seule. En séparant ce qui, de soi, est inséparable, on avouait donc ou bien qu'on persistait à violer la justice dans le code militaire, ou qu'on ne l'avait pas violée jusque-là dans le code pénal. Reste à savoir si on trouvera beaucoup de généraux qui consentent à commander devant l'ennemi s'ils n'ont plus le pouvoir de faire fusiller les déserteurs et les traîtres. Il semble que cela juge la question.

VIII

Pour finir, voici une surprise.

La critique a découvert que Joseph de Maistre a été le prophète d'une religion nouvelle dont l'avènement devait être prochain et qui allait remplacer le christianisme en se superposant à lui, comme le christianisme lui-même avait remplacé le judaïsme.

Je me hâte de dire que nous sommes ici en présence d'une des plus plaisantes étourderies qu'on puisse trouver dans le casier judiciaire, — fort bien garni déjà, — de *la critique*, j'entends de celle qui ne se donne pas la peine de regarder les choses de près.

Regarder de près est toujours un devoir. Mais ce devoir est doublement imposé par le bon sens et par la conscience lorsqu'il s'agit d'imputer à un homme célèbre quelque opinion qui contredirait d'une façon invraisemblable et monstrueuse tout ce qu'on sait de lui, tout ce qu'il a révélé de lui-même par ses écrits publics, par les effusions intimes de sa correspondance, par la direction entière de sa vie.

Or nous connaissons Joseph de Maistre; nous savons quel homme c'était, quel chrétien, quel catholique, comme toute sa doctrine se tient, comme tout le mouvement de sa pensée aboutit au Christ, à l'Église par qui le règne du Christ est vivant dans le monde, à la Papauté infaillible, centre immortel de cette immortelle Église.

Si donc on vient dire à un lecteur de bon sens que, selon Joseph de Maistre, tout cela, christianisme, Église, Papauté, n'est qu'une forme transitoire, et que le moment approche où tout cela sera le passé, le lecteur de bon sens répondra tout d'abord : c'est impossible ! Si on insiste et qu'on lui affirme l'avoir lu dans ses œuvres, il priera qu'on lui montre l'endroit. Si on lui dit que c'est dans les *Soirées de Saint-Pétersbourg*, sa première question sera : dans laquelle ? On lui indique la onzième, et ce chiffre commence à le mettre en défiance ; car il sait qu'elle n'est pas achevée, et il sait aussi que si l'on arrête un orateur au milieu d'une phrase ou un écrivain au milieu d'un chapitre, on court grand risque de lui attribuer une pensée toute différente de la sienne, peut-être de lui prêter celle même qu'il n'exposait que pour la réfuter. Puis il se souvient que les *Soirées* sont des entretiens dialogués, et sa seconde question est : lequel des trois personnages prophétise ainsi? est-ce le comte, sous les trois étoiles duquel l'auteur se montre plus qu'il ne se cache? — Non. — C'est donc le chevalier, qui figure dans l'ouvrage comme excitateur de pensées plutôt que comme docteur, et qui égaye le sérieux de ses deux graves amis par les brillantes fusées de son esprit français? — Non, c'est le sénateur.

C'est à ce coup, dirons-nous avec le lecteur de bon sens, qu'il faut y regarder de très près. Car si nous savons que l'auteur a mis parfois dans la bouche du sénateur ou ses propres pensées, ou des pensées qui se rencontrent avec les siennes, nous savons aussi que ce grand seigneur russe est fortement teinté de cet illuminisme que Joseph de Maistre regarde comme son ennemi capital. Remontant donc le fil de l'entretien, nous constatons que la prophétie est venue à la suite d'une discussion où le comte, ayant entendu son ami se lancer, à propos des mystères, dans une métaphysique hardie, demi mystique et demi panthéistique, le rappelle au sentiment de la réalité et à la modestie qui convient à l'homme dans ces hautes questions. « Vous m'avouerez que, lorsqu'une certaine recherche n'est pas nécessaire, et qu'elle est capable de produire des maux infinis, c'est un devoir de s'en abstenir. C'est ce qui m'a rendu toujours suspects et même odieux, je vous l'avoue, tous les élans spirituels des Illuminés. » Là-dessus, le sénateur interrompt son ami, prend avec grande chaleur la défense des Illuminés et énonce, en s'y associant, la prophétie dont il s'agit.

Il commence par exposer avec une grande puissance l'état religieux du monde, tel qu'il a été fait par le protestantisme et la Révolution ; il montre que cela ne peut durer ; et, comme il n'est pas de ceux qui croient que la religion puisse disparaître, il en conclut que tout se prépare pour quelque grand événement religieux. Les signes qu'il décrit sont réels ; et, comme un signe est toujours signe de quelque chose, l'attente est légitime, et le comte la partage sans aucun doute. Il approuve encore quand le sénateur lui dit, l'interpellant lui-même : « Vous n'avez pas oublié sans doute, mon cher comte, ce que vous avez dit au commencement de ces entretiens sur tout ce qui se passe d'extraordinaire en ce moment. Tout annonce, et vos propres observations même le démontrent, *je ne sais quelle grande unité vers laquelle nous marchons à grands pas.* »

Mais l'accord s'arrête là ; et même la dissidence apparaît dans ces derniers mots. Le sénateur, séparé par le schisme de la grande unité, de la seule vraie et vivante, et attiré par l'illuminisme vers le pays des rêves, dit : *Je ne sais* quelle unité. Le comte de Maistre dit par toute sa doctrine et par cent déclarations explicites : *Je sais* quelle unité.

Le sénateur rêve donc, en opposition avec les espérances ou plutôt les certitudes catholiques du comte, une troisième révélation et une troisième religion. Il les rêve par des considérations dont les unes sont purement mystiques et presque cabalistiques, et dont les autres sont fondées sur l'idée d'un déclin irrémédiable du catholicisme, c'est-à-dire sur une appréciation directement contraire à toutes les convictions et à toutes les prévisions de son ami. « Rappelez-vous, monsieur le comte, le compliment que vous m'avez adressé sur mon érudition au sujet du nombre *trois*. Ce nombre, en effet, se montre de tous cotés, dans le monde physique comme dans le moral et dans les choses divines. Dieu parla une première fois aux hommes sur le mont Sinaï; et cette révélation fut resserrée, par des raisons que nous ignorons, dans les limites étroites d'un seul peuple et d'un seul pays. Après quinze siècles, une seconde révélation s'adressa à tous les hommes sans distinction, et c'est elle dont nous jouissons; mais l'universalité de son action devait être encore infiniment restreinte par les circonstances de temps et de lieu... — Je ne prétends point placer mon Église au-dessus de la vôtre; hélas! je sais bien ce qui nous manque. Mais, je vous prie, examinez-vous vous-même avec la même sincérité; vous sentirez que votre pouvoir vous échappe. Vous n'avez plus cette *conscience de la force* dont parle Homère. Vous n'avez plus de héros. Vous n'osez plus rien, et l'on ose tout contre vous. Contemplez ce lugubre tableau; joignez-y l'attente des hommes choisis, et vous verrez *si les Illuminés ont tort* d'envisager comme plus ou moins prochaine une troisième explosion de la Bonté toute-puissante en faveur du genre humain. » — Cela est parfaitement clair. Nous sommes en présence d'une prophétie de l'illuminisme, exposée par un ami de la secte à son plus constant et plus irréconciliable adversaire. Et c'est à l'adversaire qu'on a imaginé, ayant le livre sous les yeux, d'attribuer la prophétie ! Il y a peut-être quelque candeur et il y a certainement beaucoup d'indulgence à appeler cela une *étourderie*.

La réponse du comte, qui devait reprendre point par point tout le discours de son ami, n'est que commencée, et le livre ne va pas au delà de ce commencement. Les points de suspension, les mots *cætera desiderantur*, le détail très particulier sur lequel l'entretien s'arrête indiquent assez le dessein d'un développement étendu et complet où la réfutation du rêve de l'illuminisme devait trouver une place principale. Mais nous n'en avons pas besoin pour savoir à quoi nous en tenir. Le comte *commence son commencement de réponse* par accentuer et justifier ses griefs contre l'illuminisme. Puis il ajoute : « Vous attendez un grand événement ; vous savez que, *sur ce point*, je suis totalement de votre avis. » Pour tout lecteur clairvoyant et sincère à qui la vie et les œuvres du comte de Maistre ne sont pas totalement inconnues, cela suffit à dissiper le ridicule malentendu qui veut, à tout prix, pour enlever à l'Église catholique un grand et loyal serviteur, le faire passer dans le camp ennemi.

Oui, il attendait un grand événement, un événement dans l'ordre religieux et dans le sens de l'unité. Est-ce qu'il avait tort ? Est-ce que l'événement n'est pas venu ? Est-ce que le concile du Vatican, est-ce que le décret de l'Infaillibilité promulgué à l'heure précise où il ne restait plus un doute ni sur la perpétuelle croyance de l'Église, ni sur les conséquences funestes de la division, ne sont pas précisément ce qu'il attendait, ce à quoi il travaillait, ce qui devait être à ses yeux, ce qui est sous nos yeux le point de départ d'autres événements immenses, c'est-à-dire de conquêtes nouvelles poursuivies par la grande unité catholique en présence des sectes qui s'émiettent et qui meurent, en présence de la philosophie séparée qui va de plus en plus s'évanouissant dans le scepticisme ou se déshonorant dans le matérialisme ?

J'ai en vérité quelque honte de m'être arrêté si longtemps à cette falsification puérile comme à une chose sérieuse. Elle ne l'est que par un peu de bruit qu'elle a réussi à faire. J'ajouterai seulement que je n'ai point voulu faire à cette grande mémoire l'injure de la défendre. « Ne donnez à ce qui précède », me dirait Joseph de Maistre, « que le nom d'explications ; pour les apologies, je les abandonne volontiers à ceux qui en ont besoin. »

IX

Arrivé au terme de cette longue et trop courte étude, je n'ai la prétention ni d'avoir épuisé, ni d'avoir égalé un si vaste et si beau sujet. Mais j'espère avoir présenté un portrait fidèle de l'homme et du penseur.

J'espère avoir inspiré pour l'homme, pour son cœur et son caractère, cette pleine sympathie qu'il convient de réserver aux âmes très grandes et très bonnes. « Rien ne le réjouissait dans cette vallée de larmes comme de trouver une nouvelle occasion d'estimer la nature humaine. » J'estime qu'il nous donne lui-même, à un degré supérieur, l'occasion de cette noble jouissance.

Et j'espère avoir montré que le penseur fut vraiment un homme de génie ; — grand mot qu'il ne faut pas prodiguer, mais qu'il ne faut pas marchander à qui en est digne. Laissons de côté son incomparable style qui, cette fois, est bien l'*homme même*, tant l'empreinte de sa personnalité y est profonde et puissante. Dans l'ordre d'idées et de recherches où il s'est non pas enfermé (car un tel esprit n'est pas de ceux qui s'enferment), mais principalement concentré, dans la région des problèmes religieux et moraux, sociaux et politiques, il a les caractères du vrai génie, de celui qui sait à la fois ne pas se perdre dans les abstractions et ne pas se noyer dans les faits. Il a le grand regard d'ensemble, le regard d'aigle ; et il a le sentiment le plus net de la réalité vivante. Il n'est ni de la famille des rêveurs, ni de celle des hommes qu'on appelle positifs parce qu'ils ne croient à rien sinon aux petites habiletés. Il n'est pas de la première, parce qu'il prend toujours pied et point d'appui sur l'histoire « qui est la politique expérimentale, la seule bonne. » Il n'est pas de la seconde, parce qu'il juge les faits au nom des principes. Et parce qu'il les juge ainsi, il excelle à les prévoir ; nous avons pu reconnaître que toutes ses grandes prévisions ont été justes, et que l'événement ne les a guère démenties dans le détail sans leur donner raison dans l'ensemble. Il a la hardiesse, et il a le bon sens. Il a la possession de lui-même, et il a la passion de la vérité, de l'ordre et de la justice. Et cette heureuse alliance donne à son langage tout à la fois la liberté d'allures d'une pensée qui sait se conduire et se retenir, et cette vibration sympathique à quoi on reconnaît un grand cœur échauffant un grand esprit.

J'espère aussi avoir rétabli dans sa signification véritable sa doctrine si étrangement défigurée et si mal connue. Il ne s'agit plus ici, bien entendu, des travestissements grossiers qui ont prétendu faire de ce royaliste un révolutionnaire, et de ce catholique un illuminé ; je ne me pardonnerais point de faire à cette burlesque mascarade l'honneur d'y revenir. Il s'agit d'interprétations qui, forçant ses paroles, prenant peu spirituellement à la lettre de spirituelles boutades, ne regardant que d'un seul côté des pensées qu'il fallait envisager sous tous leurs aspects, ne tenant aucun compte des explications et des limitations qui fixent leur valeur, aboutissent finalement à les dénaturer.

On a dit et on a cru qu'il est l'ennemi de la science. — Cela est faux. Oui, il malmène rudement, et fort justement à mon sens, la science orgueilleuse et fausse qui, ayant pour point de départ la souveraineté et l'indépendance de la raison humaine, a pour point d'arrivée le scepticisme et la négation de Dieu, de l'âme, de toute loi morale, la science qu'on avait vue à l'œuvre pendant le XVIIIe siècle et qu'on y devait revoir dans le nôtre. Il considère ses adeptes comme les pires instituteurs de la jeunesse et les pires législateurs des peuples. Mais la vraie science, la science modeste et sincère, la science qui n'a pas la prétention d'être tout l'homme et de s'installer au centre du monde à la place de Dieu, la science qui n'absorbe point l'homme dans le chiffre ou dans la matière et ne le détourne pas des grands intérêts de l'âme et de la société, cette science-là est à ses yeux un des plus beaux fruits, un des fruits privilégiés de la civilisation chrétienne; il en parle magnifiquement, il la cultive avec ardeur, et ce n'est pas trop de dire qu'il en est l'amant passionné.

On a dit et on a cru qu'il est le partisan et le

théoricien du despotisme. — Cela est faux. Oui, il combat la Révolution sous toutes ses formes, contrat social, souveraineté du nombre, constitutions *a priori*, égalité, droit à l'insurrection. Il croit au droit divin de l'autorité dans la société politique comme dans la société domestique. Il estime que les constitutions naturelles sont les seules bonnes, que la royauté chrétienne est, depuis l'Évangile et par l'Évangile, la constitution naturelle de tous les grands peuples de l'Europe, et que cette forme de gouvernement est, à tout prendre, la meilleure que le monde ait jamais vue. Mais il lit dans l'histoire que cette royauté n'est pas le despotisme, ce despotisme dont il a dit lui-même que personne ne l'aime et que celui qui dit le contraire ment. Il constate que partout elle contient comme un de ses éléments essentiels une part faite à la liberté, et que partout des lois fondamentales y limitent le pouvoir royal. Il voit dans ces *bonnes coutumes* le germe qu'il faut développer, la base sur laquelle il faut s'appuyer si l'on veut faire œuvre d'homme d'État, c'est-à-dire perfectionner et rectifier, et non pas tout détruire avec la folle ambition de tout refaire. La Révolution étant sa grande ennemie, il hait les abus de toute la haine dont il la poursuit, car il sait « que ce sont eux qui l'engendrent ». Et parce que les abus naissent de l'exercice du pouvoir quand celui-ci n'a ni limite ni contrôle, il déclare « que le grand problème européen est de savoir comment on peut restreindre la souveraineté sans la détruire ».

On a dit et on a cru qu'il avait insulté l'Église de France et en particulier Bossuet, le plus illustre représentant de son esprit et de ses traditions. — Cela est faux. Oui, il a combattu « les insupportables préjugés » du gallicanisme ; avec une perspicacité merveilleuse et une loyale franchise, il a démêlé et mis à nu les causes malsaines d'où le gallicanisme est né, l'esprit dangereux qui en constitue l'essence, les conséquences désastreuses que son influence a produites ; et il a prédit que ce préjugé funeste serait étouffé dans l'embrassement sacré de la Papauté et du sacerdoce. Mais personne, il a pu s'en rendre le témoignage, n'a parlé de Bossuet, de son génie, de ses efforts pour arrêter l'épiscopat français sur la pente du schisme, avec plus de respect et d'équité, de l'Église de France, de l'esprit profondément catholique qui l'empêche toujours de pousser l'opposition jusqu'à la séparation, de sa noble attitude en face de la persécution, avec une admiration plus vive, du rôle qui lui est réservé dans la reconstruction sociale en termes plus magnifiques.

On a dit et on a cru qu'il rêvait une théocratie universelle, et qu'il proposait aux couronnes de s'anéantir devant la tiare. — Cela est faux. Il a parlé avec éloge, mais Dieu sait aussi avec quelles précautions et quelle réserve presque timide, de la grande magistrature pacifique que la Papauté exerça au moyen âge pour le bien de la chrétienté et d'accord avec un droit public unanimement accepté. Il a montré comment cette haute juridiction apportait aux débats de peuple à peuple ou de peuple à souverain une solution que, depuis, on a vainement cherchée ailleurs. Mais en même temps il a fait voir avec quel respect la Papauté, au plus fort de ses démêlés avec tel ou tel souverain, traita toujours la souveraineté elle-même, comment la déférence des pouvoirs politiques à la grande autorité spirituelle était une consécration pour eux en même temps qu'une garantie et un suprême recours pour les peuples opprimés, et comment, à défaut de cette justice de paix, l'insurrection est devenue la seule limite du despotisme, le despotisme la seule limite de l'insurrection.

Certes je ne songe point à réclamer pour le comte de Maistre le titre de *docteur infaillible*, et je ne prétends pas que, dans le monde des choses politiques et sociales, les événements accomplis depuis sa mort n'auraient rien eu à lui apprendre. J'ai librement marqué moi-même quelques points où il y a lieu, ce semble, d'étendre, de restreindre ou de corriger sa pensée. Mais à prendre dans leur ensemble ses idées sur l'origine de la société, sur le fondement de l'autorité, sur la fonction des pouvoirs publics, sur la Révolution, sur les conditions du salut social, sur les rapports des deux puissances, elles constituent une doctrine vraie dont les grandes lignes sont tracées d'une main ferme et sûre. Et si l'histoire de notre siècle en a rectifié quelques détails, beaucoup plus encore elle a fortifié ses grandes lignes. En ce sens, ses ouvrages sont aujourd'hui d'un intérêt pour le moins aussi actuel qu'à la date de leur publication. Par la réalisation posthume de quelques-unes de leurs grandes espérances, ils nous apprennent à garder bon courage. Par les suites de leurs avertissements méprisés, ils nous mettent en demeure d'écouter de nouveau ces avertissements avant qu'il soit trop tard. Et puisque nos lecteurs, à des titres divers, appartiennent presque tous à l'armée du salut social, de la lutte contre la Révolution antichrétienne, de la défense de l'Église catholique, j'oserai leur dire en terminant que c'est pour eux un devoir de lire et de méditer les écrits de ce grand champion de leur cause. Mon étude n'a pas voulu être autre chose qu'une préparation et une introduction à cette lecture.

CHAPITRE COMPLÉMENTAIRE

LA PHILOSOPHIE. — CRITIQUE DE LOCKE ET DE BACON

L'esprit de Joseph de Maistre, on a pu le voir dans la suite de cette étude, et on le verra mieux encore par la lecture assidue de ses ouvrages, est éminemment un esprit philosophique. Soit qu'il s'occupe de la Révolution, ou de la Papauté, ou du gouvernement temporel de la Providence, il remonte aux premiers principes, ce qui est proprement faire la philosophie des sujets qu'il traite.

Avec de telles aptitudes et un tel vol intellectuel, on a l'étoffe d'un philosophe au sens le plus précis et le plus scientifique du mot; et on le deviendra si on prend de bonne heure pour objet d'étude je ne dis pas exclusif, mais du moins principal et direct, les questions métaphysiques et psychologiques, si on les examine avec les précautions, la patience, l'esprit de suite que la méthode exige, si enfin on enchaîne ses idées les unes aux autres de façon à en former un corps régulier de doctrine.

La vie agitée de Joseph de Maistre, les devoirs et les prédilections qui orientèrent constamment son esprit vers les questions politiques et sociales, historiques et religieuses, ne lui permirent guère cette application continue et cette concentration spéciale, aussi nécessaires au philosophe qu'au physicien ou au géomètre. La philosophie proprement dite ne fut, pour son intelligence ouverte à tout et curieuse de tout, que l'occupation favorite des heures de loisir. Il n'y fut donc et n'y pouvait être qu'un *amateur* de génie, avec des vues supérieures, hardies, risquées parfois, et un très vigoureux polémiste exposé de temps à autre à ne pas frapper tout à fait juste lorsqu'il n'est pas suffisamment renseigné sur le côté technique des questions. Comme il n'a touché à rien sans y laisser sa marque, il mérite d'être suivi dans ses excursions philosophiques qui nous présentent sous un nouvel aspect le penseur et le lutteur. Mais nous ne devons pas oublier qu'elles n'ont dans son œuvre et dans son influence qu'une valeur accessoire, et qu'elles ne sont pas, il s'en faut, le fondement principal de sa haute renommée.

I

Et d'abord, qu'a-t-il pensé de la raison humaine, et quelle valeur lui a-t-il attribuée ?

Tout homme qui s'occupe ou prétend s'occuper de philosophie est tenu de répondre nettement à cette question préalable. S'il juge la raison incapable de discerner le vrai du faux en quelque sujet que ce soit, il est sceptique et non pas philosophe ; sa seule philosophie, sa seule science est de nier la possibilité même de la philosophie et de la science. S'il la juge incapable de s'élever au-dessus de l'observation des phénomènes sensibles et de la détermination de leurs lois, d'atteindre les causes au delà des effets, l'invisible au delà du visible, Dieu au delà du monde, il peut être physicien et naturaliste, il n'est pas philosophe ; car il nie la psychologie et la métaphysique, qui sont les deux grands chapitres de la philosophie.

Or cette négation, totale ou partielle, de la philosophie et de la science, peut être inspirée par deux esprits et dirigée vers deux résultats tout à fait opposés.

Quelques ardents défenseurs du christianisme, non contents de prouver à la raison humaine, par le spectacle de ses défaillances et de ses erreurs, le besoin qu'elle a d'un guide plus sûr et d'une autorité plus haute qu'elle-même, ont cru pousser l'argument jusqu'au bout et lui donner son maximum de force en soutenant que l'homme livré à ses seules ressources ne peut établir avec certitude aucune vérité de l'ordre moral. Ils se sont persuadé que la raison humiliée, éperdue, désabusée d'elle-même, capitulerait sans condition entre les mains de l'Église catholique, seule autorité qui reste à flot dans ce naufrage universel. Et ils n'ont pas su voir que, réduite à cet état, la raison ne peut plus même faire l'unique démarche qu'ils attendent d'elle. Incapable de savoir s'il y a un Dieu et si ce Dieu est bon ou mauvais, véridique ou trompeur, comment serait-elle certaine qu'il a parlé et qu'il faut l'en croire ? Hors d'état de discerner le vrai d'avec le faux, comment discernerait-elle la vraie religion divine d'avec ses contrefaçons humaines ?

A l'autre pôle nous trouvons le groupe beaucoup plus nombreux des sophistes qui, loin de songer à faire régner la foi sur les ruines de la raison, veulent au contraire, en détruisant la raison, rendre toute foi impossible et supprimer du même coup toutes les vérités, tant naturelles que surnaturelles, de l'ordre moral. Tel fut le dessein avoué des sectaires du XVIII° siècle, Rousseau et quelques autres mis à part ; et tel est celui du positivisme contemporain, aux yeux duquel la métaphysique, avec toutes ses dépendances, doit être rayée de la liste des sciences et abandonnée, avec la religion, au sentiment individuel, en d'autres termes reléguée dans le monde des chimères.

Personne ne soupçonnera Joseph de Maistre d'avoir fait à la raison cette guerre qui vise le Dieu de la religion à travers le Dieu de la philosophie. Mais les mêmes critiques qui l'ont dépeint, — lui ! — comme un partisan de l'ignorance, n'ont pas manqué de le dépeindre aussi comme un ennemi de la philosophie, résolu à confisquer la raison au profit de la foi. Ils n'ont point eu de peine à relever dans ses écrits intimes ou publics des mots piquants et des pages véhémentes où il ménage peu les philosophes et dit vertement son fait à la raison humaine. Mais, quand elles ne sont point matériellement inexactes, ces citations ont toujours le défaut d'être prises à contre-sens ; la raison qu'il anathématise n'est pas toute raison ; les philosophes qu'il flagelle ne sont point tous les philosophes ; et le plus qu'on puisse dire pour excuser un peu l'injustice des critiques, c'est que le grand polémiste n'a pas toujours choisi ses paroles avec une précision qui ne laissât aucune place à l'équivoque.

La raison *révoltée contre Dieu* lui est une ennemie personnelle ; il voit en elle la mère d'une secte antisociale aussi bien qu'antireligieuse ; il rabat tantôt avec une éloquence indignée, tantôt avec une ironie accablante, sa folle prétention de se suffire, de refaire l'homme et la société, de remplacer le christianisme, de ramener l'âge d'or. La raison *séparée*, la philosophie respectueusement hautaine qui prétend ne relever de personne et ne tenir aucun compte de l'Évangile et de l'Église, ne lui est guère plus supportable ; et l'on peut croire qu'il n'eût pas été tendre pour le spiritualisme rationaliste de V. Cousin et de son école ; s'il l'eût connu il y a quarante ans, aux jours de ses splendeurs officielles, il lui eût prophétisé à coup sûr sa décadence aujourd'hui visible et sa ruine à peu près consommée. Il se peut donc qu'ayant sous les yeux le spectacle des destructions morales, intellectuelles et sociales opérées au nom de la raison, rencontrant devant lui la bande des sophistes qui se disaient philosophes et les seuls philosophes, il ait parfois semblé mettre un peu au-dessous de sa place cette raison qui se mettait si fort au-dessus, et que ses vivacités contre les philosophes de son temps n'aient pas toujours exprimé le *distinguo* qui était dans son esprit. Mais c'est bien là tout ce qu'on peut accorder. Plus que personne d'ailleurs il honore les vrais philosophes ; et la mesure de son respect pour eux est donnée par celle de son mépris pour les sophistes. « Pesez les voix de part et d'autre, » dit-il à propos de la question de l'origine des idées, « et voyez d'un côté Pythagore, Platon, Cicéron, saint Augustin, Descartes, Bossuet, Fénelon, Leibnitz. Je ne vous nommerai pas les champions de l'autre parti, car leurs noms me déchirent la bouche. Quand je ne saurais pas un mot de la question, je me déciderais sans autre motif que mon goût pour la bonne compagnie et mon aversion pour la mauvaise (1). »

Mais il s'agit moins des philosophes que de la phi-

1) *Soirées de Saint-Pétersbourg*, 2º entretien.

losophie, et moins de la philosophie que de la raison. Que peut-elle, selon Joseph de Maistre, dans l'ordre des vérités suprasensibles ?

« Il n'y a point de certitude, hors la foi, si nous sommes créés par un Dieu bon, ou par un Dieu mauvais, ou à l'aventure... Selon les lumières naturelles, nous sommes incapables de connaître ce que Dieu est, ni s'il est. » Ainsi parlait Pascal, exagérant au delà de toute mesure la perturbation produite dans l'intelligence humaine par la chûte originelle. Joseph de Maistre repousse avec énergie ces propositions sceptiques, aussi contraires à l'enseignement de l'Église qu'au bon sens et à l'expérience du genre humain. Tout un important chapitre de sa critique de Bacon est consacré à établir que l'ordre qui resplendit dans l'univers est une révélation actuelle de la sagesse et de la puissance de son auteur, que le lien qui enchaîne les effets avec causes n'empêche nullement les intentions et les fins de s'y révéler, et que, selon la parole de saint Paul, il ne peut y avoir d'excuse pour celui qui ne sait pas voir Dieu dans ses créatures.

Si on lui objecte que, Dieu étant incompréhensible, nous ne saurions ni avoir une idée de lui, ni par conséquent démontrer son existence, il répond très justement, en vrai philosophe qui ne consent pas à juger la raison impuissante à cause qu'elle n'est pas toute-puissante : « Soutenir qu'on n'a aucune idée de Dieu parce qu'on n'en a pas une idée parfaite, et que c'est absolument la même chose d'ignorer *ce qu'il est* ou *s'il est*, ce n'est pas seulement un blasphème contre Dieu même, c'est un blasphème contre le bon sens. Il en résulterait que nous n'avons l'idée de rien, puisqu'il n'existe rien dont l'essence nous soit parfaitement connue (1). »

Et si, sous prétexte « de rendre à la foi ce qui appartient à la foi, » on présente cette thèse de l'impuissance de la raison comme un hommage à la révélation, le penseur chrétien ne se laisse pas prendre à ce piège. « Ce respect-là, » dit-il, « ne tend point à relever l'Écriture sainte, mais à dégrader la raison en la rendant étrangère à Dieu. D'ailleurs il est essentiel d'observer que l'Écriture sainte ne révèle nulle part l'existence de Dieu ; elle la suppose comme une vérité connue antérieurement (2). » — Enfin « comment l'homme recevra-t-il une vérité nouvelle s'il ne porte pas en lui-même une vérité intérieure par laquelle il jugera l'autre ? Entre Moïse et Hésiode, qui nous force à choisir ? L'un vaut l'autre s'ils ne sont jugés d'après une règle intérieure qui déclare l'un historien et l'autre romancier (3)... Dès que vous séparez la raison de la foi, la révélation, ne pouvant plus être prouvée, ne prouve plus rien ; ainsi il faudra toujours en revenir à l'axiome si connu de saint-Paul : *que la loi est justifiée par la raison* (4). »

---

1) *Examen de la philosophie de Bacon*, 2ᵉ partie, ch. Iᵉʳ.
2) *Ib., ib.*
3) *Ib., ib.*
4) *Ib., ib.*

Ces textes sont décisifs. Sans contestation possible la doctrine de Joseph de Maistre est celle-ci : Quoique la raison humaine soit faible, courte, fragile, incapable d'être pour l'homme un guide unique et sûr, elle va légitimement à Dieu par la voie des créatures. La révélation ne donne pas l'idée de Dieu, elle la suppose. Nous ne pouvons discerner la vraie religion d'avec les fausses que parce que nous avons le pouvoir général de distinguer la vérité de l'erreur. Se soumettre à la foi n'est pas l'abdication de la raison, mais sa dernière démarche.

Ce sont là les vrais principes de la philosophie chrétienne ; il ne faut pas se lasser de redire que les rares apologistes qui ont cru servir la cause de la religion en s'appropriant sans réserve les arguments des sceptiques contre la raison et la philosophie ont toujours été suspects dans l'Église, et plus d'une fois expressément condamnés par elle. Joseph de Maistre est aussi éloigné qu'on peut l'être de leur méthode et de leurs maximes ; et les vivacités de sa polémique contre *les philosophes* ne fournissent pas même un prétexte à le ranger dans ce groupe téméraire et malhabile.

On a cru trouver cependant une preuve plus sérieuse de ses affinités pour ce scepticisme *théologique* dans une lettre à M. de La Mennais, datée de l'avant-dernière année de sa vie (1820). Le jeune prêtre breton était alors dans tout l'éclat d'une gloire naissante. Le grand style et la puissante dialectique du premier volume de l'*Essai sur l'Indif-*

férence l'avaient placé d'emblée au premier rang de l'apologétique moderne ; et le second volume, digne de son aîné par le talent, excitait par sa marche aventureuse de vives controverses entre les catholiques. L'auteur, déployant avec une ardente éloquence un ensemble d'idées vaguement énoncé dans le premier volume, prenait à partie la raison individuelle non dans ses révoltes, mais dans son essence ; et il concluait son long réquisitoire par ces mots qu'un Gorgias ou un Pyrrhon eussent signés volontiers : « La raison ne sera jamais certaine qu'elle ne se trompe pas. » Toutefois, en condamnant la raison individuelle, il prétendait ne pas rendre la vérité inaccessible à l'homme ; et il se flattait d'échapper au scepticisme en attribuant à la raison universelle, c'est-à-dire à la raison collective du genre humain, la sûreté et la puissance qu'il déniait à celle de chaque individu. Cette *philosophie du sens commun,* comme il l'appelait, est aujourd'hui jugée ; ce qu'elle offrait comme une isssue n'était qu'une impasse, et la prétention était chimérique de composer avec des zéros de certitude une somme qui fût la certitude. Toutefois la théorie était spécieuse ; elle semblait faire équitablement les parts ; elle s'appuyait sur le légitime crédit dont a toujours joui auprès des meilleurs philosophes l'argument tiré du consentement unanime des peuples ; de très bons esprits pouvaient s'y laisser prendre et s'y laissèrent prendre.

Joseph de Maistre fut-il du nombre ? Un savant

critique voit dans la lettre de 1820 la preuve que tout au moins il y inclina (1). Je me permets de ne point accepter son interprétation ; et, en relisant ce document, je suis plus frappé des réserves que des approbations qu'il contient.

Les approbations et les encouragements s'adressent, en termes très flatteurs, mais très généraux, au talent et au zèle de l'écrivain, qui les méritait alors et semblait promettre au vieux champion de la religion, du Saint-Siège et de la royauté un continuateur digne de lui : « Votre lettre du 28 août m'a fait toute la peine possible en m'apprenant tous les chagrins que vous donne ce second volume. J'y ai trouvé, je puis vous l'assurer sans flatterie, d'aussi bonnes intentions et le même talent que dans le précédent : pensées fortes et profondes, grandes vues, style pur, élégant, grave en même temps et très fort adapté au sujet... Après tout, nous avons tous un grand défaut dont il n'y a pas moyen de nous défaire : c'est d'être fils d'un homme et d'une femme ; y a-t-il rien d'aussi mauvais sur la terre ? Nous avons beau faire, vous et moi, et tous nos confrères les humains, je dis les mieux intentionnés, dans tout ce que nous faisons il y aura toujours des taches humaines : *et documenta damus qua simus origine nati.* C'est cependant une assez belle consolation pour vous de savoir, sur la parole d'hon-

---

1) Le R. P. E. Becker, jésuite hollandais, dans un opuscule qui n'a point été traduit en français.

neur de tous les gens de goût, qu'après vous avoir soumis à la critique la plus sévère, vous ne serez plus qu'un des plus grands écrivains du siècle. — Pauvre homme ! prenez patience. »

Les réserves, discrètes, mais très significatives pour tout bon entendeur, portent sur la doctrine particulière couvée dans le premier volume de l'*Essai* et éclose dans le second. Discrètes, elles devaient l'être ; cela était de l'urbanité de Joseph de Maistre et de son attention à ne pas décourager par des critiques dures un si précieux auxiliaire ; et cela était aussi de sa fine psychologie morale qui n'ignorait pas à quel point sont ombrageux les amours-propres d'auteur ; et Dieu sait ce que fut, hélas ! celui de La Mennais. Mais, en somme, il dit ce qu'il veut dire, après l'avoir laissé délicatement deviner dès la première phrase élogieuse. Visiblement l'auteur lui paraît mal embarqué dans son second volume, et il eût souhaité que la théorie dont son navire est chargé eût été laissée à terre comme une marchandise suspecte et compromettante : « L'homme d'esprit qui vous défia, à l'apparition de votre premier volume, de faire le second, n'avait pas tant tort ; le sujet de l'*indifférence religieuse* expose constamment l'auteur à en sortir parce qu'il est continuellement tenté de démontrer par de nouveaux arguments la vérité de cette religion sur laquelle on se permet la plus téméraire indifférence. C'est autre chose encore dans votre second volume où vous examinez les sources de la vérité ; nouvelles tentations de sortir de votre sujet qui, à prendre la chose rigoureusement, est renfermé dans les quatre derniers chapitres de votre premier. A Dieu ne plaise cependant que je veuille vous disputer les heureux préparatifs, les superbes vérités concomitantes dont vous avez flanqué ce bel édifice! Mais je dis que vous gagnerez à ne pas sortir de votre cadre. »

Il n'y a guère à se tromper sur la direction de ces travaux d'approche. Mais il faut enfin venir à la question. Il y vient, et le premier nom qu'il prononce nous le montre très éveillé sur le péril particulier de la tactique adoptée par M. de La Mennais.

« Vous savez sans doute que le traité du docte Huet *sur la faiblesse de l'esprit humain* alarma plusieurs lecteurs; et Voltaire ne manqua pas de dire *qu'il réfutait la Démonstration évangélique* (1). Il vous arrive quelque chose de semblable. La première partie de votre second volume alarmera de fort honnêtes gens; et d'autres hommes beaucoup plus nombreux feront semblant d'être alarmés; il faut vous y attendre : *humani nihil a te alienum putes*. Je le dis dans un sens nouveau et très vrai. »

On ne saurait dire plus doucement et plus clairement à un homme qu'il est dans une voie ou mauvaise ou dangereuse, et que le mieux serait de revenir sur ses pas. Toutefois la théorie de M. de La Mennais ne voulait point être le scepticisme et

1) Ouvrage apologétique du même auteur.

prétendait au contraire asseoir la certitude, *la foi humaine*, sur la seule base qui tout ensemble fût solide et cependant distincte de la révélation positive. Joseph de Maistre lui en donne acte ; mais en même temps il se réserve : « J'ai bien compris la raison par laquelle vous échappez aux attaques qu'on vous porte, celle de la *raison universelle*. Le temps me manque pour me jeter dans cet océan. Je vois bien quelques véritables difficultés, mais je ne cesserai de vous dire : Courage ! »

Qu'est-ce à dire *courage ?* Le critique distingué dont j'ai l'opuscule sous les yeux semble voir dans ce mot une exhortation à persister dans la doctrine de l'Essai. *Pace ejus dixerim*, cette interprétation est presque un contre-sens. Que l'auteur des *Considérations* et *du Pape* achevât d'adoucir sa critique en encourageant l'auteur de l'*Essai* à persévérer dans la défense des grandes causes que tous deux servaient, cela était naturel et presque indispensable. Mais qu'après lui avoir dit assez clairement : « votre thèse de la raison universelle n'avait que faire où vous l'avez mise, elle alarme des gens dont l'opinion a droit à des respects, elle est, *prima facie*, dangereuse, et vos explications n'écartent pas la difficulté et le péril, » il l'ait animé à la maintenir quand même, ce serait, suivant un mot que sa correspondance affectionne, *une bêtise* en même temps qu'une contradiction. Un tel homme n'était capable ni de l'une, ni de l'autre.

De ce côté il est donc sans reproche. Ce qu'il faut

reconnaître et ce qui trahit quelques lacunes dans son éducation philosophique et théologique, c'est que la distinction entre les vérités de l'ordre surnaturel et celles de l'ordre naturel n'est point assez fermement maintenue dans ses écrits parce qu'elle était un peu flottante dans sa pensée. Tantôt il semble croire que la philosophie ne peut travailler que sur des données fournies par la révélation : « Lorsque nous nous occupons de philosophie rationnelle, il ne faut jamais oublier que toute proposition de métaphysique qui ne sort pas comme d'elle-même d'un dogme chrétien n'est et ne peut être qu'une coupable extravagance. » Tantôt au contraire il semble agrandir outre mesure le domaine de la raison en lui attribuant le pouvoir de démontrer scientifiquement les vérités qui sont l'objet propre de la foi divine : « Le but de la révélation n'est que d'amener l'esprit humain à lire dans lui-même ce que la main divine y trace ; et la révélation serait nulle si la raison, après l'enseignement divin, n'était pas capable de s'enseigner à elle-même la vérité révélée (1). » Les deux propositions sont fausses. La première absorbe l'ordre naturel dans l'ordre surnaturel en présentant comme conséquences ou épanouissements du dogme révélé les vérités philosophiques qui, logiquement, sont au contraire *præambula fidei*. La seconde absorbe l'ordre surnaturel dans l'ordre naturel en étendant

---

1) *Examen de la philosophie de Bacon*, 2ᵉ partie, ch. Iᵉʳ.

le pouvoir de la raison à la démonstration des mystères, lesquels ne seraient pas mystères s'ils étaient rationnellement démontrables. Ils ne le sont pas parce qu'ils appartiennent à un ordre de vérités qui dépasse la portée naturelle de la raison humaine et ne lui est rendu accessible que par un don gratuit de la bonté divine.

Mais il convient d'ajouter, pour être tout à fait juste, que ces deux erreurs ont en partie leur source dans une conviction parfaitement fondée, je veux dire dans une foi profonde à l'harmonie des deux ordres de vérités, aux immenses services que la religion a rendus à la philosophie, à la fausseté nécessaire de toute objection qui transforme nos mystères supérieurs à la raison en contradictions destructives de la raison, enfin aux magnifiques analogies que les plus grands apologistes ont si souvent signalées entre l'ordre de la grâce et l'ordre de la nature. Si Joseph de Maistre eût écrit sous les yeux de quelque théologien exact, il se fût sans nul doute corrigé en ce sens, en s'écriant peut-être : *je n'ai pas voulu dire autre chose !*

II

Un lien étroit rattache l'une à l'autre la question de la valeur de l'intelligence humaine et la question de l'origine des idées. Si, en effet, après avoir résolu la première contre le scepticisme, on donne à la seconde une réponse qui, suivie jusqu'au bout, aboutisse à rayer de la liste de nos connaissances les idées métaphysiques et morales, la notion de Dieu, les axiomes universels, on n'a rien fait; et le scepticisme rentre en maître, c'est-à-dire en destructeur, dans la philosophie toute entière.

Or la psychologie sensualiste, en ramenant toutes nos idées à une origine sensible, conduit infailliblement à ces résultats négatifs. Ceux qui l'embrassent sont dans l'alternative ou de descendre, en raisonnant bien, jusqu'à l'athéisme et au matérialisme, ou de se dérober, à force d'inconséquences, à ces conclusions logiquement nécessaires. Et comme la logique finit toujours par avoir raison, le dernier mot appartient toujours à ceux qui suivent jusqu'au bout les conséquences du sensualisme et non à ceux qui les esquivent. Ainsi en avait-il été au XVIII° siècle. La psychologie de la sensation y avait porté tous ses fruits; et, grâce à elle, l'orgueil qui avait proclamé la raison souveraine en était venu à dégrader la raison.

Joseph de Maistre attaqua avec une singulière vigueur cette philosophie qui, de son temps, régnait encore; et il doit être compté parmi ceux qui, bien avant Cousin et son école, contribuèrent à la mettre en déroute. Il la méprisait par aversion naturelle pour la mauvaise compagnie; il l'avait en horreur tant pour ses désastreuses conséquences en religion, en métaphysique, en morale et même en politique, que pour la grave atteinte qu'elle porte à la dignité de l'intelligence humaine. Toutes les pentes de son noble esprit l'inclinaient vers celle qui va de Platon, — et d'Aristote aussi, selon lui, — à Leibnitz en passant par Cicéron et saint Augustin, par saint Thomas et toute la scolastique bien interprétée par Descartes, Bossuet et « cet illustre Malebranche qui », dit-il, « a bien pu errer quelquefois sur le chemin de la vérité, mais n'en est jamais sorti. »

Il prend donc une position aussi éloignée que possible de la doctrine sensualiste, et se déclare pour *les idées innées*. Il va sans dire que pas plus que Descartes il n'entend par là des idées présentes à la conscience avant la naissance ou dès la naissance, et qu'il ne nie pas la nécessité d'un *excitateur* sensible pour élever l'esprit à la conception de Dieu et des vérités éternelles. Mais ce qu'il faut remarquer, c'est que la doctrine des idées innées lui est surtout chère comme contradiction précise de l'erreur sensualiste. « On n'entend parler ici, » dit-il, dans une note, « que de la proposition négative qui nie l'origine matérielle des idées ; le surplus est une question entre nous, une question de famille dont les matérialistes ne doivent pas se mêler. » Et ailleurs : « Que les idées universelles soient innées en nous, ou que nous les voyions en Dieu, ou comme on voudra, n'importe ; c'est ce que je ne veux point examiner en ce moment : le point négatif de la question est sans contredit ce qu'elle renferme de plus important. » Il lui suffit donc d'établir que les sens ne peuvent nous donner ni l'universel, ni l'immatériel, ni le moral, ni le divin, que cependant nous pensons tout cela, qu'il y a donc dans l'esprit humain une force quelconque qui nous permet de le penser et qui prend son point d'appui dans le sensible pour dépasser le sensible ; que cette force, de quelque manière qu'on explique son action, constitue le caractère spécifique de l'homme, la raison ; et qu'enfin, si importante que soit la part de l'éducation et de la tradition dans la formation intellectuelle de l'homme, encore faut-il qu'elles trouvent dans l'esprit quelque chose qui leur réponde et réagisse sous leur excitation.

En tout cela notre auteur me semble avoir la vérité avec lui, bien que je ne prétende pas justifier un à un tous ses arguments, moins sûrs parfois que ses conclusions. La doctrine des idées innées, professée avec cette réserve, ne paraît pas moins acceptable pour un scolastique que pour un cartésien ; et nous voyons, par un passage des *Soirées*, que Joseph de Maistre approuve pleinement la doctrine de saint Thomas, selon laquelle l'intellect en tant que distinct des sens, — la raison, dirions-nous aujourd'hui, — consiste essentiellement dans la faculté de concevoir l'*universel*. Que s'il insiste longuement sur l'impossibilité de l'invention humaine du langage, j'estime qu'il a grandement raison en cela, comme aussi M. de Bonald qui fut, à la même époque, l'infatigable champion de la même thèse. Et je ne vois pas que ce soit par ce côté que l'auteur de la *Législation primitive* incline vers le système que le Saint-Siège censura depuis sous le nom de *traditionalisme*.

L'erreur du traditionalisme consiste essentiellement à soutenir que l'homme doit ses idées métaphysiques et morales à la société, que notre intelligence est une pure réceptivité, une table rase sur laquelle l'éducation sociale et le langage inscrivent les notions auxquelles nous devons la qualité d'êtres raisonnables. S'il en était ainsi, l'homme n'aurait jamais d'idées ; car le langage n'est qu'un vain bruit s'il ne trouve pas dans l'intelligence à laquelle il s'adresse quelque germe à développer, quelque activité à mettre en mouvement. Autant l'action sociale dont il est le grand véhicule est féconde si elle s'exerce sur *ce quelque chose*, autant elle demeure stérile dans l'hypothèse traditionaliste. Il est très vrai que l'homme est un être enseigné, et que l'excitation de la parole est pratiquement nécessaire à l'intelligence pour secouer son sommeil et débrouiller sa confusion primitive ; mais il est très faux que la puissance de la parole aille au delà, jusqu'à nous apporter les idées dont elle est le signe. La doctrine des idées innées telle que Joseph de Maistre l'entend, ou de la faculté innée telle les scolastiques l'enseignent, barre absolument le chemin à cette dangereuse erreur. Ce n'est donc point assez de dire que notre auteur n'est pas traditionaliste au mauvais sens du mot ; il faut ajouter qu'il ne peut pas l'être.

On a cru cependant trouver la preuve qu'il l'était, dans son admiration pour les écrits philosophiques de M. de Bonald et dans l'intime fraternité d'armes qui s'établit à distance entre ces deux grands soldats de l'Église et de la royauté. Ce bel incident de sa vie littéraire mérite d'être regardé de près ; on nous permettra de nous y arrêter un instant.

M. de Bonald, dans sa *Législation primitive* publiée en 1801, avait mentionné avec honneur l'auteur des *Considérations sur la France*. Le livre ne parvint à Saint-Pétersbourg qu'en 1812. Joseph de Maistre s'empressa d'adresser à M. de Bonald, en qui il avait reconnu un esprit *de sa famille*, un remerciement exquis comme il savait les tourner. Sa lettre était une avance ; elle devint le point de départ d'une correspondance qui prit bien vite le ton de la plus entière et affectueuse confiance, et qui donna pendant huit ans à ces deux grands hommes de bien la joie de se sentir d'accord à peu près sur toutes choses en religion, en politique, en philosophie sociale, en appréciation des hommes et des événements.

Plus d'une fois Joseph de Maistre témoigna cette joie à son ami avec une cordialité virile. Je cite un passage entre plusieurs : « Je ne sais comment faire pour vous exprimer le plaisir que m'a fait une coïncidence d'idées telle que peut-être il n'en a jamais existé. J'ai peur qu'il n'y ait de l'impertinence dans cette observation. Mais, bon Dieu ! je ne sais qu'y faire. La chose est ainsi ; et si j'avais l'inexprimable plaisir de vous voir au milieu de tous mes papiers, je vous amuserais vous-même, monsieur le vicomte, en vous montrant dans mes griffonnages ce que les théologiens appellent *loca parallela*. Dites-moi, je vous prie, si vous n'avez point senti que je vous sautais au cou après avoir lu ce que vous dites en deux ou trois endroits de ce détestable Condillac, l'idole fatale de la France et l'instituteur de votre jeunesse (1). »

Le savant critique que nous avons déjà mentionné triomphe de ce passage et en tire une conclusion qu'on pourrait mettre en cette forme : « Bonald est le chef du traditionalisme ; or J. de Maistre, de son aveu, est en toutes choses d'accord avec Bonald ; donc J. de Maistre est traditionaliste. »

La conclusion n'est point vraie parce que chacune des deux prémisses ne l'est qu'à moitié. Premièrement il s'en faut que M. de Bonald soit ce traditionaliste inflexible et complet que l'on imagine. Sa doctrine sur l'influence de la société et du langage est au contraire très flottante, inclinant tantôt à réduire à si peu que rien la part de la spontanéité intellectuelle dans l'acquisition de nos connaissances, tantôt à la rétablir dans une mesure à peu près équitable. Secondement, là où il retire tout à la raison pour tout attribuer à l'éducation sociale, Joseph de Maistre est si fort éloigné de le suivre qu'au contraire il le combat de front ; et la *coïnci-*

---

1) Turin, 15 novembre 1817.

dence ne se retrouve que quand son illustre ami revient à cette doctrine de l'innéité qui exclut absolument le traditionalisme hétérodoxe. Le passage est beau et décisif ; il mérite d'être cité tout entier.

« Un écrivain bien différent » (de Locke et de Condillac) « et d'une tout autre valeur, qui honore aujourd'hui la France par des talents supérieurs et par le noble usage qu'il en sait faire, a cru argumenter d'une manière décisive contre les idées innées en demandant comment, si Dieu avait gravé telle ou telle idée dans nos esprits, l'homme pourrait parvenir à l'effacer ? comment, par exemple, l'enfant idolâtre, naissant, ainsi que l'enfant chrétien, avec la notion distincte d'un Dieu unique, peut cependant être ravalé au point de croire à une multitude de dieux ?

« Que j'aurais de choses à vous dire sur cette notion distincte et sur l'épouvantable puissance dont l'homme n'est que trop réellement en possession *d'effacer plus ou moins ses idées innées et de transmettre sa dégradation !* Je m'en tiens à vous faire observer ici une confusion évidente de *l'idée* ou de la *simple notion* avec l'affirmation, deux choses cependant fort différentes : c'est la première qui est innée et non la seconde ; car personne, je crois, ne s'est avisé de dire qu'il y avait des raisonnements innés. Le théiste dit : *Il n'y a qu'un Dieu*, et il a raison ; l'idolâtre dit : *Il y en a plusieurs*, et il a tort ; il se trompe, mais comme un homme qui se tromperait dans une opération de calcul. S'en suivrait-il par hasard que celui-ci n'aurait pas l'idée du nombre ? Au contraire, c'est une preuve qu'il la possède ; car sans cette idée, il n'aurait pas même l'honneur de se tromper. En effet, pour se tromper il faut affirmer, et toute affirmation suppose une notion préexistante. Il n'y aurait donc, sans idée antérieure d'un Dieu, ni théistes, ni polythéistes, d'autant qu'on ne peut dire ni oui ni non sur ce qu'on ne connaît pas et qu'il est impossible de se tromper sur Dieu sans avoir l'idée de Dieu. C'est donc la notion ou la pure idée qui est innée et nécessairement étrangère aux sens. Que si elle est assujettie à la loi du développement, c'est la loi universelle de la pensée et de la vie dans tous les cercles de la création terrestre (1). »

On le voit, Joseph de Maistre défend ici contre M. de Bonald la thèse de l'innéité, attaquée par celui-ci au profit d'une autre doctrine incompatible avec elle. Quelle doctrine ? Ce n'est pas sans doute *le sensualisme*, qui n'a pas d'adversaire plus résolu que l'auteur de la *Législation primitive*. Ce n'est pas *la vision en Dieu*, qui prête à la même objection que l'innéité et à bien d'autres encore. C'est *le traditionalisme* et ce ne peut être que lui.

Joseph de Maistre est donc un adversaire, non un adhérent pour M. de Bonald quand celui-ci professe les maximes d'un traditionalisme exclusif. Mais il ne les professe pas toujours, et l'accord se fait

1) *Soirées*.

entre les deux amis sur le point peut-être unique où il n'existait pas, lorsque M. de Bonald, retranchant de sa doctrine l'excès qui la rendait déraisonnable, renonce à l'objection dont on vient de voir la réfutation. Nous lisons, en effet, au bas de cette page importante la note suivante qui ne l'est pas moins : « Celui qui tenait ce discours, il y a plus de dix ans, se doutait peu alors qu'il était à la veille de devenir le correspondant et bientôt l'ami de l'illustre écrivain dont la France a tant de raison de s'enorgueillir, et qu'en recevant de la main même de M. le vicomte de Bonald la collection précieuse de ses œuvres, il aurait le plaisir d'y trouver la preuve que le célèbre auteur de la *Législation primitive* s'était enfin rangé parmi les plus respectables défenseurs des idées innées. »

III

L'orthodoxie de Joseph de Maistre sort donc entièrement justifiée de cette enquête sur un point capital où elle était, jusqu'ici, restée suspecte à plusieurs, faute d'une attention suffisante et d'une exacte connaissance de ses œuvres.

Mais en voici un autre où, de la meilleure foi

du monde, il a donné en plein dans une erreur également condamnée par la théologie catholique et par la saine philosophie.

Cette erreur consiste à imaginer dans l'homme une dualité d'âmes : d'un côté une âme pensante et raisonnable, de l'autre une âme sensitive qui serait le principe de la vie du corps.

Les personnes à qui ces questions sont familières reconnaîtront ici le *double dynamisme* ou *vitalisme* qui fut longtemps en faveur à l'école médicale de Montpellier et dont la formule a été donnée en ces termes par Barthez : « Cause immédiate de tous nos mouvements et de tous nos sentiments, le principe vital est *un*; il est absolument indépendant de l'âme pensante, et même du corps suivant toutes les vraisemblances. »

Mais les considérations sur lesquelles Joseph de Maistre s'appuie diffèrent beaucoup de celles qu'invoquait le savant médecin.

Barthez ne voulait ni du *mécanisme* de Descartes qui ne voit dans l'animal, et dans l'homme lui-même en tant qu'animal, qu'une machine très compliquée, dans les phénomènes de la vie que des mouvements explicables par les lois générales de la mécanique; ni du matérialisme, pour qui la vie et la pensée ne sont qu'un ensemble de phénomènes physico-chimiques. D'autre part, acceptant la définition cartésienne de l'âme : *une substance dont toute l'essence est dans la pensée*, il ne concevait pas que cette âme pût avoir, outre ses opérations conscientes, une activité inconsciente consistant à faire vivre le corps. De là l'hypothèse d'un principe intermédiaire, aveugle presque autant que la matière, *un* comme l'esprit.

Joseph de Maistre arrive à la même conclusion par des raisons mi-partie psychologiques, mi-partie théologiques. Les luttes morales dont chaque homme est le théâtre, les deux hommes que nous sentons en nous lui semblent le signe d'une dualité véritable et substantielle. Il ne comprend pas « comment un sujet simple peut réunir des oppositions simultanées, aimer à la fois le bien et le mal, aimer et haïr le même objet, vouloir et ne vouloir pas. » Ensuite la transmission de la chute et de la tache originelle lui semble plus explicable si c'est la chair et le sang, c'est-à-dire le principe vital, qui fut coupable dans l'Éden et qui porte depuis Adam le poids d'une malédiction héréditaire. « La racine de la dégradation ou la *réité* de l'homme, s'il est permis de fabriquer ce mot, réside dans le principe sensible, dans la vie, dans l'*âme* enfin si soigneusement distinguée par les anciens dè l'esprit ou de l'intelligence. »

Aucune de ces raisons ne résiste à l'examen.

Comme remarque très bien le savant critique hollandais, la lutte morale, condition du mérite et de la vertu dans l'état présent de la nature humaine, serait inconcevable et impossible si l'homme avait plus d'une âme. « Dans cette hypothèse, chaque âme se tournerait vers ce qui l'attire sans être contrariée par l'autre. Et quant aux contradictions qu'on relève dans l'âme humaine, elles résultent naturellement de la diversité et de l'opposition des biens qui la sollicitent en sens contraire, d'où résultent plusieurs attraits auxquels la volonté peut céder sucessivement ou alternativement, comme nous l'expérimentons en nous-mêmes, mais non point simultanément comme Joseph de Maistre le soutient à tort. »

La raison théologique n'est pas plus solide; et l'explication qu'on croit trouver dans l'hypothèse du principe vital n'explique rien. Cela seul peut être coupable qui a la connaissance de la loi et le pouvoir de l'observer, c'est-à-dire l'usage de la raison et de la liberté. C'est donc placer la responsabilité où elle ne peut être que l'attribuer à un principe qui n'est ni raisonnable, ni libre. Le mystère de la transmission n'est donc nullement éclairci par l'hypothèse vitaliste, et il y est, de plus, aggravé d'une contradiction.

Au reste, la question n'était point entière pour un philosophe catholique; l'opinion qui fut condamnée au Concile général de Vienne n'était point, comme le croyait Joseph de Maistre, « celle de deux principes intelligents, de même nature, l'un bon, l'autre mauvais, » mais bien celle qui nie que l'âme soit la *forme* du corps, c'est-à-dire le principe de sa vie. Elle fut condamnée non point, je pense, parce qu'elle multiplie les êtres sans nécessité, ce qui n'est qu'une faute de logique, mais parce qu'elle porte une grave atteinte à l'unité morale de la personne humaine. La doctrine du principe vital, distinct et du corps et de l'âme raisonnable, tombe visiblement sous le coup de cette condamnation dont Joseph de Maistre paraît avoir ignoré les termes. Mais nous ne pouvons douter un instant que ce grand catholique, plus soumis encore dans sa foi qu'il n'était hardi dans ses vues, ne se fût empressé de sacrifier ses spéculations personnelles à une décision qu'il eût connue. Et, précisément à propos de cette question, il a pris soin d'affirmer avec une admirable énergie la docilité de son âme : « Que l'intelligence soit la même chose que le principe sensible ou principe vital, c'est ce que je ne croirai jamais, à moins qu'il ne m'arrivât d'être averti que je me trompe par la seule puissance qui ait une autorité légitime sur la croyance humaine. Dans ce cas, je ne balancerais pas un moment. » Si donc l'historien de la philosophie est tenu de constater que la doctrine du premier chapitre de l'*Éclaircissement sur les sacrifices* tombe sous la censure du Concile de Vienne, renouvelée de nos jours par Pie IX, il doit ajouter, pour rendre justice à la foi toujours implicitement orthodoxe et explicitement soumise d'un grand homme : *Auctor laudabiliter se subjecit.*

IV

Le rôle philosophique de Joseph de Maistre a été surtout polémique. Et nous savons déjà qu'en philosophie il n'a eu qu'un seul ennemi, le sensualisme escorté de ses suites. Cependant, quoique le xviiie siècle français ait été la personnification multiple de cette doctrine destructrice et corruptrice, ce n'est pas contre les soi-disant philosophes de ce temps-là qu'il engage de véritables controverses. Il les tire au vol et les flagelle au passage, mais il ne les juge pas dignes d'être réfutés, si ce n'est peut-être Condillac; et en ce qui concerne celui-ci, la besogne lui semblait si bien faite par M. de Bonald que l'envie de sauter au cou du second lui enlevait celle de sauter à la gorge du premier. Il estimait fort justement que notre xviiie siècle, Condillac inclus, n'avait fait que cultiver certaines semences d'importation étrangère; et il alla droit aux semeurs, à Locke et à Bacon.

La bataille qu'il livre à Locke dans le 6e Entretien des *Soirées* est courte et vive; et l'on sent qu'il s'attache plus à démolir un fétiche qu'à discuter analytiquement une doctrine. C'était son droit; et d'ailleurs il eût été malaisé d'introduire une réfutation en règle dans un ouvrage où l'*Essai sur l'entendement humain* n'arrive que d'une façon tout épisodique. C'est à peine si Leibnitz, dans un fort gros livre, a pu mener à bout cette longue besogne. Elle tentait peu Joseph de Maistre, à qui il suffisait de montrer au XIX° siècle qu'en adorant Locke, le XVIII° avait adoré une idole, je veux dire un médiocre esprit érigé en oracle. Or il l'avait vraiment adoré, témoin ces deux phrases de Voltaire, souverain dispensateur de la gloire en France et en Europe pendant cinquante années : « Entre Platon et Locke il n'y a rien en philosophie. — L'*Essai sur l'entendement humain* est le seul livre qui ne contienne que des vérités et pas une erreur. »

Prenons donc le dessein de Joseph de Maistre pour ce qu'il veut être, et reconnaissons qu'il l'a exécuté avec une verve et un esprit sans pareils. Rien de plus heureux, par exemple que le début : « Commençons, s'il vous plaît, mon cher chevalier, par un acte de franchise. Parlez-moi en toute conscience : Avez-vous lu Locke? — Non, jamais. Je n'ai aucune raison de vous le cacher. Seulement je me rappelle l'avoir ouvert un jour à la campagne, un jour de pluie. Mais ce ne fut qu'une attitude. — Je ne veux pas toujours vous gronder : vous avez quelquefois des expressions tout à fait heureuses; en effet, le livre de Locke n'est presque jamais saisi et ouvert que *par attitude*. Parmi les livres sérieux il n'y en a pas de moins lu... On en parle et on le cite beaucoup, mais toujours sur parole; moi-même j'en ai parlé intrépidement, comme tant d'autres, sans l'avoir lu. A la fin cependant, voulant acquérir le droit d'en parler en conscience, je l'ai lu tranquillement du premier mot au dernier et la plume à la main.

Mais j'avais cinquante ans quand cela m'arriva, et je ne crois pas avoir dévoré de ma vie un tel ennui; vous connaissez ma vaillance en ce genre. »

Après quoi les vulgarités, les platitudes et les *truisms*, les confusions et les ignorances qui abondent dans l'*Essai* sont exhibées dans un encadrement exquis; c'est une exécution de Locke par lui-même, et une exécution aussi de la secte qui a pris pour Évangile son médiocre livre, composé, dit son auteur avec une désinvolture de mauvais goût, « selon l'humeur et l'occasion, pour le divertissement de quelques heures dont l'oisiveté lui pesait, » livre pesant comme ces heures alors même qu'il est ingénieux, livre qui n'est guère sensé que là où il n'y a nul mérite à l'être, livre qui manque toujours d'élévation, presque toujours de profondeur, très souvent d'exactitude psychologique, livre d'une insigne faiblesse dans sa polémique contre la doctrine cartésienne, par-dessus tout livre prodigieusement inconséquent, où l'auteur fait avec bonne foi des efforts impuissants pour sauver les vérités morales que sa psychologie le condamne à supprimer, par conséquent livre doublement funeste par le poison de ses principes et par l'apparence inoffensive qui l'insinue dans les âmes.

A ce feu roulant, qui est de fort bonne guerre (1), Joseph de Maistre ajoute des pages de discussion plus sérieuse à propos de quelques erreurs tout à fait principales de l'*Essai* : la confusion de la liberté morale avec la puissance physique ; la thèse de la possibilité d'une matière pensante ; la doctrine qui, donnant l'idée de sanction pour origine et pour principe à l'idée du devoir, aboutit logiquement, malgré les protestations de Locke, à nier toute loi naturelle et toute obligation morale. En somme, le

1) Il faut pourtant convenir que les traits de cette étincelante satire ne tombent pas toujours juste, et qu'à force de cueillir des naïvetés ou des sottises dans l'*Essai*, le critique en voit parfois où il n'y en a pas. Cela tient tantôt à ce qu'il n'a pas exactement compris le texte même de Locke, tantôt à ce que, en philosophie comme en théologie, il n'était pas, malgré son étonnante érudition et sa vaste lecture, *tout à fait du métier*. En voici un exemple *pour les gens du métier*. Il s'égaye sur la manière dont Locke analyse les idées négatives : « Vous apprendriez ensuite qu'une idée négative n'est autre chose qu'une idée positive, plus celle de l'absence de la chose, comme il vous le démontre sur-le-champ par l'idée du silence. En effet, qu'est-ce que le silence ? *C'est le bruit, PLUS l'absence de bruit.* » Locke n'a pas dit que le silence est le bruit. Son texte, cité en anglais dans les *Soirées*, ne s'applique pas aux choses, mais aux noms et aux idées : « Les noms négatifs, tels que *insipide, silence, néant* désignent des idées positives, *saveur, bruit, être*, avec indication de leur absence. » Et cela est fort raisonnable. Bossuet a dit de même : « Le néant ne s'entend que par l'être dont il est la privation. » La négation étant négation de quelque chose, suppose et rappelle la notion de ce qu'elle nie.

but est atteint, et l'idole est par terre. « Une conversation, » dit Joseph de Maistre, « permettait tout au plus de relever l'esprit général du livre et les côtés plus particulièrement dangereux ou ridicules. » Il n'a voulu faire que cela, et l'a fait de main de maître.

V

Si Locke est le père du sensualisme moderne, Bacon en est l'aïeul. Joseph de Maistre démêla avec une sagacité pénétrante cette filiation historique des doctrines, fort aidé d'ailleurs en cela par le XVIIIe siècle, qui fit vraiment un dieu du célèbre chancelier. Il y avait là une plus grande idole à détruire. Joseph de Maistre s'y prit à deux fois, la première en six pages (1), la seconde en deux volumes.

Les six pages, qui appartiennent aux *Soirées*, sont de tout point un modèle. Elles ont la force, et elles ont la mesure. D'une part l'influence effective de Bacon sur ces progrès modernes dont on a voulu lui rapporter tout l'honneur y est réduite à sa juste valeur, c'est-à-dire à peu près à zéro (2) ; et la di-

---

1) *Soirées*, 5e entretien.
2) J'ai déjà cité ce mot charmant : « Bacon fut un baromètre « qui annonça le beau temps ; et parce qu'il l'annonça, on crut « qu'il l'avait fait. »

rection matérialiste, — positiviste, dirait-on aujourd'hui, — qu'il donna à la science y est signalée sans nulle exagération. D'autre part le redoutable critique reconnaît avec loyauté généreuse « que les œuvres de Bacon présentent de nombreuses et magnifiques exceptions aux reproches généraux qu'on est en droit de leur adresser. »

Il y avait là tout le programme d'un livre que Joseph de Maistre méditait déjà sans doute, jugeant qu'une appréciation aussi sommaire ne suffisait pas en présence d'un tel homme, d'un tel culte et d'une telle influence. Il se mit donc à l'œuvre ; et, déjà vieillissant, il entreprit, avec la vaillance dont nous l'avons entendu se rendre témoignage, un travail que presque personne ne fait, si ce n'est les correcteurs d'imprimerie, la lecture complète, tranquille, la plume à la main, des œuvres du chancelier. De ce labeur herculéen sortit, en 1815, le manuscrit de l'*Examen de la philosophie de Bacon*, qui ne fut publié qu'après sa mort. « Je ne sais comment, » écrivait-il à cette date, « je me suis trouvé conduit à lutter mortellement contre le feu chancelier Bacon. Nous avons *boxé* comme deux *forts* de Fleet-street ; et s'il m'a arraché quelques cheveux, je pense bien aussi que sa perruque n'est plus à sa place. »

On devine à cette saillie que la *note* de l'*Examen* n'est plus tout à fait celle des *Soirées*, et que le chancelier, aux yeux du diplomate, n'a pas gagné à être connu de plus près. « Je suis persuadé, » écrivait-il trois ans plus tard à M. de Bonald, « que mon ouvrage *vous étonnerait ;* car à moins de s'être livré à une étude particulière et minutieuse de cette étrange philosophie, il est impossible de connaître tout le mal et tout le ridicule qu'elle renferme. » Bacon mieux connu lui semblait moins grand et plus dangereux ; les *magnifiques exceptions* qu'il saluait naguère avaient baissé en nombre et en qualité ; l'enquête aboutissait à une condamnation à peu près sans réserve.

Tel est bien le caractère de ce livre puissant et passionné où la critique est vraiment une lutte mortelle, et où nulle grâce n'est faite à l'ennemi. Mais il ne faut pas croire que ce ne soit qu'un livre d'invectives. A travers les broussailles où il poursuit sans relâche cet « ennemi » apparaissent par endroits des éclaircies splendides où le grand style et les grandes vues des *Considérations,* du *Pape* et des *Soirées* se retrouvent dans tout leur éclat. Le tableau du mouvement scientifique du XVIe siècle, la défense du principe des causes finales et de son emploi dans la science, l'étude sur l'influence des idées chrétiennes dans l'art et la littérature, sont des morceaux de la plus rare beauté ; sans détourner le lecteur du but où la critique le conduit, ils le reposent en suspendant le réquisitoire au moment où celui-ci menace de devenir un peu monotone dans son accent indigné ou ironique.

Joseph de Maistre examine successivement le caractère et la valeur de la méthode de Bacon, ses prétentions à la nouveauté, la part qui peut lui revenir dans les conquêtes modernes de la science ; ses théories et ses expériences cosmologiques et physiques ; le but et l'esprit général de sa philosophie en ce qui concerne Dieu, l'homme et la nature. Et de cet examen il conclut que sa méthode est mauvaise et a été stérile ; que ses vues scientifiques sont ridiculement fausses ; que le but de sa philosophie est la destruction de toute philosophie et principalement de toute philosophie religieuse. Nous devons examiner à notre tour ces conclusions qui, n'en déplaise au fétichisme baconien encore subsistant, sont en grande partie les nôtres. Et nous indiquerons aussi en toute liberté les points où elles nous paraissent erronées ou excessives.

I. — Et d'abord Bacon a consacré des pages interminables à représenter sous les couleurs les plus sombres l'état des sciences au temps où il vivait. Tout était à faire, tous les chercheurs avaient fait fausse route, l'esprit humain n'avait rien à espérer s'il s'obstinait dans la voie où il tournait sans avancer depuis deux mille ans. Il fallait donc tout reprendre par la base et procéder par une méthode absolument nouvelle, à laquelle il se proposait, lui Bacon, d'initier les intelligences. Bacon ayant répété cela sur tous les tons avec une puissance d'affirmation que peu d'hommes ont égalée, les sciences, d'autre part, ayant reçu pendant les XVIIe et XVIIIe siècles des développements magnifiques qui justifiaient la méthode par les résultats, il fut convenu que ces développements étaient son œuvre, et qu'il était le *père de la science expérimentale*.

Telle est la légende contre laquelle Joseph de Maistre proteste au nom de la véritable histoire. Il a entièrement raison. Bacon est si peu le père de la science expérimentale que, si l'on supprime par la pensée ses écrits, son influence et jusqu'à son nom, le grand effet dont on veut qu'il soit la cause subsiste tout entier tel que nous le voyons sous nos yeux. Que Bacon ait considéré comme non avenu tout ce qui s'était fait avant lui, c'est l'orgueilleuse illusion de tous les réformateurs, et Bacon ici ne diffère d'eux que par un plus grand excès de dédain pour autrui et de confiance en lui-même. Mais « le tableau qu'il trace n'est qu'un roman de son imagination. Le mot de d'Alembert : que Bacon était né dans le sein de la nuit la plus profonde, est absolument faux. A cette époque de grandes découvertes avaient été faites dans les sciences. Si Bacon n'aperçut pas la nouvelle lumière, ce fut sa faute ; le mouvement général était donné, rien ne pouvait plus l'arrêter. » Copernic l'avait précédé de près d'un siècle ; Galilée et Kepler furent ses contemporains et travaillèrent de leur côté sans recevoir de lui ni élan ni direction. Pendant tout le XVII° siècle à peine est-il question de lui, sinon dans les ouvrages de Gassendi, restaurateur de la philosophie d'Épicure. Quelques mots approbateurs de Descartes et de Malebranche, c'est à peu près tout ; d'ailleurs la grande école cartésienne se développe suivant une tout autre voie et dans un tout autre esprit. Leibnitz, qui parle de tout le monde, ne parle pas de lui. Newton, qui cependant traite *ex professo* les questions de méthode, n'invoque nulle part son autorité et ne fait honneur au Novum Organum d'aucun des procédés qu'il a employés pour concevoir ou vérifier la magnifique hypothèse qui est devenue la loi de l'attraction universelle. Il faut donc que les baconiens en prennent leur parti ; le mouvement, commencé avant Bacon, s'est continué, soit de son temps, soit après lui, en dehors de son influence, et Joseph de Maistre n'a rien dit de trop sur la longue stérilité de cette réforme si pompeusement annoncée.

II. — Maintenant que vaut en soi sa méthode, et jusqu'à quel point est-elle nouvelle ?

A la prendre dans sa formule la plus générale, bien loin d'être une découverte tard venue, elle est contemporaine de l'esprit humain lui-même. Elle recommande d'observer et d'induire ; c'est ce qu'ont fait dans tous les temps tous les hommes qui se sont proposé de connaître la nature, c'est-à-dire ses phénomènes, leurs lois et leurs causes, tous, sauf quelques rêveurs qui ont cru pouvoir connaître le monde sans prendre la peine de le regarder, et sauf aussi quelques esprits d'ordre inférieur qui, faisant consister la science dans une collection anecdotique de faits particuliers, ne se sont point élevés au général. C'est donc fort justement que Joseph de Maistre répond aux panégyristes de Bacon qu'en recommandant l'expérience, il a recommandé ce qui se faisait partout.

Toutefois il ne faut pas s'en tenir à cette première apparence. Il y a expérience et expérience ; et il est convenu dans l'école de Bacon que l'on ne connaissait pas la bonne et la vraie avant que le maître l'eût révélée. C'est bien l'avis de Bacon lui-même. « L'expérience vulgaire », la seule qu'on ait pratiquée jusqu'à lui, « s'élance immédiatement de quelques faits » mal observés « aux conclusions les plus générales ; puis, se reposant sur ces conclusions comme sur autant de principes inébranlables, elle en déduit les propositions intermédiaires ou les y rapporte pour les juger. L'autre part aussi des sensations et des faits particuliers ; mais, s'élevant avec lenteur par une marche graduelle et sans franchir aucun degré, elle n'arrive que bien tard aux propositions les plus générales ; cette dernière méthode est la véritable, *mais personne ne l'a encore tentée* (1). »

La distinction est fort juste, et il est très vrai que l'attention, la patience, le *andar piano per andar sano e lontano* valent mieux que l'inattention et la précipitation. Mais ces vertus intellectuelles, n'eussent-elles été pratiquées par personne avant Bacon, ne constituent pas une méthode nou-

---

1) *Novum Organum*, l. I, aphorisme XIX.

velle ; et il y a quelque ridicule à présenter solennellement comme autant de révélations des règles aussi simples, aussi connues en principe de ceux mêmes qui les violent en pratique. Puis, est-il besoin de le redire? Bacon se fait la part trop belle quand il dit de cette méthode : personne ne l'a encore tentée. Aristote, cet Aristote qu'il maltraite si fort, en suivait-il une autre dans les meilleures parties de son histoire naturelle, de sa politique et de sa morale? Les grands hommes qui, au XVIe siècle, donnèrent un si haut essor à la science de la nature, étaient-ils de ces étourdis « qui ne font qu'effleurer l'expérience et y toucher pour ainsi dire en passant? (1) »

Il y a cependant dans la méthode de Bacon quelque chose de plus que ces conseils de sagesse un peu banale. Il y a le but qu'il assigne à l'observation, et il y a les procédés spéciaux qu'il recommande pour atteindre ce but. Le but, c'est la découverte des *formes* ou essences ; le procédé ce sont les *exclusions* et *réjections* qui conduisent finalement a dégager la forme véritable. Expliquons ces formules un peu énigmatiques.

Supposons, — c'est l'exemple choisi par Bacon, — que le physicien choisisse pour objet de ses recherches la chaleur. Le but qu'il doit se proposer est de connaître la *forme* ou *essence* de cette *nature* qui s'appelle la chaleur, de trouver une autre

1) *Novum Organum*, l. I, aphorisme XXII.

nature qui soit en rapport constant avec elle, présente quand elle est présente, absente quand elle est absente, croissant quand elle croît, diminuant quand elle diminue, une nature plus connue que celle-ci et dans laquelle celle-ci rentre comme une espèce dans son genre. Si la *nature* qui réunit toutes ces conditions est le mouvement, le mouvement devra être considéré comme forme de la chaleur, la chaleur comme une limitation de cette nature, comme une espèce de ce genre qui est le mouvement.

Mais avant d'arriver à cette solution définitive du problème, et pour y arriver, il faudra, au moyen d'une statistique exacte, complète et méthodique des faits (1), avoir éliminé toutes les solutions fausses, toutes les natures qu'on pourrait prendre pour la forme cherchée et qui ne sont pas cette forme. Alors seulement « les opinions volatiles s'en allant en fumée, restera comme dans le fond du creuset la forme affirmative, solide, vraie et bien déterminée (2). »

Telle est, dans ce qu'elle a de plus personnel et

---

1) Bacon recommande de dresser cette statistique en trois tables : *table de présence*, comprenant les faits où figure la nature dont on cherche la forme ; — *table d'absence dans les analogues*, comprenant ceux où elle ne figure pas bien qu'on pût s'attendre à l'y rencontrer à cause de la ressemblance qu'ils offrent d'ailleurs avec ceux où elle figure ; — *table des degrés*, où les faits sont rangés en ordre suivant l'intensité qu'elle y présente.

2) *Novum Organum*, l. II, aphorisme XVI.

original, la méthode inductive dont Bacon a décrit les procédés avec un luxe de détails qui ne lui a pas permis d'aller jusqu'au bout. Joseph de Maistre la traite avec une extrême sévérité.

Tout d'abord le nom même de *Novum Organum* le choque comme la prétention folle de donner à l'homme une faculté nouvelle. « J'honore la sagesse qui propose un nouvel organe autant que celle qui proposerait une nouvelle jambe (1). » La comparaison n'est pas tout à fait juste; Bacon n'offre pas une faculté nouvelle, mais une nouvelle manière de s'en servir; c'est un trait de présomption, non de folie (2).

Il reproche ensuite à Bacon d'élever l'induction sur les ruines du syllogisme, d'afficher pour celui-ci un dédain inintelligent et ingrat, de ne pas voir que, sauf une différence tout extérieure de forme, l'induction et le syllogisme sont une seule et même méthode, en sorte que « lorsqu'on nous dit que Bacon a substitué l'induction au syllogisme, c'est tout comme si l'on disait qu'il a substitué le syllo-

---

1) *Examen*, ch. 1ᵉʳ.

2) Remarquons d'ailleurs que Bacon n'a fait que s'approprier, en y joignant un adjectif, le titre bien connu des Traités de logique d'Aristote. C'est par une inadvertance du même genre que Joseph de Maistre blâme sévèrement Bacon d'avoir employé, pour désigner l'essence, le mot de *forme* qui lui semble grossier, matériel et intentionnellement matérialiste. Ce terme était classique, en ce sens même, chez tous les scolastiques, et fait partie de la terminologie péripatéticienne. Joseph de Maistre, qui défend partout, et à juste titre, Aristote contre Bacon, l'ignorait ou l'avait oublié.

gisme au syllogisme ou le raisonnement au raisonnement (1). » — Il n'a pas assez de sarcasmes contre la *méthode des exclusions*. « Jamais on n'imagina rien de plus absurde, rien de plus contraire à la marche de l'esprit humain et au progrès des sciences. » — Enfin le but même que Bacon assigne aux recherches scientifiques lui paraît une pure chimère. En sorte que cette fameuse méthode, si on creuse le *truism* à quoi elle se réduit à première vue, n'est qu'un tissu d'absurdités et de rêveries.

A mon avis, la méthode de Bacon ne mérite pas plus ces gémonies que l'apothéose qu'on en a faite au siècle dernier. Joseph de Maistre n'est ici ni tout à fait juste, ni tout à fait au courant de la question dans l'ensemble de sa critique, quoiqu'il le soit dans beaucoup de détails; il ne se rend point un compte exact du procédé inductif; il fait à Bacon plusieurs querelles imméritées et il n'aperçoit pas les grandes lacunes de sa théorie.

Et d'abord, il est bien vrai que les sciences de la nature auraient fait fausse route si elles s'étaient engagées prématurément dans cette recherche des essences que Bacon leur proposait comme unique objectif. Le principal, le plus pressé tout au moins, était de découvrir *les lois*, c'est-à-dire la manière constante dont agissent les forces de la nature quelle que soit d'ailleurs leur essence intime. C'est

---

1) *Examen*, ch. 1er.

à quoi les grands chercheurs se sont appliqués sans relâche, enrichissant à chaque pas la science de quelque vérité nouvelle. Lois du mouvement et de la pesanteur, lois de la chaleur et de la lumière, lois de l'électricité et du magnétisme se sont ainsi ajoutées les unes aux autres, exprimées par des formules mathématiques qui demeurent vraies indépendamment de toute hypothèse sur *la forme* des forces multiples, — ou de la force unique diversement appliquée, — que ces noms expriment. C'est seulement de nos jours, après plusieurs siècles de progrès, que l'on a pu aborder scientifiquement ce mystérieux problème des essences et commencer à le résoudre, dans la mesure où il est résoluble, autrement que par des conjectures. Et, en attendant, une satisfaction croissante était donnée au double besoin, spéculatif et pratique de l'humanité ; l'esprit humain atteignait les causes en ce sens qu'il se rendait compte de leur mode d'action ; la puissance humaine les enchaînait et les tournait aux usages de la vie puisque, connaissant les conditions dans lesquelles ces causes ou forces agissent d'une manière déterminée, il lui suffisait de réaliser ces conditions pour amener la production de l'effet voulu et prévu.

Et c'est ici que l'induction a joué un rôle dont Bacon ne sait point donner l'explication bien qu'il en comprenne l'importance. L'induction, considérée comme mouvement et démarche naturelle de l'esprit, n'est point le syllogisme, et c'est à tort que Joseph de Maistre les confond. Celui-ci descend d'un principe général à ses conséquences, qui vaudront ce que vaut le principe lui-même. Celle-là monte du particulier au général ; la formule de loi qui a été vérifiée sur un nombre toujours limité de faits individuels elle l'étend à tous les faits de même ordre, tirant ainsi, ce semble, le plus du moins. D'où lui vient ce pouvoir qui ne paraît pas moins exorbitant dans les généralisations les plus prudentes que dans les plus téméraires ? Bacon n'en sait ou n'en dit rien ; et l'on n'y peut rien comprendre tant qu'on ne place pas en tête de toute induction un principe plus général que les plus vastes généralisations où elle nous conduit, un principe véritablement universel, la croyance à l'ordre, c'est-à-dire à la généralité et à la stabilité des lois, principe qui lui-même repose sur la foi à un auteur de l'ordre, c'est-à-dire à Dieu. Alors seulement l'élan naturel du particulier au général se justifie aux yeux de la raison, alors l'induction devient un raisonnement, c'est-à-dire un syllogisme ; et, dans ce nouvel état, Joseph de Maistre n'a pas tort de les confondre. Mais elle n'est un syllogisme que par la majeure constante et sous-entendue que lui fournit le principe de l'ordre. Et c'est de quoi ni Bacon ni son critique ne se sont rendu compte.

L'induction ainsi comprise accepte comme un procédé légitime cette méthode d'exclusion que Bacon décrit et que Joseph de Maistre condamne. Quand nous cherchons l'explication d'un fait, c'est-à-dire sa cause et sa loi, bien des hypothèses peuvent se présenter à nous. Si nous ne voulons pas en choisir une au hasard, la seule marche à suivre consiste à les prendre une à une et à instituer des expériences destinées à les contrôler. Nous calculons, par un raisonnement qui, en dépit de Bacon, est un syllogisme, ce qui arrivera dans telles circonstances données si telle hypothèse est vraie. Puis nous faisons naître ces circonstances ; nous suivons avec l'œil d'un observateur attentif et impartial l'expérience ainsi instituée, et nous apprenons d'elle si ce qui arrive est bien ce qui devait arriver d'après l'hypothèse. Tout démenti que le résultat de l'expérience donne aux prévisions déduites de l'hypothèse démontre la fausseté de celle-ci et a pour conséquence sa réjection ou exclusion. Il n'y a en vérité nul autre moyen de faire le triage entre les explications fausses qui ne sont que des produits de notre imagination, et l'explication vraie qui, jusqu'à vérification, reste à l'état de conjecture.

Mais Bacon, épris de cette idée juste, qu'il croyait avoir découverte, en pousse l'application jusqu'à un excès qui la rend chimérique. Si on entend ses préceptes à la rigueur, il n'est permis de s'arrêter à l'explication vraie qu'après avoir éliminé toutes les fausses ; autant vaudrait dire qu'on n'arrive jamais à celle-là puisque la liste de celles-ci est inépuisable comme la fécondité de l'imagination qui leur donne naissance. La vérité est qu'au moment où l'expérimentateur procède à la vérification de l'hypothèse qui se présente la première à cette épreuve, il ne sait pas et ne peut pas savoir si le résultat sera une réjection ou une confirmation. Si c'est une réjection, il y gagne d'être débarrassé d'une fausse conjecture; et il passe à l'examen d'une autre hypothèse. Mais si c'est une confirmation (j'entends scientifiquement décisive), il est clair que tout est dit, et qu'il est inutile de perdre son temps à examiner les autres explications, leur fausseté étant établie en fait par la vérification qui a prouvé la vérité de la première.

Et c'est ici que Joseph de Maistre a très bien vu ce qui a échappé à Bacon: le privilège, le don, la *grâce* du génie qui, d'emblée, entre tant d'explications présentables met le doigt sur la bonne, ayant su en lire la révélation dans quelque petit fait, stérile et muet pour la foule des observateurs médiocres, fécond et parlant pour lui seul. Le génie ne dispense personne de la *longue patience* qu'exige la vérification des hypothèses; mais il n'est pas cette longue patience et il sait même en abréger les épreuves. Comme il a deviné du premier coup la vraie loi et la vraie cause, du premier coup aussi il conçoit et combine la série des expériences décisives qui feront passer son idée de l'état d'hypothèse à l'état de vérité démontrée. C'est de cette façon que sont nées toutes les grandes découvertes; et je ne sais si parmi celles qui sont venues après Bacon il y en a une seule qui ait été préparée par tout l'immense appareil de ses tables, de ses comparaisons et de ses réjections. « Galilée, en voyant osciller la lampe d'une église, Newton, en voyant tomber une pomme, Black, en voyant une goutte d'eau se détacher d'un glaçon, conçurent des idées qui devaient opérer une révolution dans les sciences. Qu'est-ce que Haller n'a pas vu dans une goutte d'eau ? (1) » L'erreur de Bacon est d'avoir cru qu'il y a des règles et des recettes qui donnent le moyen de faire des découvertes. Il y en a pour ne pas s'arrêter aux hypothèses déraisonnables ; il y en a pour contrôler sévèrement celles qui ont mérité de fixer l'attention ; il n'y en a pas pour les trouver, il n'y en a pas pour ramener à un même niveau les grands esprits inventeurs et les esprits médiocres auxquels manque le *numine afflari*. « Il n'y a pas, il ne saurait y avoir de méthode d'inventer. »

III.—Or Bacon n'était pas de la famille des grands esprits inventeurs, mais de celle des esprits *nomenclateurs*. Il a classé les erreurs, classé les expériences, classé les sciences, inventant pour chaque groupe des noms étranges, pittoresques, poétiques, mythologiques, qui ont l'avantage de se graver dans la mémoire en frappant l'imagination, et l'inconvénient de manquer de précision scientifique. Mais il n'a attaché son nom à aucune découverte importante, bien qu'il ait promené ses recherches sur la

---

1) *Examen*, ch. I.

surface entière des sciences de la nature ; et il est beaucoup plus connu pour son opposition obstinée à la grande vérité cosmologique enseignée par Copernic que pour quelques vues qui, interprétées avec une extrême bienveillance, peuvent, à la rigueur, passer pour des pressentiments (1).

D'ailleurs les erreurs, les fantaisies bizarres, les contes acceptés crédulement, les images données pour des raisons, les sympathies, antipathies et passions de toute sorte attribuées à la matière, abondent dans ses études de physique et d'histoire naturelle. L'ouvrage intitulé « Forêt des forêts » ou « Pépinière des pépinières » (*Sylva sylvarum*), est particulièrement riche en traits de ce genre ; et l'on pense bien que Joseph de Maistre n'était pas homme

---

1) En tête de ces *pressentiments*, il faut citer le résultat auquel il est conduit par l'emploi de ses trois tables dans la recherche de la *forme* de la chaleur : *la chaleur paraît être un mouvement*. La physique mathématique est, en effet, arrivée de nos jours à la même conclusion. Mais assurément elle n'y est point arrivée par les mêmes procédés. Je doute d'ailleurs que notre thermo-dynamique accepte la définition baconienne de « cette espèce de mouvement qui est la chaleur : *un mouvement contrarié, faisant effort par les particules mineures, non pas mineures jusqu'à la dernière subtilité, mais pour ainsi dire majuscules, mouvement tendant quelque peu en haut, mouvement pas entièrement paresseux, mais incité et animé d'une certaine impétuosité.* » Le charmant, c'est que Bacon annonce avec gravité que, si l'on parvient à produire ce mouvement (mais il ne dit pas comment il faut s'y prendre pour le produire), *certainement on engendrera de la chaleur*. « C'est-à-dire, » remarque Joseph de Maistre, « qu'on aura fait du feu ; mais pour cela il ne faut qu'une allumette, on n'a que faire de la méthode d'exclusion. » (*Novum Organum*, liv. II ; *Examen de la philosophie de Bacon*, ch. III.)

à ne les pas ramasser. Il en a fait, en y ajoutant des commentaires de sa façon, un *baconiana* tout à fait amusant, un peu chargé en ce point seulement que des mille expériences ou soi-disant telles qui composent ce curieux recueil et de celles qui sont disséminées dans ses autres ouvrages il n'a pas choisi les moins plaisantes. Quoi de plus joli par exemple que le petit tableau suivant : « *Comment se forme le cristal de roche ?* Rien de plus simple. L'eau, en circulant au hasard dans les entrailles de la terre, arrive enfin, sans trop savoir pourquoi, jusque dans de certaines cavités obscures et profondes où elle gèle misérablement. A la fin cependant, lorsqu'elle a demeuré longtemps dans cet état, sans espoir de chaleur, elle prend son parti et ne veut plus dégeler. Et voilà ce qui fait le cristal de roche. Ce que c'est que l'habitude ! » — C'est du vrai Bacon, comme on peut le voir au livre II du *Novum Organum* (aphor. XLVIII, sur le quatrième mouvement ou mouvement de Hylé). Le critique n'a fait qu'introduire dans la description de cet étonnant phénomène ce que Bacon dit à la page précédente sur l'eau qui tantôt a un grand appétit et désir de se dilater, et tantôt ne se soucie pas de revenir à ses anciennes dimensions. Et que dites-vous de cette eau qui ayant commencé par devenir glace, se décide à devenir cristal sans esprit de retour (*nec unquam restituitur ?*)

Les dévots à Bacon, désespérés qu'on touche à leur idole, sont un peu embarrassés de cette *forêt des forêts.* Selon eux, il n'est pas de bonne guerre de chercher des armes dans cet arsenal; Bacon n'a-t-il pas dit lui-même à Rawley, son secrétaire, qu'il n'en aurait pas préparé la publication s'il n'avait consulté que sa gloire?

Il l'a dit sans doute; mais on entend mal ce nouveau trait de sa vanité, si l'on croit qu'il avait conscience d'y avoir entassé quantité de sottises. Tout ce qu'il y dit lui semble fort bien dit; il craint seulement qu'on ne juge indigne de lui, de sa haute position et de son génie, ce travail de manœuvre qui se borne à accumuler des matériaux, et qui d'architecte le fait maçon. Et Bacon se justifie par cette réflexion: que Bacon est, en son temps, le seul maçon comme le seul architecte, et que, s'il ne se donnait pas cette peine un peu humiliante, personne ne la prendrait à sa place. Tel est le sens de sa conversation, fidèlement rapportée dans une préface que Rawley devait publier en tête de l'ouvrage, du vivant de son maître. Bacon est donc responsable de cette partie de son œuvre; et Joseph de Maistre a été dans son droit en s'enfonçant dans cette *selva selvaggia.*

Il en a rapporté des témoignages peu flatteurs pour l'esprit scientifique et critique de ce grand prédicateur de l'expérience. Il n'est pas un des reproches adressés par Bacon avec tant d'arrogance à ses prédécesseurs et à ses contemporains qui ne s'y retourne contre lui. Reproché de prendre des fables pour des réalités et de chercher la cause de faits qui n'existent pas ; on se fatiguerait à énumérer les contes qu'il accueille sans critique. Reproche de mal disposer et de mal suivre les expériences ; il en fait une qui prouve *que l'air n'est pas pesant*, ayant négligé cette petite précaution de tenir compte de la célèbre loi d'Archimède. Reproche de dissimuler leur ignorance en invoquant des causes occultes ; s'il ne dit pas *que l'opium fait dormir parce qu'il y a en lui une vertu dormitive,* il dit « que la salamandre ne peut éteindre le feu (à supposer qu'elle l'éteigne) *que parce qu'il y a en elle une vertu extinctive.* » Et il dit aussi que le plaisir que les chiens, seuls de tous les animaux, semblent prendre aux odeurs infectes montre *qu'il y a dans leur odorat quelque chose qui diffère de celui des autres bêtes.*

IV. — Arrivons au grief principal de Joseph de Maistre, à celui qui efface tous les autres et fait que Bacon, comme dirait Saint-Simon, *est proprement sa bête.* Est-il vrai que Bacon soit un ancêtre pour la philosophie sensualiste, positiviste, incrédule, du XVIII° siècle ? Est-il vrai que l'esprit général de sa doctrine tende à bannir Dieu du monde, à tout expliquer sans lui, à rayer de la liste des connaissances humaines celles qui l'ont directement pour objet ?

Oui, cela est vrai. — La physique, la science qui a pour matière les phénomènes de la nature et qui, pour les expliquer, s'enferme rigoureusement dans le cercle des causes secondes, est, aux yeux de Bacon, le centre et le sommet de la connaissance humaine, *la grande mère de toutes les sciences*. La métaphysique n'est que le sommet de ce sommet, je veux dire la partie la plus élevée et la plus générale de la physique, elle n'a pour objet que la nature, point du tout Dieu et ses rapports avec le monde. Son nom même n'est conservé que par respect pour une vieille habitude. La chose est sans objet une fois que les sciences sont constituées comme elles doivent l'être. « Vous me demandez, » écrit-il à un ami, « ce que deviendra la métaphysique? N'en ayez cure. La vraie physique une fois trouvée, il n'y en aura plus. » (*De metaphysica vero ne sis sollicitus, quæ, post veram physicam inventam, nulla erit.*)

Aussi le grand mouvement qui, après l'établissement du christianisme, tourna vers la théologie la plupart des esprits éminents doit-il, selon Bacon, être considéré comme très fâcheux; car il a détaché les arts et les sciences de leur racine commune (la physique), et a rendu ainsi leurs progrès impossibles. L'union de la religion et de la science est un mauvais mariage funeste à l'une et à l'autre. Toute idée religieuse doit être renvoyée à la théologie positive. La conception de l'ordre, de l'harmonie, de la sagesse ordonnatrice doit être soigneusement éliminée des recherches scientifiques; car c'est une illusion trop naturelle à l'esprit humain *de supposer dans les choses plus d'ordre qu'il n'y en a réellement*; et quant à la considération des causes finales, elle est un *remora* qui, s'attachant au vaisseau de la science, le tient enchaîné au rivage.

Telle est, ramenée à ses lignes principales, l'idée que Bacon se fait de la science et de la philosophie. Ajoutez-y sa prédilection pour l'atomisme de Démocrite, de tous les systèmes antiques celui qui exclut le plus expressément toute intervention de Dieu dans la nature; son antipathie pour le platonisme, qui a « infecté » la philosophie de théologie; sa doctrine équivoque sur la nature de l'âme et sur l'origine de la matière; et vous reconnaîtrez dans cet ensemble le germe déjà très développé du positivisme, — par où j'entends non pas la doctrine particulière d'Auguste Comte, mais la tendance générale de la science incrédule, au XVIIIe siècle comme au XIXe, à supprimer l'invisible au profit du visible et à reléguer dans la région du sentiment individuel, comme autant d'hypothèses invérifiables, toutes les vérités métaphysiques et morales.

Voilà le système et l'esprit que Joseph de Maistre reconnaît partout dans l'œuvre de Bacon, et qu'il y combat avec une énergie indignée à laquelle nous applaudissons sans réserve. Ce que les philosophes de l'Encyclopédie voient et adorent en Bacon, il l'y voit et l'y déteste; et cette paternité, reconnue de part et d'autre, justifie également ici l'apothéose et l'anathème.

Nous suivons résolument jusque-là le puissant critique. Mais sa « lutte mortelle, » comme il la nomme, ne s'arrête point à cette limite ; et il est bien plus sévère pour les intentions de Bacon qu'il ne l'avait été pour celles de Locke. Il admettait, dans les *Soirées*, que celui-ci, tout en enseignant un système très pernicieux, n'avait ni accepté ni aperçu ses conséquences destructives de toute religion et de toute moralité ; et s'il imposait logiquement ces conséquences aux principes du philosophe, il ne les imputait pas moralement à la conscience de l'homme. Il avait paru, dans le même ouvrage, accorder à Bacon le bénéfice de cette distinction. Il le lui refuse dans l'*Examen*. Bacon, à ses yeux, a voulu tout le mal qui est dans sa doctrine, toutes les négations où conduit l'esprit de sa méthode ; il nourrit une haine sourde contre la religion ; et c'est son dessein arrêté de la détruire par la science. Et comme les déclarations et protestations de foi chrétienne abondent cependant dans ses ouvrages, elles ne peuvent être que des masques hypocrites sous lesquels son impiété prudente s'est mise à couvert. Lever ces masques, rapprocher les indices révélateurs, « déplisser Bacon, » interpréter ses demi-mots, lire entre ses lignes, réunir enfin tous les fils de sa trame, voilà ce que Joseph de Maistre a prétendu faire dans tout son ouvrage et principalement dans la seconde partie. Il se persuade qu'il y a réussi, et que, désormais, Bacon est transparent pour quiconque se donnera la peine de lire son œuvre de magistrat instructeur. « J'espère avoir rendu les ténèbres de Bacon visibles. J'ai forcé ce sphinx à parler clair, et ses énigmes ne feront plus désormais que des dupes volontaires. » Aussi ne lui fait-il aucune grâce et le traite-t-il comme le ministère public a coutume de traiter en cour d'assises le malfaiteur qu'il a poursuivi dans tous ses détours, déjoué dans toutes ses feintes, confondu dans toutes ses dénégations, et qu'il accable de ses plus éloquentes invectives avant de le livrer au verdict du jury.

Aucun doute ne peut s'élever sur la bonne foi de ce véhément réquisitoire. Mais il nous est impossible d'en accepter les conclusions passionnées, trop visiblement empreintes de cette exagération qui, selon le mot juste et fin des *Soirées*, est le mensonge des honnêtes gens. Les indices qu'il recueille sont minces, à les prendre isolément; même réunis, ils ne constituent pas une preuve. Plusieurs des passages cités ne prennent un mauvais sens que grâce à une interprétation forcée. Beaucoup d'autres prouvent, ce qui est surabondamment établi, que les principes de la philosophie baconienne sont funestes; mais ils ne prouvent rien de plus. En somme, il faudrait des raisons plus démonstratives pour établir que Bacon a connu et voulu les négations impies qu'on peut logiquement tirer de sa méthode et de sa doctrine; tandis que les témoignages nombreux, éloquents, explicites de sa foi chrétienne établissent, jusqu'à preuve du contraire, que ces négations ont été étrangères à sa pensée. Enfin si l'enthousiasme du XVIIIe siècle pour la philosophie de Bacon est une très mauvaise note pour cette philosophie, cette note ne suffit pas à faire de Bacon lui-même un impie et un hypocrite.

Il n'est guère douteux d'ailleurs que les éloges libéralement décernés par la secte encyclopédique à ce qu'il y a de plus mauvais dans les principes de Bacon n'aient largement contribué à animer Joseph de Maistre contre lui et à lui faire juger des intentions cachées de l'ancêtre par les intentions avouées de sa postérité. Les Baconiens de son temps lui donnaient l'exemple des interprétations qu'il accepte ; et les œuvres du chancelier avaient, dans la traduction dont il faisait usage (1), une teinte irréligieuse que les notes et commentaires rendaient plus foncée encore. Il s'était ainsi établi une sorte de tradition qui ne fut pas sans influence sur l'esprit de Joseph de Maistre et qui explique en partie ses sévérités excessives. Contre ces sévérités Bacon, et ses compatriotes, et les apologistes du christianisme, et la justice, et les lois de la saine interprétation ont le droit de réclamer ; mais les libres-penseurs du siècle dernier et du nôtre seraient fort mal venus à s'en plaindre. Car si Joseph de Maistre a mal jugé Bacon en ce point, c'est parce qu'il l'a jugé comme eux.

1) **La traduction de La Salle.** Joseph de Maistre avait aussi le texte anglais et le texte latin sous les yeux. Mais tout le monde sait combien il est rare d'échapper entièrement à l'influence d'une traduction habituellement employée, surtout quand elle verse du côté où déjà le lecteur incline.

Résumons en quelques mots cette critique d'une critique.

Joseph de Maistre établit victorieusement :

1° Que Bacon n'est aucunement, comme on l'a dit, le père de la méthode et de la science expérimentales ;

2° Que sa méthode, soit par ses procédés, soit par le but qu'elle propose, est impropre aux découvertes et n'en a amené aucune ;

3° Que sa conception de la science, enfermant l'esprit humain dans la sphère du sensible et supprimant la métaphysique, conduit à un positivisme qui nie ou élimine toutes les vérités de l'ordre moral.

D'autre part :

1° Il se trompe autrement, mais autant que Bacon, sur la nature vraie et la marche de l'induction ;

2° C'est à tort qu'il conteste la valeur *critique* des procédés de la méthode baconienne ;

3° C'est sans fondement qu'il attribue à Bacon le dessein réfléchi et caché de faire servir sa méthode et sa science à la destruction du christianisme.

APPENDICE I

LE GÉNÉRAL COMTE RODOLPHE DE MAISTRE

La noble vie du comte Rodolphe de Maistre porte une trop vive et fidèle empreinte des leçons et des exemples de son père, elle a d'ailleurs été trop mêlée aux événements dont l'Italie, la France et l'Europe subissent aujourd'hui les suites pour qu'une note au bas d'une page pût lui suffire dans ce volume. On lira avec d'autant plus d'intérêt les détails qui suivent qu'ils ont, outre leur beauté intrinsèque, le mérite d'être les uns inédits, les autres presque entièrement inconnus du public français.

On sait que Joseph de Maistre, pour soustraire son fils au danger de servir contre son roi, l'appela auprès de lui, en 1805, à Saint-Pétersbourg. L'adolescent, — il n'avait pas seize ans, — arrivait vide d'expérience sur ce grand théâtre où tant d'entraînements et de périls se rencontraient avec tant d'éclat. Mais il apportait ce qui vaux mieux, les premiers et durables fruits de la solide éducation maternelle. Joseph de Maistre trouva déjà presque un homme là où il attendait un enfant. « C'est votre mère, » disait-il plus tard à ses filles, « qui m'a fait Rodolphe tel qu'il est, plein d'honneur et de foi. »

Ce que la mère avait si bien commencé le père le continua et l'acheva. Il traita son fils avec une tendresse virile et avec une confiance qui attirait la confiance, s'attachant à former le caractère plutôt qu'à dicter la conduite, et s'adressant toujours aux côtés les plus généreux de sa nature soit pour la direction, soit, dans de rares occasions, pour la réprimande. Devenu père de famille, le jeune homme devait, plus tard, appliquer les mêmes principes à l'éducation de ses nombreux enfants. Deux anecdotes qu'il leur raconta souvent en feront mieux comprendre l'esprit que tout ce que nous pourrions ajouter.

Durant son séjour à Saint-Pétersbourg, Joseph de Maistre eut souvent occasion d'aider de sa noble pauvreté quelque compatriote malheureux. Un jour il se trouva en face d'un jeune homme dont la situation était des plus critiques ; il était perdu s'il ne trouvait pas une somme assez ronde qui lui permît d'entrer au service. Le ministre sarde appela son fils, et lui ayant exposé la situation : « Voyons, Rodolphe, » lui dit-il, « que faut-il faire ? Je puis disposer de la somme nécessaire. Mais elle est à vous autant qu'à moi ; décidez. » Je n'ai pas besoin de dire ce que décida le jeune homme.

Dans les premiers temps de son service militaire,

Rodolphe se laissa entraîner à jouer avec quelques camarades et perdit une somme qui, toute faible qu'elle fût, était assez importante eu égard aux ressources de son père. Il alla lui avouer sa faute. Celui-ci ne lui adressa pas un mot de reproche, mais alla à son bureau, prit la somme et la remit à son fils avec ces mots : « Vous savez que j'ai laissé ma sœur en Savoie ; vous connaissez ses malheurs et sa détresse; j'avais, à grand peine et à force de privations, amassé cet argent que je me disposais à lui envoyer. C'était une dette de cœur ; la vôtre est une dette d'honneur. Allez et payez ce que vous devez. » La leçon valait mieux que tous les discours ; Rodolphe ne joua plus de sa vie.

Dès son arrivée, il avait été attaché à la légation sarde en Russie. Mais la cour de Cagliari traitait assez mal son illustre représentant et ne savait même pas compenser par la cordialité et la confiance la pénurie matérielle où elle le laissait. Il était naturel que le système adopté à l'égard du père fût suivi envers le fils. Aussi Joseph, voyant que la diplomatie ne serait point une carrière pour le jeune attaché, se décida, fort à contre-cœur, à le faire entrer au service du czar. Grâce à la bienveillance personnelle d'Alexandre, Rodolphe fut admis, en 1806, dans le corps des chevaliers-gardes, où il resta jusqu'en 1815.

On a vu comment le jeune soldat de dix-sept ans, « échappant à son père, » obtint, pour ses débuts, la faveur de faire la campagne de Friedland et d'Eylau. De retour à Pétersbourg, le brillant officier, si ardent à la bataille, voyait tous les salons s'ouvrir devant lui. Les succès du monde et l'oisiveté de la vie militaire en temps de paix l'exposaient à de plus grands périls qu'il n'en avait bravés devant l'ennemi. Malgré tant de séductions, il donna le rare exemple d'une irréprochable pureté de mœurs, et celui, plus rare peut-être, d'une vie de travail et d'étude. Il se remit sur les bancs, en volontaire, avec quelques amis; et la cour offrit le curieux spectacle d'une classe de philosophie presque toute formée d'officiers. Joseph de Maistre en fait un charmant tableau dans une lettre inédite de 1810. « Rodolphe est devenu, presque en arrivant, et à ma grande satisfaction, l'ami inséparable de Nicolas de Serra Capriola, qui est du même âge que lui et excellent jeune homme. Son père ayant désiré qu'il fît un cours de philosophie, la même envie a saisi mon fils. Le R. P. général des Jésuites leur a donné un professeur d'un grand mérite, le P. Rozaven, Français, qui s'est soumis avec une rare complaisance à leur donner des leçons en particulier. Le baron de Damas, capitaine de la garde, et le jeune prince Pierre Galitzin, prêt à prendre le même service, se sont joints à nos deux jeunes gens; et je puis assurer, monsieur le chevalier, que ces quatre candidats de la philosophie, dont trois officiers de la garde, sont un spectacle des plus curieux à Saint-Pétersbourg. Le mien a saisi cette étude avec passion. Il fut un temps où peut-être je ne m'y serais pas prêté ; mais la manière dont il a fait la guerre donne beaucoup de grâce à l'étude. Je le laisse aller. Le duc me dit quelquefois en riant : *Mon cher ami, nos enfants sont plus sages que nous.* En effet, il s'est formé chez lui un groupe de jeunes gens presque tous du même âge dont la conduite contraste singulièrement avec l'incroyable *dissolutezza* de la jeunesse de ce pays. »

Les grandes guerres des dernières années de l'Empire arrachèrent le jeune officier à ses chères études pour le rendre à ses chères batailles. De 1812 à 1814, il fut constamment en campagne. En 1815, les causes qui l'avaient mis à un service étranger ayant cessé, il quitta l'armée russe avec le grade de capitaine aux chevaliers gardes, équivalent à celui de lieutenant-colonel dans la troupe, et continua sa carrière militaire dans l'armée sarde.

Il était chef d'état-major du gouverneur de Novare lorsque éclata, en 1821, le mouvement révolutionnaire qui amena l'abdication du vieux roi Victor-Emmanuel Ier au profit de son frère Charles-Félix. On sait que Charles-Albert, prince de Carignan et fils du roi démissionnaire, eut, pendant ces événements, une attitude plus qu'équivoque. Investi de la régence en attendant l'arrivée du nouveau roi, il proclama ou laissa proclamer cette constitution démocratique des Cortès de 1812, qui était alors l'Évangile politique de tous les révolutionnaires du midi de l'Europe. Aussi dut-il s'exiler lorsque l'intervention de l'Autriche eut mis fin à cette échauffourée au bout de quelques semaines. Le comte Rodolphe, demeuré inviolablement fidèle, travailla de son mieux à justifier le prince des soupçons qui pesaient sur lui ; il écrivit à cette époque sur les événements qui venaient de s'accomplir un opuscule intitulé *Simple récit*, inspiré par le désir de sauver l'honneur et l'avenir de la monarchie en couvrant la personne de l'héritier présomptif.

Pendant ses années d'exil et de disgrâce, Charles-Albert resta en correspondance suivie avec le comte Rodolphe, qui ne cessa de lui donner, avec la liberté d'un serviteur fidèle, les plus sages et les plus fermes conseils tant sur la politique que sur la morale. Un sentiment de délicate réserve semble ne pas permettre la publication de cette correspondance, bien que les libertés prises par M. de Cavour à l'égard des lettres les plus intimes de Joseph de Maistre en donnassent la tentation et peut-être l'autorisation. Mais je puis dire du moins que les lettres du comte Rodolphe, inspirées par le dévouement le plus courageux et le plus pur, sont les dignes filles, par la pensée toujours, par la plume souvent, des lettres de son illustre père. Il fut d'ailleurs plus tard pour Charles-Albert roi couronné ce qu'il avait été pour Charles-Albert prince disgracié, avec cette seule différence que le prince parut presque toujours accepter les conseils et que le roi les repoussa presque toujours.

De 1825 à 1830, le comte Rodolphe fut attaché au

ministère des affaires étrangères avec le titre de premier officier ou sous-secrétaire d'État, et contribua en cette qualité à la conclusion du concordat entre la Sardaigne et le Saint-Siège. Rentré ensuite dans le service militaire actif, il commanda la division de Gênes avec le grade de général de division, puis fut nommé gouverneur de Nice.

Les étrangers que l'hiver amenait en grand nombre dans cette ville des fleurs et du soleil ont conservé un profond souvenir de l'accueil que le fils de Joseph de Maistre savait leur faire au palais du gouverneur. Parlant sa langue à chaque visiteur russe, allemand, anglais ou espagnol, il se plaisait surtout aux conversations sérieuses; et bien qu'il sût avoir, en fils de son père, de l'esprit et de la gaieté, il ne sortait volontiers de la réserve un peu silencieuse qui lui était habituelle que pour traiter quelque haute question sociale, morale ou religieuse. Préparé par de profondes études à la défense de la vérité catholique, il eut souvent occasion de les mettre à profit en d'amicales controverses avec les dissidents; et plusieurs d'entre eux trouvèrent auprès de lui le commencement des lumières qui devaient les conduire à la foi. Le jeune chevalier-garde s'était fait courageusement élève de philosophie chrétienne au sortir d'Eylau; l'officier général recueillait, dans sa maturité, au profit des âmes, le fruit de cette puissante culture.

1848 le trouva à ce poste élevé et brillant. Dès les premiers mois de cette année révolutionnaire l'agitation était très vive en Piémont. Au cri de : *Vive la Constitution !* se mêlait le cri de : *A bas les Jésuites !* Le comte Rodolphe laissait passer le premier avec tristesse ; il avait les sentiments de son père pour les constitutions dites libérales d'où la pensée de Dieu est absente ; et celle que Charles-Albert venait de donner à ses sujets lui semblait un présent funeste, « une boîte de Pandore au fond de laquelle il ne restait pas même l'espérance ; » mais en loyal serviteur et en militaire discipliné, il ne permettait pas à ses critiques de franchir les limites d'une étroite intimité. Il n'avait pas les mêmes raisons de laisser passer en silence le cri *à bas les Jésuites !* « Mon grand-père aimait les Jésuites, » avait dit Joseph : « mon père les aimait, ma sublime mère les aimait, je les aime, mon fils les aimera. » Le fils dégagea noblement la parole paternelle.

Un jour, — c'était en février 1848, — une mauvaise feuille de Nice publia une lettre de Gioberti contre la *secte jésuitique*. Le général prit la plume de son père et écrivit une vigoureuse réponse que je reproduis presque entière.

Nice, février 1848.

A MM. les Collaborateurs anonymes de l'*Écho de Nice maritime*.

« Quand un voyageur part, s'il prend un chemin diamétralement opposé au but qu'il veut atteindre, c'est charité de l'en prévenir. Voilà pourquoi je m'adresse à vous, messieurs, pour vous avertir que vous faites fausse route ; votre but loyal et légitime, c'est la religion et la liberté, et vous marchez directement à l'impiété et au despotisme. Vous débutez par insérer une lettre de M. Gioberti contre les jésuites. Je ne veux faire ni l'apologie des uns, ni la critique de l'autre ; une lettre ne peut être un livre. Je vous fais observer seulement que M. Gioberti condamne ce que le Pape approuve et approuve ce que le Pape condamne ; ainsi il n'est plus catholique, ni lui, ni ceux qui auraient les mêmes opinions que lui, car l'essence du catholicisme est l'approbation de ce que le Pape approuve et la condamnation de ce qu'il condamne. Un homme qui ose appeler *secte* un ordre religieux, légalement reçu dans l'Église catholique, et à qui le Souverain Pontife a donné, il y a peu de jours, les plus justes éloges, sera tout ce qu'il voudra, mais il ne peut en conscience se donner le titre de catholique.

« En attendant qu'il s'enfonce dans le bourbier où ont péri La Mennaïs et bien d'autres, examinons l'insertion de cette lettre au point de vue de la liberté.

« Je suis comme vous, citoyen et catholique ; je ne sais si je partage avec vous mes autres qualités de propriétaire, de père de famille et de militaire ; en tous cas cependant il est de toute justice de me laisser jouir tout comme vous de ma pleine liberté dans l'exercice de nos droits civils et religieux.

« Or, comme citoyen, j'ai le droit de choisir le

médecin dont je veux avoir les conseils pour la santé de mon corps ; et comme catholique, j'ai le droit de choisir le prêtre dont je veux avoir la direction pour la santé de mon âme. Comme propriétaire, j'ai le droit de choisir l'intendant qui doit surveiller la culture de mes terres ; et, comme père de famille, j'ai le droit de choisir les instituteurs auxquels je veux confier l'éducation de mes enfants. Eh bien ! comme catholique, je veux choisir un jésuite pour directeur, et, comme père, des jésuites pour instituteurs de mes fils.

« Je n'aurais pas besoin d'en donner aucune raison ; cela me plaît, il suffit, je suis dans l'exercice légitime de mes droits. Mais je veux bien vous donner un des motifs de ma conduite : c'est qu'après avoir bien lu tout ce qu'on a écrit contre les jésuites, je me suis trouvé parfaitement d'accord avec le baron Storck, ministre protestant et prédicateur de la cour de Hesse-Darmstadt ; il avait coutume de dire : « De tout ce qu'on a dit au sujet des jésuites, il n'y a de bien prouvé *que le bien qu'ils ont fait.* »

« Mais en voici bien d'une autre. — Des fidèles sont rassemblés dans une église pour adorer le Saint-Sacrement et faire, autant qu'il est en eux, amende honorable des injures qu'il y reçoit : vous les accusez de ne pas prier suivant vos intentions, et vous voulez les *faire taire.*

« Comment, vous qui réclamez la liberté de la pensée, vous refusez aux chrétiens la liberté de la prière ? Quoi ! nous ne pourrions plus verser aux pieds des autels nos craintes, nos espérances, nos désirs et nos regrets, sans vous avoir demandé si tous ces sentiments sont bien conformes aux vôtres ? Eh! l'église n'est-elle pas ouverte ? Venez : agenouillez-vous sur le pavé sacré, priez aussi pour que les arrêtés de la Diète Helvétique soient étendus à toute la catholicité et pour que Ochsenbeim soit chargé de présider partout à leur exécution. Priez pour votre saint père Gioberti, pour l'exaltation de votre sainte mère la secte Giobertine, et pour l'extirpation de la Compagnie de Jésus. Priez : et Dieu, dans sa justice infinie, pèsera quelles sont les prières les plus justes et les plus conformes à sa volonté sainte. Mais vouloir vous placer entre Dieu et celui qui prie, proscrire jusqu'aux soupirs des cœurs qui se taisent, croyez-moi, pauvres despotillons, c'est sauvage, c'est ignoble, c'est pire encore, c'est ridicule. J'irai à cette église pour me venger de vos prétentions stupides, et j'y prierai Dieu de vous faire chrétiens pour que vous puissiez comprendre la liberté. »

Lorsque le général eut achevé cette lettre, il alla vers sa femme et lui dit : « Tiens, lis cela ; faut-il l'envoyer au journal ? si je l'envoie, je signe ma démission. » La généreuse chrétienne lut le papier et le rendit à son mari en lui disant : *Fais ton devoir.*

La lettre fut envoyée, et, quatre jours après, un billet royal relevait le général comte de Maistre de sa charge de gouverneur. En même temps, Charles-Albert, comme pour excuser cette faiblesse, élevait au grade de général d'armée, correspondant à celui de maréchal, le loyal serviteur qu'il sacrifiait à la Révolution.

Le comte Rodolphe se retira aussitôt chez son beau-frère, le duc de Laval-Montmorency, au château de Borgo.

Quelques semaines s'étaient à peine écoulées, et la guerre éclatait entre la Sardaigne et l'Autriche. Ce fut une époque des plus douloureuses dans la vie du comte Rodolphe.

Il aimait son pays et son roi; et parce qu'il les aimait il voyait avec une tristesse profonde cette guerre qui donnait pour préface à l'indépendance italienne des manifestations révolutionnaires et des insultes à la religion et à ses ministres (1). Mais il était militaire; il n'avait qu'à mettre son épée au service du roi. Il partit pour Turin afin de recevoir les ordres de Charles-Albert, résolu, si celui-ci était déjà parti pour l'armée, à s'engager comme simple volontaire dans le régiment de Savoie. C'était à ses yeux la seule manière de garder intacts son honneur et celui de son nom. Il trouva encore le roi à Turin, et ne reçut que cette froide réponse : « Je vous ferai tenir mes ordres en temps et lieu. » Il retourna, désolé, à Borgo. Les ordres ne vinrent

---

1) A la veille de la déclaration de guerre, le vénérable archevêque de Turin fut insulté publiquement, au sortir d'une cérémonie religieuse, par trois mille jeunes gens. Charles-Albert passa en revue les insulteurs sur le lieu même de leur exploit.

point. Et le comte Rodolphe ne revit plus le roi Charles-Albert.

Sa vie publique était finie. Désormais la vie intérieure et la vie de famille devaient l'occuper tout entier. Il se consacra à l'éducation de ses enfants, reportant sur eux les hautes leçons qu'il avait reçues de son père et de sa mère, habile, nous disent de fidèles témoins, à former leur esprit, plus habile encore à former leur caractère ; avec un grand respect pour leur liberté, il savait leur faire vouloir en toute rencontre ce qui était le meilleur, et leur inspirer, avec l'énergie persévérante des résolutions, l'esprit de dévouement et de sacrifice.

Il mourut saintement à Borgo en 1863. Les derniers temps de sa vie, — qu'on nous permette encore ce détail, — nous le montrent occupé à une traduction française des *Offices de l'Ordre du Carmel*. Il avait entrepris ce travail à la demande d'une de ses filles, entrée en 1862 au couvent des Carmélites de Poitiers. On trouvera, au cinquième volume des *Œuvres complètes du cardinal Pie*, un discours prononcé à la cérémonie de Mlle Xaverine de Maistre, en religion sœur Thérèse de Jésus. Dans les saintes douleurs du sacrifice paternel généreusement accepté, le vaillant soldat de l'église et de la monarchie eut cette joie intime et profonde d'entendre le grand évêque dire à la jeune épouse du Christ : « Le nom que vous portez, ma très chère sœur, a reçu de votre aïeul un lustre incomparable. Homme du monde, il a été une des lumières de l'Église, et c'est justice de dire que notre siècle, déjà aux deux tiers écoulé, n'a point vu se lever d'autre génie comparable à ce génie chrétien. »

APPENDICE II

UNE ACCUSATION DE PLAGIAT

M. Franck, membre de l'Institut et professeur au Collège de France, a publié dans le *Journal des Savants* (Avril-Mai 1880), à propos d'un livre de M. Ferraz, deux articles sur Joseph de Maistre. A travers bon nombre de jugements fort éloignés des nôtres, on y peut constater la puissance croissante avec laquelle les écrits du grand penseur catholique s'imposent à l'attention de ses adversaires, et le changement que la publication des *Lettres et Opuscules* a décidément apporté aux appréciations qui ont pour objet l'homme lui-même, sa physionomie et son caractère.

Mais le travail de M. Franck contient une assertion qui en est la thèse fondamentale et qu'il est nécessaire de discuter. Cette assertion n'est rien moins, pour appeler les choses par leur nom, qu'une imputation de plagiat. Selon le savant professeur, toutes ou presque toutes les idées qui ont fait la renommée des *Considérations* et des *Soirées* appartiennent à Saint-Martin, ce singulier théosophe ou *illuminé* qui signait ses livres: *Le philosophe inconnu*. Joseph de Maistre les lui aurait prises sans le dire, et n'y aurait guère ajouté du sien que son style. — C'est un véritable procès en contrefaçon qui ne peut être jugé que sur pièces.

Nous ferons remarquer d'abord que Joseph de Maistre n'a jamais dissimulé les relations qu'il avait eues pendant les années qui précédèrent la Révolution française avec ceux qu'on appelait les *Illuminés,* ni le soin curieux qu'il avait pris d'approfondir leurs doctrines et de pénétrer leur esprit. Le *sénateur* des *Soirées*, s'il n'appartient pas lui-même à quelqu'une des sectes que l'on confondait sous ce nom, exprime souvent leurs pensées et s'associe volontiers à leurs rêveries; en le faisant parler, l'auteur montre et veut montrer à quel point il est familier avec leur langage et leurs tendances. Leur nom, — et très particulièrement celui de Saint-Martin, qu'il appelle « le plus instruit, le plus sage et le plus élégant des théosophes modernes, » — revient très souvent, avec de curieux détails, dans sa correspondance soit privée, soit diplomatique (1).

---

1) Voici un passage entre bien d'autres :

« Je suis si fort pénétré des livres et des discours de ces hommes-là qu'il ne leur est pas possible de placer dans un écrit quelconque une syllabe que je ne la reconnaisse. » (*Corresp. diplom.*, 20 janvier 1816.)

Le dernier de ses *quatre chapitres sur la Russie*, publiés en 1859 par son fils (1), est une étude *ex professo* sur l'illuminisme et ses variétés, depuis la plus inoffensive, à laquelle appartenait Saint-Martin, jusqu'à la plus malfaisante, qui est celle de Weishaupt et des loges bavaroises. Enfin je trouve dans une lettre inédite (28 novembre/10 décembre 1816) la note que voici : « Je consacrai jadis beaucoup de temps à connaître ces Messieurs (les Illuminés). Je fréquentai leurs assemblées ; j'allai à Lyon pour les voir de plus près ; je conservai une certaine correspondance avec quelques-uns de leurs principaux personnages. Mais j'en suis demeuré à l'Église catholique, apostolique et romaine, non cependant sans avoir acquis une foule d'idées dont j'ai fait mon profit. »

On le voit, loin de cacher sa « science de l'illuminisme, » il l'affichait pour ainsi dire avec complaisance ; il en parlait à qui voulait l'entendre, et je crois, pour ma part, qu'il s'exagérait un peu le profit qu'il en avait tiré. Et ainsi tombe devant les faits cette accusation de plagiat qui n'eût jamais dû voir le jour à propos d'un tel homme et d'un tel caractère. Quiconque a vécu, par la lecture, dans le commerce de ce parfait honnête homme était en droit d'affirmer d'avance qu'elle était mal fondée ; il

---

1) Ces chapitres forment un mémoire que Joseph de Maistre écrivit en 1811, à la demande de son ami le comte R., qui les mit probablement sous les yeux du czar Alexandre.

pouvait dire : Je n'en sais rien, mais j'en suis sûr. Après cette première enquête, il peut dire : J'en suis sûr, et je le sais.

Ce point éclairci, qui était moralement le principal, reste à savoir si et dans quelle mesure M. Franck est fondé à attribuer à Saint-Martin la paternité des principales idées de Joseph de Maistre, c'est-à-dire de son jugement sur la Révolution française, de sa théorie des lois fondamentales et des constitutions naturelles, de sa doctrine de la Providence. Sur ces trois articles, nous reproduirons intégralement ou nous analyserons fidèlement les pages du *Journal des Savants*.

I. — « La pensée qui fait le fond des *Considérations* », dit M. Franck, « c'est que la Révolution a été produite par une intervention surnaturelle de la divine providence. Elle est l'œuvre de Dieu, non des hommes ; elle est, dans toute la force de l'expression, un miracle comme serait la fructification instantanée d'un arbre au mois de janvier. — On a vu dans cette explication des événements qui ont mis fin à la vieille société française une des conceptions les plus hardies et les plus originales du génie de J. de Maistre. C'est une erreur. L'auteur des *Considérations* n'a guère fait que s'approprier, en les revêtant de son majestueux langage, les idées que Saint-Martin avait développées un an auparavant dans sa *Lettre sur la Révolution française*. La Révolution, que Saint-Martin appelle « une image du jugement dernier, » est pour lui tout à la fois une grâce et un châtiment. « Il faut, » dit-il, « être insensé ou de mauvaise foi pour ne pas y voir, écrite en traits de feu l'exécution d'un décret de la sagesse éternelle et ne pas s'écrier en sa présence, comme les magiciens d'Égypte devant les miracles de Moïse : Ici est le doigt de Dieu. » De même que Joseph de Maistre, et un an avant lui, Saint-Martin pense que la Révolution, en étendant ses effets sur la société tout entière, doit surtout exercer une action régénératrice sur l'Église et sur le sacerdoce. »

Nous aurions le droit de demander au savant académicien comment *il sait* que J. de Maistre avait connaissance de la lettre de Saint-Martin lorsqu'il composa les *Considérations*. Il ne peut pas le savoir, à moins qu'il ne soit en possession de documents inconnus à tous les critiques. Son affirmation est une pure conjecture qui, de plus, a contre elle toutes les vraisemblances. Un an seulement d'intervalle sépare la publication des deux ouvrages, et il faut bien laisser à J. de Maistre le temps de méditer le sien. Un livre aussi profondément pensé ne s'improvise pas ; et sa conception fondamentale devait être établie fortement et de longue date dans l'esprit de l'auteur avant qu'il en écrivît les premières pages. On peut donc affirmer, comme chose moralement certaine, que les *Considérations* n'eussent point été publiées en 1796 si J. de Maistre eût dû attendre que Saint-Martin lui en fournît l'idée mère en 1795.

Mais il importe peu que le premier ait ou non connu l'opuscule du second avant de se mettre à l'œuvre. Dans un cas comme dans l'autre, J. de Maistre a pris l'idée mère non chez le théosophe, mais là où le théosophe lui-même l'avait prise, dans le domaine public. La Révolution française présentait avec un éclat formidable la réunion de tous les signes auxquels on peut reconnaître l'intervention plus directe de la Providence dans les affaires humaines. Saint-Martin n'était pas seul à s'écrier en la contemplant : *Digitus Dei est hic;* le même cri sortait spontanément de toutes les âmes qui avaient su garder, au milieu de l'impiété régnante, le sentiment du divin. Il n'y avait pas là « une théorie curieuse, » comme l'appelle M. Ferraz (1); il y avait une évidence. Imaginer que J. de Maistre n'en a pas reçu la lumière directe et qu'il a fallu une page de Saint-Martin pour lui révéler ce qui se lisait à livre ouvert dans les événements eux-mêmes, c'est en vérité se méprendre un peu trop sur la portée de son grand esprit constamment appliqué à la philosophie religieuse de la politique et de l'histoire.

Rien donc de plus naturel et de plus inévitable que cette identité de point de départ chez deux écrivains qui s'accordaient à croire en Dieu et au gouvernement divin des choses du monde. Mais dès le premier pas, les différences éclatent, et ces différences sont des contrastes.

---

1) M. Ferraz, pour sa part, ne saurait admettre cette *théorie curieuse*. A son avis, il n'y a rien à expliquer, et la Révolution est *le fait le plus simple du monde!* (P. 9.)

Saint-Martin est *pour* la Révolution ; J. de Maistre est *contre* la Révolution, et l'on sait avec quelle énergie il la caractérise. Saint-Martin voit en elle une *construction*, Joseph de Maistre une pure *destruction*. Saint-Martin annonce qu'elle aboutira à une religion nouvelle dégagée du sacerdoce et de l'Église ; J. de Maistre qu'elle tournera, contre la volonté de ses auteurs, à la restauration et à la gloire du catholicisme.

Tout le monde convient que telle est bien la pensée de J. de Maistre. Mais mon résumé de la pensée de Saint-Martin est si directement en contradiction avec celui de M. Franck qu'il faut absolument vider la question par les textes.

Voici donc, sur tous ces points, l'analyse exacte et, en partie, la reproduction textuelle des longs développements de la *Lettre à un ami*.

« La Révolution a frappé sur tous les ordres de l'État, mais moins sur la noblesse, déjà abaissée, que sur le clergé qui était, en pleine jouissance de ses avantages, sur le clergé, le plus coupable de tous et *seul auteur des crimes des autres ordres*. Il a légitimé les crimes des rois, en même temps qu'il s'arrogeait le droit de les déposer. Il a voulu se faire adorer comme une providence ; il a vendu ce qu'il lui avait été commandé de donner gratuitement. » Je ne cite que le commencement du réquisitoire.

« Nos ennemis n'ont pas vu que l'époque actuelle est la crise et la convulsion des puissances humaines expirantes, auxquelles Dieu met un bandeau sur les yeux. Ils n'ont pas vu que la guerre actuelle est une guerre de religion, bien qu'on n'en parle pas. Toute matérielle et humaine qu'elle puisse paraître, elle ne se borne pas à des démolitions ; *elle ne fait pas un pas qu'elle ne rebâtisse.* »

« Loin de nous vouer à l'anéantissement de toute religion, la Providence saura bien en faire naître une du cœur de l'homme, qui sera plus pure et moins mélangée que celles que les souverains autorisent et font disparaître par leurs volontés humaines ; mais aussi *qui ne sera plus susceptible d'être infectée par le trafic du prêtre et l'haleine de l'imposture, comme celle que nous venons de voir s'éclipser avec les ministres qui l'avaient déshonorée*, ces ministres qui, tandis qu'aucun gouvernement ne saurait marcher que sous l'égide de la prière, ont forcé le nôtre, pour sa sûreté, à rompre toute espèce de rapport avec cette prière, à la retrancher de lui tout entière comme étant devenue pestilentielle. — Tu pourras même trouver des bases à cette consolante espérance jusque dans nos excès et nos fureurs presque inséparables des crises révolutionnaires, lesquelles, comme des remèdes violents, ne peuvent ranimer les humeurs salutaires du malade qu'en mettant à découvert toutes les humeurs corrosives et malfaisantes (1). »

1) Ce dernier paragraphe est une citation textuelle (p. 78-79).

On voit à quel point M. Franck s'est mépris sur la doctrine et sur les termes mêmes de la lettre de Saint-Martin. Il lui attribue la pensée que la Révolution doit surtout exercer une *action régénératrice* sur l'Église et sur le sacerdoce. C'est *action destructrice* qu'il faut dire. Le théosophe estime que la Révolution a tué le sacerdoce et l'Église ; il s'en félicite comme d'une conquête de la *vérité occulte* sur les formes et les symboles ; il y voit le commencement d'une ère nouvelle, l'avènement de ce qu'il appelle le *ministère de l'homme-esprit*. Et ce n'est point chez lui une opinion de circonstance ; il est très décidément ennemi de toute Église et de tout sacerdoce. Dans un autre ouvrage (1), il soutient longuement cette thèse que le catholicisme, — c'est-à-dire la doctrine, l'Église et le sacerdoce catholiques, — est une déviation et une corruption du christianisme, et que « le vrai génie du christianisme lui-même serait moins d'être une religion que le terme et le lieu de repos de toutes les religions. » Cette aversion pour l'autorité et la hiérarchie, pour l'Église et pour le sacerdoce était d'ailleurs, comme J. de Maistre le répète souvent dans sa correspondance, un caractère général parmi les Illuminés.

II. — M. Franck affirme en second lieu que la théorie de Joseph de Maistre sur l'origine et les lois

1) *Ministère de l'homme-esprit*, p. 367-381.

fondamentales des sociétés et sur les constitutions naturelles est également empruntée à Saint-Martin.

Ici deux courtes observations suffiront.

1° La *Lettre à un ami* contient sur ces deux points l'expression d'une pensée qui s'accorde avec celle de J. de Maistre. Mais, à supposer que celui-ci l'ait rencontrée dans cet opuscule avant d'écrire les *Considérations*, il n'y a aucune assimilation à établir entre une indication rapide enfermée dans un seul paragraphe (1) et une théorie longuement et savamment développée dans un ouvrage tout entier. Cette indication fît-elle partie de la « foule d'idées » dont J. de Maistre déclare avoir fait son profit chez les Illuminés, sa gloire n'a pas à en souffrir et ne doit pas être, pour cela, transportée au

---

1) Il importe, pour la sincérité du débat, de reproduire ici le texte même de Saint-Martin : « Quant à la meilleure forme de gouvernement, la question n'a pas été résolue par les publicistes qui confondent toujours la forme et le fond. Les nations ne sont pas liées par un pacte social, mais par une force qui les domine. — Les pouvoirs de l'homme se bornent à l'industrie de l'administration; mais les corps de peuple et les gouvernements se forment d'eux-mêmes et sont les résultats naturels des temps et des circonstances que l'homme occasionne ou laisse naître ; et c'est pour cela que le mode de cette formation doit si souvent se refuser à un calcul. Enfin, on voit aussi par toute la terre que les lois fondamentales et constitutives des États se présentent avec une imposante majesté sous laquelle elles tâchent de se montrer comme étant consacrées et unies radicalement aux lois de l'éternelle justice, c'est-à-dire à des lois que l'homme n'a pas faites. » (P. 20-21.)

J'atteste qu'il n'y a que cela sur la question.

théosophe. J'ajoute que là aussi il y avait quelque chose qui appartenait au domaine public du bon sens religieux, domaine investi alors et rétréci, mais non pas conquis, par l'impiété dominante. Joseph de Maistre n'avait donc pas besoin qu'on lui fît la leçon pour chercher l'origine de la société politique ailleurs et plus haut que dans le roman du contrat social, ni pour croire à des lois fondamentales antérieures aux codes écrits. La part de Saint-Martin dans l'éducation politique de J. de Maistre se réduirait donc, en la faisant aussi large que possible, tout au juste à ces deux lignes d'ailleurs excellentes : *Les gouvernements se forment d'eux-mêmes et sont les résultats naturels du temps et des circonstances.*

2° Mais il n'a pas même cette part ; la doctrine des lois fondamentales et de l'origine divine des sociétés politiques, la doctrine des constitutions naturelles étaient et dans l'esprit et sous la plume de Joseph de Maistre *avant la publication* de la lettre de Saint-Martin ; elles y étaient non à l'état de germe mais à l'état de théorie méditée et complète. M. Franck ne les a cherchées que dans les *Considérations*, où l'exposé en est frappant, mais sommaire, puis dans l'*Essai sur le principe générateur*, composé vingt ans plus tard. Il paraît ignorer l'existence de l'*Étude sur la souveraineté* où la théorie en est donnée, comme nos lecteurs l'ont pu voir, avec toute sa précision scientifique et toute son ampleur historique. Je n'ai point à revenir sur la capitale importance de cet ouvrage; mais on doit regretter que M. Franck ou ne l'ait point connu, ou ne l'ait point consulté, ou n'ait pas porté son attention sur sa date. *Il a été composé dans les années 1794, 1795, 1796.* Comme il est consacré tout entier à développer les deux doctrines dont il s'agit, on nous dispensera de prouver que l'auteur ne s'est pas mis à sa composition un ou deux ans avant d'avoir ces doctrines dans la tête.

III. — Enfin M. Franck retrouve à chaque pas dans les *Soirées* l'influence de Saint-Martin. Toutes les idées que l'auteur y développe sur le gouvernement de la Providence, sur le mal physique considéré comme étant, dans toutes ses variétés, la conséquence et le châtiment du mal moral, sur le devoir de punir qui incombe aux souverains, sur la peine de mort, sur la guerre qui complète l'œuvre de la justice divine, sur les sacrifices qui viennent « de ce que les hommes, par une sorte d'instinct, ont placé le siège de la dégradation originelle dans le sang », enfin sur la réversibilité en vertu de laquelle le sang de l'innocent peut racheter celui du coupable, toutes ces idées, sans en excepter une seule, sont, dit-il, empruntées à Saint-Martin. Et c'est principalement dans le *Ministère de l'homme-esprit* que Joseph de Maistre les a puisées.

Tout lecteur attentif renouvellera de lui-même, à propos de cette énumération, la remarque que nous avons faite plus haut. Reconnaissant dans le plus grand nombre de ces idées l'enseignement même de l'Église, il s'étonnera de la singulière inadvertance qui en attribue la paternité originale à Saint-Martin, et qui, les rencontrant chez un philosophe catholique, veut absolument qu'elles soient empruntées non au catholicisme, mais à l'illuminisme. Le savant critique soutient-il pour tout de bon que, si Joseph de Maistre n'avait pas lu le *Ministère de l'homme-esprit*, il aurait ignoré le gouvernement de la Providence? qu'il n'aurait pas vu dans les maux qui affligent l'humanité les suites du péché originel? qu'il n'aurait pas considéré la répression des crimes comme une attribution essentielle de la souveraineté? qu'il n'aurait pas cru à l'efficacité des souffrances volontairement acceptées par l'innocent pour le rachat du coupable? en un mot, qu'il aurait ignoré les dogmes de sa religion, et aussi les principes élémentaires de la philosophie sociale, si un théosophe ne les lui avait pas enseignés?

Cela suffirait pour terminer le débat. Mais ici encore les dates parlent à qui daigne les consulter. Qu'on veuille bien relire le chapitre III des *Considérations sur la France*, on y trouvera l'ensemble de ces idées (1) que les *Soirées* devaient, vingt ans plus tard, reprendre et développer une à une. Il est

---

1. J'entends ici par l'ensemble de ces idées : 1º le gouvernement de la Providence; 2º le péché originel; 3º les maux physi-

douteux que le livre des *Considérations* publié en 1797 ait pu les emprunter commodément au *Ministère de l'homme-esprit* publié en 1802.

Je demande vraiment pardon à mes lecteurs de les avoir retenus si longtemps sur ces misères. Il fallait, pour leur donner une importance qu'elles n'ont point en elles-mêmes, le nom de M. Franck et celui de l'important recueil où il a publié ses critiques. Quoi qu'il en soit, le procès est jugé ; Joseph de Maistre ne sera plus troublé dans la possession d'une gloire qui est la propriété légitime de sa grande mémoire et de la cause pour laquelle il a combattu.

---

ques, particulièrement la guerre et l'effusion du sang considérés comme effets de la chute ; 4° l'efficacité des sacrifices sanglants ; 5° la réversibilité. — Je confesse que le devoir social de punir les malfaiteurs n'y est pas. Qui sait si ce n'est pas Saint-Martin qui l'a découvert ?

TABLE

Préface v
Introduction 1
Chapitre Ier. — La Vie : I. La famille. — II. L'homme. — III. La vie errante. — IV. Joseph de Maistre en Russie. — V. Ce que Joseph de Maistre pensait des Jésuites. — VI. Les Jésuites en Russie. — VII. La question de la liberté d'enseignement et du monopole universitaire en Russie. Mémoire inédit et lettre inédite de Joseph de Maistre. — VIII. La fin de Joseph de Maistre 6
Chapitre II. — La Correspondance. 64
Chapitre III. — Les Prévisions 120
Chapitre IV. — La Doctrine sociale et politique . . . 163
Chapitre V. — L'Église et la Papauté 222
Chapitre VI. — Les Soirées de Saint-Pétersbourg. . 289
Chapitre complémentaire. — La Philosophie. — Critique de Locke et de Bacon 355
Appendice I. — Le général comte Rodolphe de Maistre 415
Appendice II. — Une accusation de plagiat 429

Imp. de la Soc. de Typ. - Noizette, 8, r. Campagne-Première. Paris.